Heiko Schrang

IM ZEICHEN DER
WAHRHEIT

erkennen – erwachen – verändern

MACHT STEUERT WISSEN

Heiko Schrang

Im Zeichen der Wahrheit

1. Auflage

© Macht-steuert-Wissen Verlag, Mühlenbecker Land, 2017

ISBN: 978-3-945780-41-1
Weitere Informationen zum Buch finden Sie unter: www.macht-steuert-wissen.de
Buchcover Gestaltung:
Christine Lanzendörfer, Verlag „Die Silberschnur" GmbH, Güllesheim
© Macht-steuert-Wissen Verlag, Mühlenbecker Land, 2017

Druck und Bindung:
Finidr, s.r.o. Cesky Tesin

Alle Rechte vorbehalten
Besuchen Sie uns im Internet unter: www.macht-steuert-wissen.de

Bibliografische Informationen der Deutschen Nationalbibliothek
Die Deutsche Nationalbibliothek verzeichnet diese Publikation in der
Deutschen Nationalbibliografie.

MSW – Macht steuert Wissen ist eine beim Deutschen Patent- und Markenamt
eingetragene und geschützte Marke.

Der Autor erhebt keinen Anspruch auf Absolutheit für den Inhalt, da er lediglich seine subjektive Betrachtungsweise wiedergibt und jeder dies mit seinem Weltbild abgleichen kann und soll.

Er übernimmt keinerlei Haftung für Schäden, die durch falsche Schlussfolgerungen jeglicher Art entstehen könnten. Die in dem Buch weitergegebenen Informationen beruhen auf einer intensiven Recherche – trotz dieser Bemühung können Fehler auftreten. Der Autor schließt Haftungsansprüche jeglicher Art aus.

Der Autor

Heiko Schrang, geboren 1969, ist vor allem bekannt als Autor. Im Jahr 2013 erschien sein erstes Buch, „Die Jahrhundertlüge, die nur Insider kennen", das zu einem Bestseller wurde. Ebenfalls 2014 wurde mit „SchrangTV" ein Video-Kanal auf YouTube eingerichtet, der mittlerweile regelmäßig von zehntausenden Abonnenten verfolgt wird. 2016 startete das Format „SchrangTV Talk" mit namhaften Gästen wie Lisa Fitz und Sissi Perlinger.

Er betreibt einen kostenlosen Newsletterversand, über welchen er in regelmäßigen Abständen seine Abonnenten über die aktuellen politischen und wirtschaftlichen Themen abseits der Mainstream-Medien informiert.

Heiko Schrang gehört inzwischen zu den bekanntesten Aufklärern Deutschlands.

Dieses Buch ist den Menschen gewidmet, die mich inspiriert haben: John Lennon, Albert Hofmann, Jiddu Krishnamurti, Eckhart Tolle, George Harrison und Muhammad Ali sowie all denen, die auf der Suche nach der Wahrheit sind.

Danksagung

Mein besonderer Dank gilt meinem Assistenten Benjamin Kaiser, der mich tatkräftig unterstützt hat. Außerdem gilt mein Dank Olaf Kretschman, René Krüger, Petra Schulze und meiner Freundin Renate, die mich mit ihren Ideen immer wieder inspiriert haben. Auch danke ich meinen Kindern, Maximus und Aurelia Schrang, die unsere gemeinsame Zeit mit diesem Buch teilen mussten.

Inhalt

Vorwort

„Die gleichen Leute, die unsere Medien manipulieren, manipulieren auch
unsere Geschichtsbücher. Unsere Geschichtsbücher sind nicht wahr.
Sie sind alle eine Lüge! Das müsst ihr alle wissen! Alles, was passiert und
passiert ist, ist so, weil Verschwörer, größere Eliten, die Macht besitzen."[1]

Michael Jackson (US-amerikanischer Sänger und Komponist) (1958 – 2009)

Als mein erstes Buch „Die Jahrhundertlüge, die nur Insider kennen" vor fünf Jahren erschien, war nicht absehbar, dass es so viele Menschen erreichen und bewegen würde. Viele meiner Leser berichteten mir, dass sie mein Buch bis heute als Nachschlagewerk nutzen.

In diesen fünf Jahren hat sich unser aller Leben aber massiv verändert. Ereignisse, die noch vor wenigen Jahren undenkbar waren, wie beispielsweise die Flüchtlingskrise, Terroranschläge in Deutschland sowie die politische Verfolgung Andersdenkender, sind mittlerweile Teil unseres Alltags. Erfreulich ist aber, dass die Zahl derer rasant zugenommen hat, die der vorgefertigten Meinung aus Massenmedien und Politik keinen Glauben mehr schenkt.

Das Motto meines ersten Buches lautete: **„erkennen-erwachen-verändern"**. Oder anders ausgedrückt: Finde die Wahrheit und die Wahrheit macht dich frei. Viele fingen an, sich intensiv mit den dort beschriebenen Themen auseinanderzusetzen und führten zum Teil eigene Recherchen durch. Dabei kamen sie zu dem Ergebnis, dass sie ihr Leben lang einer großen Lüge aufgesessen waren, die ihnen von Lehrern, Politikern und den Medien eingeflößt wurde. Sie fühlen sich wie jemand, der aus einem tiefen Schlaf erwacht und es nun als seine Aufgabe ansieht, dieses Wissen mit anderen zu teilen. Nicht selten stießen sie dabei zu ihrem Leidwesen auf taube Ohren. Mehr noch, Arbeitskollegen, Freunde, Lebenspartner oder Familienmitglieder wollten teilweise nichts mehr mit ihnen zu tun haben. Auf einmal galten sie als Spinner oder Verschwörungstheoretiker, die sich aus der Masse ver-rückt haben.

Lisa Fitz, die zweimal in meinem Sendeformat SchrangTV Talk zu Gast war, formulierte es treffend: „Die Wahrheit ist nicht lustig und ist schwierig zu verdauen. Wenn wir alles wüssten, würden wir einen Schock bekommen oder tot umfallen."[2] Aus diesem Grund wollen wahrscheinlich auch viele nicht aus ihrem „warmen" und „kuscheligen" Schlaf erwachen.

Leider musste ich auch feststellen, dass diejenigen, die gerade erst erwacht sind, in eine Art Aktionismus verfallen und unbedingt gegen „das System" kämpfen wollen. Der Nebeneffekt dabei ist leider, dass sie immer mehr Energie verlieren und sich zunehmend ausgelaugt fühlen. Es geht jedoch nicht darum, gegen etwas anzukämpfen, da Druck immer Gegendruck erzeugt. Das Bekämpfte wird dadurch sogar noch verstärkt. Damit erreichen wir genau das Gegenteil von dem, was wir eigentlich erreichen wollen.

Die große Meisterschaft besteht aber im Loslassen. Im "**Zeichen der Wahrheit**" ist ein Licht in einer Welt, die für viele immer dunkler zu werden scheint. Gleichzeitig beleuchtet es aber auch uraltes und neues Wissen, das zum Teil von den „Mächtigen" unterdrückt wird, da es uns Menschen in die Freiheit führen kann. Ich lade Sie ein, mit mir auf eine Entdeckungsreise zu gehen, die Ihr Leben bereichern und verändern kann, soweit Sie dies wünschen.

Viel Freude beim Lesen
Heiko Schrang

Bargeldverbot – Abgabe des letzten Stücks Freiheit

„Geld ist geprägte Freiheit."

Fjodor Dostojewski (russischer Schriftsteller) (1821 – 1881)

Es ist mittlerweile kein Geheimnis mehr, dass der 500-Euro-Schein bald Geschichte sein wird. Was die meisten aber nicht ahnen ist, das ist ein weiterer Schritt zur geplanten Abschaffung des Bargelds. Zur Zeiten der D-Mark störte es keinen, dass 1000-DM-Scheine im Umlauf waren, ganz im Gegenteil, es schwang sogar eine Art Bewunderung für den damals größten Schein mit. Diese Zeiten sind jedoch längst vorbei, denn in den Medien werden die Besitzer von 500-Euro-Scheinen mit Kriminellen in Verbindung gebracht.

Laut EZB-Chef **Mario Draghi** ist „der 500-Euro-Schein [sogar …] ein Instrument für illegale Aktivitäten"[3] und deswegen sieht er das Ende des Scheins als unbedingt geboten an.

Auch der ehemalige Bundesfinanzminister Schäuble schaltete sich in die Debatte um den 500-Euro-Schein ein. Am Rande des G20-Treffens in Shanghai 2016 sagte Schäuble: „Ich habe erst im Laufe der Debatte festgestellt, dass es überhaupt einen 500-Euro-Schein gibt. Da sehen Sie, wie schlecht deutsche Finanzminister bezahlt werden."[4]

Was sich wie ein schlechter Scherz anhört ist, nichts weiter als eine Verhöhnung der Bürger. Da stellt sich doch die Frage, ob die 100.000 DM von Waffenhändler Schreiber, die Schäuble in einem Umschlag entgegennahm, in Zehnerscheinen abgezählt waren.[5] Wie kann es eigentlich sein, dass ein Bundesfinanzminister nicht um die Existenz des größten derzeit existierenden Scheins weiß? Es passt aber gut in das Bild derjenigen, die ein Interesse an der Bargeldabschaffung haben und so tun, als sei Bargeld nur ein unnötiges Übel, das mehr Nachteile als Vorteile mit sich bringt.

Sollte das Bargeld tatsächlich abgeschafft werden, was würde das konkret für jeden einzelnen bedeuten?

Das gesamte Finanzsystem wäre dann nur noch rein virtuell und absolut intransparent für den Bürger, da kein physisches Geld mehr benötigt wird. Die Banken bräuchten noch nicht einmal mehr die 1-2 % Eigenkapital wie bislang, da niemand mehr in der Lage wäre, wirkliches Geld abzuheben. Das virtuelle Kontogeld könte dann beliebig aus dem Nichts generiert werden. Dadurch wären die Notenbanken in der Lage, ihre Bilanzen unendlich aufzublähen, da sie virtuell alles manipulieren und die Zinsen ewig auf Minus halten könnten. Mit anderen Worten: In einem digital geschlossenen System ist eine Enteignung per Knopfdruck jederzeit möglich.

Der bekannte Ökonom Prof. Max Otte sagte dazu im N-TV-Interview: „Die Diskussion um die Bargeldabschaffung oder -einschränkung, das ist der nächste Schritt. Wenn ich dann kein Bargeld mehr habe oder nur noch ganz eingeschränkt, dann werden die Bürgerinnen und Bürger komplett zu Geiseln der Banken. Und dann kann die Zentralbank machen, was sie will. Hier kommt etwas durch die Hintertür, was viele noch gar nicht bemerkt haben, das ist der totale Kontrollstaat, das ist die totale Kontrolle durch die Banken. Hier müssten viel mehr Menschen auf die Barrikaden gehen. […] Sie können auch Negativzinsen durchsetzen, dann sind sie im Sozialismus, im Zwangsstaat, im Kontrollstaat. Das geht eine Weile gut, wenn sie genug Zwangsmittel anwenden."[6]

Da aber augenscheinlich die Menschen nicht auf die Barrikaden gehen, haben die meisten anscheinend keine Vorstellungen davon, was sie erwarten könnte. Der Preis für die Bürger wäre nicht nur der Verlust ihres Geldes, sondern auch gleichzeitig die Aufgabe des letzten Stückes Freiheit. Denjenigen, die nicht systemkonform sind, kann im Nullkommanichts das Konto gesperrt werden. Dann geht im wahrsten Sinne des Wortes das Licht aus und den Menschen würde jede Lebensgrundlage entzogen.

Wie solche essenziellen Dinge gegen den Willen der Bevölkerung durchgesetzt werden, sieht man an der folgenden Aussage des jetzigen EU-Kommissionspräsidenten Juncker:

„Wir beschließen etwas, stellen das dann in den Raum und warten einige Zeit ab, was passiert. Wenn es dann kein großes Geschrei gibt und keine Aufstände, weil

die meisten gar nicht begreifen, was da beschlossen wurde, dann machen wir weiter Schritt für Schritt, bis es kein Zurück mehr gibt."[7]

Nach dieser Methode läuft schon seit Jahren die EU-Politik ab, um unliebsame Dinge zum Unwohl der Bevölkerung durchzusetzen.

Laut Prof. Thorsten Polleit, Präsident des Ludwig von Mises Instituts sieht es wie folgt aus:

„Es geht der EZB einzig und allein darum, Minuszinsen auf breiter Basis, d. h. für jeden Bürger, durchsetzen zu können. […] Die Politik unterstützt die EZB dabei, weil für sie die Abschaffung des Bargelds die Erfüllung aller lang gehegten Überwachungsträume ist."[8]

Bargeld ist aber ein essenzieller Grundpfeiler für die Freiheit der Menschen. Der Staat kann nämlich so nicht bis zum letzten Cent nachschnüffeln, wie unser Konsumverhalten aussieht.

Was kommt mit der Bargeldabschaffung auf die Bürger zu?

- Staat und Banken können lückenlose Bewegungs- und Konsumprofile der Bürger erstellen.
- Unter dem Vorwand des Schutzes gegen Terror kann jeder Mensch unter Generalverdacht gestellt und lückenlos überwacht werden.
- Bei Computer- oder Datenbankausfall ist keine Zahlung mehr möglich.
- Negativzinsen sind bedingungslos umsetzbar und die Bürger können sich nicht mehr gegen die Enteignung durch die Negativzinspolitik der EZB zur Wehr setzen.
- Das Sparen wird bestraft und die Bargeldabschaffung wäre auch als eine fehlgeleitete Konsumverweigerungssteuer zu sehen.

- Das digitale Geldsystem wäre beliebig manipulierbar.
- Wer sich nicht systemkonform verhält oder dessen politische Gesinnung nicht ins Bild passt, kann mit Kontosperrmaßnahmen bestraft werden.
- 100 % steuerliche Kontrolle. Besteuerung und Einzug wird noch leichter.
- Enteignungen durch Währungsschnitt oder Zwangsabgaben sind jederzeit per Mausklick für den Staat möglich.
- Die Transaktionssteuer könnte eingeführt werden, aber nicht für die Banken, wie ursprünglich angedacht, sondern für den Bürger.
- Bei einer Bargeldabschaffung ist ein Bank Run ausgeschlossen. Lange Schlangen vor einer Bank wie 2007 bei Northern Rock oder wie in den 1920ern in Deutschland, die den Vertrauensentzug der Kunden zeigen, gehören dann der Vergangenheit an.
- Eine Vermögensabgabe ist jederzeit durchsetzbar.
- Der individuelle Konsum kann beschränkt werden. Zum Beispiel kann der Staat festlegen, wieviel Benzin, Medikamente oder Alkohol konsumiert wird.

Was sich für viele noch wie Science-Fiction anhört, kann schon sehr bald Realität sein. Dies kann sogar als Vorstufe für ein noch viel größeres Ziel der Eliten angesehen werden. Die Rede ist von der Implantierung eines RFID-Chips für jeden Bürger.

RFID-Chip für jeden?

„Die Welt wird nicht bedroht von den Menschen, die böse sind, sondern von denen, die das Böse zulassen."

Albert Einstein (Nobelpreisträger der Physik) (1879 – 1955)

Vor über zwanzig Jahren hatte mich bereits ein Insider darüber informiert, dass die Eliten langfristig vorhaben, jedem Menschen einen Chip zu implantieren. Diejenigen, die so etwas vor einigen Jahren noch öffentlich behaupteten, wurden von den etablierten Medien als Spinner oder Verschwörungstheoretiker abgetan. Mittlerweile nehmen aber die Pläne der Eliten ganz konkrete Formen an. Zur allerbesten Sendezeit wird den Menschen in den Mainstreammedien der sogenannte RFID-Chip schmackhaft gemacht. Dafür schickte das *ZDF* sogar seinen Vorzeige-Nachrichtensprecher **Claus Kleber** ins Rennen. In seiner Sendung „heute-journal" vom 23.02.2016 präsentierte er den Fernsehzuschauern begeistert, wie sich Büroangestellte freiwillig einen Chip einpflanzen ließen.

Er hat nur die Größe eines Reiskorns und wird zwischen Daumen und Zeigefinger unter die Haut gepflanzt. Sobald die Hand in die Nähe eines geeigneten Lesegeräts oder Empfängers kommt, ist die Person identifiziert und kann beispielsweise bargeldlos zahlen. Dem Zuschauer wurden ausnahmslos nur die Vorteile, die eine Chip-Implantierung bietet, vorgeführt. Die Benutzer schwärmen von den Vorzügen und behaupten „Der Chip macht das Leben noch viel einfacher." Selbst das Flaggschiff des Springer-Konzerns *Die Bildzeitung* blies ins selbe Horn, indem sie titelte: „Neun Implantate, die wir bald im Körper tragen: Sie überwachen Blutzuckerwerte, Medikamenteneinnahme, Verhütung."[9]

Was sich wie eine Horrorvision aus einem Science-Fiction-Film anhört, ist für eine kleine, aber rasch wachsende Gruppe in Schweden bereits Alltag. Die Zahl der Menschen, die sich dort einen RFID-Chip implantieren lassen, der mit der sogenannten Nahfeldkommunikationstechnik ausgerüstet ist, nimmt stetig zu.[10]

Nach der alten Propaganda-Methode doppelt hält besser legten die ARD „Tagesthemen" am 15.03.2016 noch einmal nach, damit sich der Fernsehzuschauer visuell an solch ein Implantat gewöhnen kann. Vor einem Millionenpublikum ließ sich ein Reporter live im Fernsehen einen RFID Chip implantieren.[11] An der aggressiven Werbung „pro Chip" lässt sich erkennen, dass die Mainstreammedien mittlerweile jegliche Schmerzgrenze bei der Verbreitung ihrer Propaganda verloren haben. Dabei wird selbst vor unseren Kindern nicht Halt gemacht.

An absolute Geschmacklosigkeit grenzend, sorgte im März 2016 die Sendung „ERDE AN ZUKUNFT – Cyborg – halb Mensch – halb Maschine" im Kinderkanal (KIKA) für große Empörung in den alternativen Medien. In dieser Sendung wurde den Kindern der RFID Chip als cooles Implantat von zwei Jugendlichen präsentiert. Sie zeigten begeistert ihren Funk-Chip, den sie sich zwischen Daumen und Zeigefinger hatten implantieren lassen.[12]

Neben den GEZ-Sendern verabreichen aber auch die Privaten die regelmäßige Dosis RFID-Propaganda. Am 26.09.2017 wurde auf Pro 7 in der Sendung „Galileo" hierfür kräftig die Werbetrommel gerührt.[13]

Wie zu erwarten war es erneut das „Musterland" der Neuen Weltordnung Schweden, das als „Vorbild" herhalten musste. Davor war der Nachrichtensender N24 mit der RFID-Propaganda an der Reihe. Im Juni 2017 veröffentlichte man dort das Video: „Schweden: So erleichtern Chip-Implantate Bahnkunden das Reisen". Hier wurde vorgeführt, wie „fortschrittlich" das Bahnfahren in Schweden ist. Kommt der Schaffner, hält man einfach nur noch seine Hand unter den Scanner, der Chip wird eingelesen und niemand kann mehr seine Fahrkarte verlieren.[14]

Was für diejenigen, die sich mit dem RFID-Chip auskennen, ein Albtraum ist, wäre für die globalen Eliten ein Traum, der endlich in Erfüllung geht. Somit wäre die von ihnen angestrebte totale Überwachung endlich verwirklicht. Selbst George Orwells Vision eines Überwachungsstaates, wie im Roman „1984" beschrieben, verblasst dagegen fast vollständig. Neben all den durch die Medien angepriesenen Vorteilen wird aber nicht über die Nebenwirkungen für den Menschen gesprochen und diese stehen auch nicht in der „Verpackungsbeilage". Dazu gehören beispielsweise:

- Identifizierung politisch unliebsamer Personen.
- Ortbarkeit jedes Menschen rund um die Uhr weltweit.
- Einschränkung der Fruchtbarkeit durch Chips, die empfängnisverhütende Hormone abgeben.
- Der Chip ist Sender und Empfänger und dadurch ist es mittels Informationsübertragung per Funk möglich, Einfluss auf Gesundheit, Verhalten und Gemütszustand zu nehmen.
- Der Chip kann Elektroschocks auslösen, die sogar zur Handlungsunfähigkeit führen können.
- Sogar die Tötung durch Knopfdruck bei Personen, die zu einer Gefahr werden könnten, ist möglich.[15]
- Der Chip ist Kurzwellenstrahlungsquelle im Körper und dadurch gesundheitsschädlich, ähnlich eines im Körper befindlichen Handys, was ständig strahlt.
- Pauschale Besteuerung aller Geldtransfers.

Dass die Tötung per Knopfdruck bei gechipten Menschen tatsächlich funktionieren kann, bestätigte die Augsburger Zeitung aufgrund einer DPA-Meldung. Sie titelte: „Tötungs-Chip beschäftigt deutsches Patentamt".[16] Dort wurde berichtet, dass ein Patent für einen implantierbaren Chip zur Überwachung und Tötung von Menschen eingereicht wurde.

Der Antragsteller hatte einen Chip entwickelt, der über eine sogenannte „Strafkammer" mit Gift verfüge. Das hochwirksame Gift sei „sicher eingekapselt, außer wenn wir diese Person aus Sicherheitsgründen eliminieren wollen", heißt es in der Patentschrift.[17] Dieses Mittel kann durch Fernsteuerung per Satellit freigesetzt werden. Laut Augsburger Zeitung hat das Patentamt aber den Antrag abgelehnt. Die Frage stellt sich, ob Rüstungskonzerne oder Geheimdienste, wenn sie im Besitz solch eines Tötungschips wären, überhaupt beim Patentamt vorstellig würden.

Was hat der RFID-Chip mit dem mysteriösen Flug MH370 zu tun?

Im Jahr 2014 ereignete sich ein Vorfall, der durchaus im Zusammenhang mit dem Kampf um die Vorherrschaft auf dem Welt-Chipmarkt stehen könnte. Die folgende Geschichte ist spannender als jeder Thriller, sollte sie so stattgefunden haben. Die Rede ist von dem verschwundenen Malaysia-Airlines-Flug 370 (MH-370). Dieser verschwand am 8. März 2014 um 1:21 Uhr Ortszeit auf dem Weg von Kuala Lumpur nach Peking vom Bildschirm der Flugverkehrskontrolle. Seitdem gilt das Flugzeug als vermisst.[18]

Die EpochTimes berichtete am 18. August 2014: „An Bord der verschwundenen Maschine der Malaysia Airlines befanden sich 20 Chinesen, die allesamt Mitarbeiter der US-Firma ″Freescale Semiconductor″ sind. Vier dieser 20 Mitarbeiter besitzen die Rechte an einem US-amerikanischen Patent, nutzbar unter anderem für implantierbare Microchips (Stichwort: Chip statt Personalausweis)", heißt es nach dem Verschwinden der Flugzeugs in verschiedenen Medien.[19]

Russia Today wurde noch konkreter und behauptete, dass der Nutznießer am Tod der Inhaber des Halbleiter-Patents Jacob Rothschild sei. Das Magazin schrieb wörtlich:

> „Das Verschwinden von vier Inhabern des Halbleiter-Patents, die mit der MH370 von Malaysia Airlines unterwegs waren, macht den berühmten Milliardär Jacob Rothschild zum alleinigen Besitzer des wichtigen Patents."[20]

Ob das tatsächlich zutrifft, wird möglicherweise nie herausgefunden werden.

Das Patent war zwischen fünf Lizenznehmern mit je 20 Prozent Anteil aufgeteilt: der Firma Freescale Semiconductor, mit Sitz in Austin, Texas und vier Chinesen aus der Stadt Suzhou, die an Bord des verschwundenen Flugzeugs waren.[21]

Russia Today zufolge erben im Falle des Todes eines Patentinhabers die anderen Lizenznehmer die Dividenden des Verstorbenen zu gleichen Teilen. Dies gilt, solange in einem Testament keine andere Regelung getroffen wurde. Da die vier chinesischen Miteigentümer des Patents verschollen (oder tot) sind, wird derjenige, der noch am Leben ist, zum alleinigen, 100-prozentigen Inhaber an dem besagten Patent. [22]

Das Wirtschaftsportal MMNews veröffentlichte am 28.03.2014 eine Liste der Patentinhaber:

"Peidong Wang, Suzhou, China, (20 %)
Zhijun Chen, Suzhou, China, (20 %)
Zhihong Cheng, Suzhou, China, (20 %)
Li Ying, Suzhou, China, (20 %)
Freescale Semiconductor Austin TX (20 %)
Datum Patent-Beantragung: 21. Dezember 2012
Datum Patent-Eintragung: 11. März 2014
Datum verschwinden von MH370: 08. März 2014

HINWEIS: Zwischen Beantragung eines Patents und Eintragung können mehrere Wochen bis Monate vergehen. Die Beantragung des Patents erfolgte bereits am 21. Dezember 2012. Die Tatsache, dass die Eintragung des Patents erst am 11. März 2014 erfolgte, das Flugzeug aber bereits am 08. März 2014 verschwand, ist also nachweislich kein Widerspruch. Im Gegenteil: Es ist äußerst merkwürdig, dass das Patent nur 3 Tage nach dem Verschwinden des Flugzeugs seine endgültige Rechtswirksamkeit erhalten hat. Ein weiteres Indiz ist die Tatsache, dass die geplante Flugroute von Flug MH370 direkt über den US-amerikanischen Luftwaffenstützpunkt Diego Garcia im Indischen Ozean verlief."[23]

Doch die mysteriösen Ereignisse um den Flug MH370 gehen weiter. Im Jahr 2017 wurde Zahid Raza als malaysischer Honorarkonsul beauftragt, in dem Fall tätig zu werden. Wie Insider behaupten, hatte er eine sensationelle Entdeckung gemacht, die zu einer Wiederaufnahme der Ermittlungen führen sollte. Angeblich wurden Teile des Flugzeugs in Madagaskar am Strand gefunden. Er wollte die Teile den malaysischen Behörden übergeben. Daraus wurde jedoch nichts, da er am 24. August 2017 in Madagaskar in seinem Auto erschossen aufgefunden wurde.[24]

Steckt auch hinter diesem Ereignis das Patent für den RFID-Chip? Schon am 2. März 2015 wurde bekanntgegeben, dass Freescale Semiconductor von der Firma NXP Semiconductor übernommen wurde.[25]

Auch in Deutschland ist die RFID-Technologie ganz klar auf dem Vormarsch. Interessant in diesem Zusammenhang ist, dass die Bundesregierung NXP als Hauptlieferanten der Sicherheitschips für den neuen Personalausweis beauftragt hat.[26] Neben dem neuen deutschen Personalausweis liefert NXP übrigens auch mehrheitlich die Sicherheitschips für den elektronischen Reisepass.[27]

Der neue Personalausweis – Die nächste Stufe der Kontrolle

Am 16. Juni 2016 schickte mir eine Leserin ein Bild, das sie in Leipzig aufgenommen hatte. Darauf sah man einen futuristisch und verlockend aussehenden gelben LKW der Firma NXP, fast vergleichbar mit dem Coca-Cola Truck, der um die Weihnachtszeit in den großen Städten unterwegs ist. Der Anblick des Bildes löste bei mir aber eher einen bitteren anstelle eines süßen Nachgeschmacks aus. Es stellte sich heraus, dass der NXP Truck Teil einer deutschlandweiten Tour war und dabei mehrere Städte anfuhr. Die meisten, die den Truck sahen, konnten vermutlich mit der Firma selbst nichts anfangen. Bei denjenigen aber, die wie meine Leserin wissen, was dahintersteckt, gingen alle Alarmglocken an.

Obwohl sich das standardisierte Chippen der gesamten Bevölkerung noch nicht durchsetzen konnte, wird klammheimlich durch die Hintertür doch jeder Bürger zunehmend über einen Chip kontrolliert. Der Witz dabei ist, dass fast jeder ihn inzwischen mit sich herumträgt. Die Rede ist vom neuen Personalausweis, der wie schon beschrieben, mit einem RFID-Chip ausgestattet ist.[28] Bislang hatten die Bürger nicht die Möglichkeit zu entscheiden, ob sie einen Ausweis mit oder ohne Chip haben wollen, sondern lediglich, ob der Chip ein- oder ausgeschaltet sein soll. Bemerkenswert ist aber, dass sich zwei Drittel der Bundesbürger für die Deaktivierung entschieden.

Um die totale Kontrolle über die Bürger weiter zu beschleunigen, wurde im Dezember 2016 durch den Bundestag ein Gesetzentwurf zur Änderung des Personalausweisgesetzes beschlossen[29]. Dieser beinhaltet zwei Hauptpunkte:

1. Im Personalausweis wird die elektronische Identifikationsnummer dauerhaft eingeschaltet.
2. Die Geheimdienste, der Verfassungsschutz sowie die Polizei können vollautomatisch auf eine Datenbank mit allen biometrischen Pass-bildern zugreifen.

Im Gesetzentwurf dazu heißt es, dass die Nutzung und Verbreitung der eID-Funktion bisher weit hinter den Erwartungen zurückgeblieben wäre. Bei zwei Dritteln der rund 51 Millionen ausgegebenen Ausweise wäre die eID-Funktion durch den Bürger deaktiviert worden.[30] Mit der automatischen Aktivierung könne aber dieses Problem endlich behoben werden.

Dies hätte zur Folge, dass die Ausweisdaten künftig auch ohne Eingabe der Geheimnummer des Nutzers ausgelesen werden können.[31] Wenn man dann beispielsweise mit dem neuen Ausweis in der Brieftasche ein Gebäude mit RFID-Scanner betritt, wird automatisch registriert, wer das Gebäude soeben betreten hat.

Überdies kann der eingebaute RFID-Chip aus mehreren Metern Entfernung ausgelesen werden. Wie dies in der Praxis funktioniert, haben bereits britische Hacker vorgeführt. Ihnen ist es entsprechend gelungen, mittels der neuen Ausweise Bewegungsprofile zu erstellen.[32]

Spannend dabei ist, dass die Vorbereitungen hierfür schon seit Jahren auf Hochtouren laufen. Hier arbeiten die Geheimdienste eng mit den Herstellern von Smartphones, Tablets und Spielekonsolen zusammen.[33]

Smartphones, Tablets und Drohnen
– Die Überwachung ist bereits Realität

„Niemand ist so hoffnungslos versklavt, wie diejenigen,
die fälschlicherweise glauben frei zu sein."

Johann Wolfgang von Goethe (deutscher Dichter und Naturforscher) (1749 – 1832)

Für diese Schreckensvisionen der IT-Welt waren bislang Autoren wie beispielsweise Philip K. Dick zuständig. In seiner Kurzgeschichte „Minority Report" ging es um die nie abschaltbaren und allgegenwärtigen Bildschirme, die den Menschen die vermeintliche Wahrheit zeigen und gleichzeitig das Verhalten der Zuschauer überwachen.

Wie wir bereits festgestellt haben, hat die Realität diese Science-Fiction Geschichten bereits eingeholt. Ganz vorne mit dabei sind Unternehmen wie Microsoft und Apple. Sehr schön lässt sich das an Apples Patentantrag 20100207721 erkennen.

Dort soll es möglich sein, Fotos und Stimmen des aktuellen Smartphone-Nutzers aufzunehmen und sogar seinen Herzschlag zu protokollieren. Dies erfolgt wie bei dem RFID-Chip unbemerkt für den Nutzer. Wörtlich steht im Patentantrag:

„In einigen Gestaltungen kann die Aufnahme angefertigt werden, während der Nutzer telefoniert. In anderen Fällen kann das Gerät alle Stimmen oder Geräusche aufnehmen, die erfasst werden, unabhängig davon, ob ein Anruf erfolgt oder nicht."[34]

Es ist sogar möglich, dass die Kamera des Geräts Aufnahmen der Umgebung macht und gleichzeitig analysiert, wo sich der Nutzer aufhält. Da die Überwachungssoftware immer mitläuft, hat der Besitzer keine Möglichkeit, dies zu beeinflussen.

Früher wurden bei verdächtigen Personen umständlich Wanzen angebracht, um Gespräche belauschen zu können, mittlerweile kauft man sich selbst für mehrere hundert Euro die Wanze und ist sogar noch stolz darauf, Mitglied im elitären Apple-Club zu sein.

Ein Dorn im Auge sind den Überwachern die sozialen Netzwerke, da hier die offiziell verkündete Einheitsmeinung unterwandert wird. Ganz im Sinne von

Stasi-Chef Erich Mielke plant der BND beispielsweise seine digitalen Überwachungsprogramme deutlich zu erweitern. Bis 2020 sollen für die sogenannte ‚Strategische Initiative Technik' (SIT) 300 Millionen Euro ausgegeben werden.[35]

Die gespeicherten Metadaten sollen dann gefiltert werden, um bei Bedarf und Verdacht Zugriff auf Telefonate und E-Mails zu haben. Mit diesem Programm orientiert sich der BND technisch an den Vorbildern NSA (‚National Security Agency') und GCHQ (‚Government Communications Headquarters'). Deren Metadatenprogramme erfassen weltweit Kommunikationsströme und stehen seit den Enthüllungen Edward Snowdens massiv in der Kritik. Im Zusammenhang mit dem NSA-Abhörskandal wurden sogar Vergleiche mit der Stasi laut. Ex-Bundespräsident Gauck wies dies im ZDF-Sommerinterview vom 13.06.2013 energisch zurück und sagte, man könne die NSA nicht mit der Stasi vergleichen.[36]

Die NSA überwacht inzwischen täglich weltweit 1,7 Milliarden Datenkommunikationen und speichert diese in Archiven mit einem Fassungsvermögen von 5 Zettabytes, dies entspricht 5 Milliarden Terrabytes oder 5 mal 250 Milliarden DVDs. Würde man diese Daten ausdrucken und in Aktenschränken archivieren wie bei der Stasi, dann hätten diese Aktenschränke laut einer Untersuchung des Berliner Datengestalters ‚OpenDataCity' eine Fläche von mehr als der Größe Europas. Somit ist das NSA-Archiv eine Milliarde Mal größer als das damalige Stasi Aktenarchiv. Ex-Bundespräsident Gauck hatte also „tatsächlich recht", als er sagte, dass man die Stasi nicht mit der NSA vergleichen kann.[37]

Auch die sich offiziell stets für Menschenrechte einsetzende Europäische Union, die sogar den Friedensnobelpreis erhielt, sorgt sich „besonders" um die „Sicherheit" ihrer Bürger. Eines ihrer Lieblingsprojekte heißt ‚Indect' (‚Intelligentes Informationssystem zur Unterstützung von Überwachung, Suche und Erfassung für die Sicherheit von Bürgern in städtischer Umgebung').

‚Indect' verbindet sämtliche Internetdaten von Sozialen Netzwerken, Suchmaschinen, staatlichen Datenbanken, wie zum Beispiel biometrischen Passbildern,

Kamerabeobachtungen und Kreditkartenzahlungen, und stellt so ein ideales Überwachungs- und Kontrollsystem sämtlicher EU-Bürger dar.[38]

Hinzu kommen sogenannte „Geräte zur mobilen Objektverfolgung", sprich Drohnen, die vollautomatisch und unbemerkt verdächtige Personen im öffentlichen Raum verfolgen können.[39]

„Sobald Sie ein für den Computer unnormales Verhalten zeigen, zum Beispiel auf der Straße zu schnell laufen, werden Sie von den Kameras aufgespürt, identifiziert und gegebenenfalls mit kleinen Drohnen durch die Stadt verfolgt",[40] beschreibt der EU-Abgeordnete und ‚Indect'-Gegner Jan Philipp Albrecht das Projekt.

‚Indect' ist aber nicht das einzige Überwachungsprojekt, das die EU fördert. Es gibt über 100 Projekte mit einem Forschungsrahmenvolumen von 1,7 Milliarden Euro. Natürlich alles ‚zum Wohle und zur Sicherheit der Bevölkerung'.[41]

Letztlich steckt hinter dieser perfiden Entwicklung nur die Angst der Eliten vor den Bürgern: Man fürchtet, dass wie im Fall der Berliner Mauer auch ihr jetziges System einstürzen könnte. Um dies zu verhindern, wird den Fernsehkonsumenten täglich eine Dosis aus Angst, Terror und Kriminalität verabreicht. Als Schutz hiervor soll die totale Überwachung dienen.

Diese bereits bestehenden Abhör- und Kontrollmaßnahmen laufen unter dem Überbegriff ‚Antiterrormaßnahmen'. In Wirklichkeit sind sie nichts anderes als die Aushebelung der letzten Bürgerrechte. Bereits Anfang 1998 wurden unter der Regierung Kohl (CDU-FDP) die Grundlagen für den großen Lauschangriff im Bundestag gelegt. Ende desselben Jahres begann eine neue Ära, die Ära Schröder mit der rot-grünen Koalition. Wer aber dachte, dass SPD und Grüne die von der Regierung Kohl in die Wege geleiteten Gesetzesänderungen zum flächendeckenden Abhören nicht weiter fortführen würden, sah sich schwer getäuscht.

Der einstige Bürgerrechtsanwalt **Otto Schily** (SPD) hat in seiner Funktion als Bundesinnenminister zwei Anti-Terror-Gesetzespakete durchgesetzt, die die Vorstellungen seines CDU-Vorgängers **Manfred Kanther** bei Weitem in den Schatten stellten. Es wurden mit dem Sicherheitspaket II nicht nur die Kompetenzen der Geheimdienste massiv erweitert, sondern Sicherheitsbestimmungen in etwa 100 Gesetzen geändert. Rückwirkend betrachtet waren Kanther und Schily gegenüber dem Netzwerkdurchsetzungsgesetz von Heiko Maas nichts weiter als kleine Chorknaben.

2017 – Komplette Entmachtung der Bevölkerung beschlossen

Die Zensur ist das lebendige Eingeständnis der Herrschenden, dass sie nur verdummte Sklaven treten, aber keine freien Völker regieren können.

Johann Nestroy (österreichischer Schriftsteller) (1801 – 1862)

Der 30. Juni 2017 wird höchstwahrscheinlich in die deutsche Geschichte einge-hen. An diesem Tag wurden im Bundestag zwei Gesetze mit weitreichender Trag-weite für die Bevölkerung verabschiedet. Zum einen wurde die „Ehe für alle" ein-geführt und zum anderen stand das **Netzwerkdurchsetzungsgesetz (NetzDG)** von **Heiko Maas** auf der Tagesordnung. Von vornherein war klar, dass es, sollte es beschlossen werden, die Meinungs- und Freiheitsrechte der Bevölkerung massiv einschränken und einem Ermächtigungsgesetz gleichkommen würde.

Die Absegnung der **„Ehe für alle"** war den Abgeordneten so wichtig, dass sie vollständig daran teilnahmen und 393 dafür stimmten. Anschließend stand das Netzwerkdurchsetzungsgesetz auf der Tagesordnung. Obwohl diese Abstimmung als eine der schwerwiegendsten der letzten Jahrzehnte galt, waren laut Epoch Times bei der anschließenden Sitzung von den 630 Abge-ordneten nur lediglich 40 – 60 anwesend. Genaue Zahlen verschwiegen die Mainstreammedien aus gutem Grund.[42]

Auf dem Video der 244. Bundestagssitzung, bei der über das NetzDG abge-stimmt wurde, ist eindeutig zu erkennen, dass die meisten Bänke leer waren. Bundestagspräsident Norbert Lammert stellte trotzdem fest, dass der Bun-destag beschlussfähig sei – obwohl dafür mehr als die Hälfte der Abgeordne-ten anwesend sein müssten, so die EpochTimes.[43]

Da den wenigsten tatsächlich bewusst ist, was dort und in diesem Zusammen-hang mit weiteren Gesetzen beschlossen wurde, hier eine kurze Auflistung:

- – Unliebsame Meinungen im Internet können innerhalb von 24 Stun-den unter Strafandrohung von 50 Millionen Euro zensiert werden.

- – Die Regierung darf Staatstrojaner auf den Computern und Smartpho-nes der Bevölkerung installieren. Hiermit können Kameras und Mik-rofone in den Geräten eingeschaltet werden. Beispiel: Wenn Ihr Nach-bar als sogenannter „Reichsbürger" einzuschätzen ist und Sie einmal mit ihm gegrillt haben, dann ist die Wahrscheinlichkeit recht hoch, dass Sie auf einmal den Staatstrojaner auf Ihrem Rechner haben.

- Vollkommene Aufhebung des Bankgeheimnisses.

- Fahrverbote wurden ausgeweitet, sie gelten jetzt zum Beispiel auch für „Hate Speech" im Internet. Mit anderen Worten, wer nicht mehr systemkonform ist, kann sogar den Führerschein verlieren. Diese Maßnahmen lassen Parallelen zum Sowjetkommunismus erkennen. Damals analysierte Alexander Solschenizyn treffend: „Ein totalitäres System erkennt man daran, dass es die Kriminellen verschont und den politischen Gegner kriminalisiert."[44]

Aber selbst das schien dem kontrollwütigen Heiko Maas nicht zu reichen. Nur drei Tage nach der Verabschiedung der Internetzensur (NetzDG) im Bundestag machte er sich daran, dass bei Google & Co. die Inhalte von ARD und ZDF vorrangig angezeigt werden müssen. Das hat zur Folge, dass kritische Stimmen ins virtuelle Nichts verbannt werden.

Hierzu soll eine Digitalagentur der Bundesregierung entstehen, die ermächtigt ist, sich in die Algorithmen von Google, Facebook und anderen Unternehmen einzumischen. Heiko Maas begründet dies mit einer „Must-be-Found"-Pflicht, die vorschreibt, dass die „gesellschaftlich relevanten Inhalte" von ARD und ZDF im Internet gut sichtbar präsentiert werden müssen, um Vorurteile in der Bevölkerung abzubauen. Sein neues Gesetzesvorhaben sei „der Garant dafür, um Diskriminierungen zu verhindern und Selbstbestimmung zu sichern" so der ehemalige Justizminister.[45]

Auch **Angela Merkel** mischte sich hierzu ein und betonte im Bundestag, dieser Schritt sei nötig, um die Stabilität Deutschlands „in einem völlig anderen medialen Umfeld" zu erhalten, denn es gäbe im Internet immer mehr Seiten, welche die Meinungsbildung verfälschen. Merkel meinte vielleicht, das mediale Umfeld, so wie sie es aus der ehemaligen DDR kannte, in der es nur eine Meinung gab und zwar die offizielle Staatsmeinung.[46] Es ist schon erstaunlich, dass dieses Propagandasystem so gut funktioniert. Wenn wir uns auf den Straßen umschauen, kann man feststellen, dass die Massen so dermaßen abgelenkt sind, da sie wie die hypnotisierten Kaninchen auf ihre Smartphones starren.

Die Smartphone-Gesellschaft

„Das Verhängnis unserer Kultur ist,
dass sie sich materiell viel stärker entwickelt hat als geistig."

Albert Schweitzer (deutsch-französischer Arzt, Philosoph und Theologe) (1875 – 1965)

So wie wir die Luft zum Atmen brauchen, um zu überleben, so können sich nur die wenigsten ihr Leben noch ohne ein Smartphone vorstellen. Sollte ihr Handy verloren gehen oder gestohlen werden, dann ist es, als ob für sie die Welt zusammenbricht.

Das „Ständig-Erreichbar-Sein" und jederzeit und überall alle Informationen zu empfangen, ist zum einen Fortschritt, aber auch Fluch zugleich. Über Facebook und andere soziale Netzwerke haben die meisten zum Teil Tausende von „Freunden", mit denen sie sich virtuell austauschen können. Gleichzeitig hat aber die Anzahl der wahren Freunde im wirklichen Leben rasant abgenommen. Trotz, oder gerade wegen der vielen Internet-Bekanntschaften, fühlen jedoch immer mehr Menschen eine innere Leere.

Ein Bekannter erzählte mir in diesem Zusammenhang eine traurige Geschichte. Ein dreizehnjähriges Mädchen, die Sportkameradin seiner Tochter, nahm sich das Leben, indem sie vom Dach eines Einkaufscenters in Berlin sprang. Als Grund nannte er, dass sie in sich zurückgezogen fast nur noch mit virtuellen Freunden in sozialen Netzwerken verkehrte, aber gleichzeitig eine innere Leere empfand. Mittlerweile sind es nicht nur Jugendliche, die mehr und mehr Zeit in sozialen Netzwerken verbringen, sondern es tummeln sich dort so gut wie alle Altersklassen.

Heutzutage ist es technisch sogar machbar, mit dem Smartphone im Null-kommanichts einen Partner kennenzulernen, zum Beispiel über sogenannte Partnerbörsen, die mittels einer „Radar"-Funktion die passenden Interessenten in unmittelbarer Nähe anzeigen. So können sich Frauen und Männer innerhalb von Minuten auf einen Kaffee verabreden.

Jetzt müsste man denken, dass sich so ganz einfach zwei einsame Seelen finden, um in Glück und Harmonie zukünftig gemeinsam ihr Leben zu verbringen. Leider ist es nicht so, denn die Zahl derjenigen, die dort einen echten Partner finden, ist verschwindend gering, im Verhältnis zu denen, die frustriert von einer Flirtline zur anderen springen. Dies spiegelt sich auch darin, dass es noch nie so viele Single-Haushalte in Deutschland gab, wie jetzt. In diesem Zusammenhang berichtete der Stern, dass mittlerweile 41 Prozent aller deutschen Haushalte nur noch aus einer Person bestehen, Tendenz steigend.[47]

Egal ob Single oder Familien, eins verbindet sie fast alle. Aus ihrem täglichen Leben ist das Smartphone nicht mehr wegzudenken. In der Regel schenken sie ihrem Telefon sogar mehr Aufmerksamkeit als ihrem Partner oder ihren Kindern. Selbst Deutschlands Lieblingstier, der Hund, bekommt beim Gassi gehen keine Aufmerksamkeit mehr, da Herrchen in der virtuellen Welt des Smartphones gefangen ist.

Selbst der eigentlich atemberaubende Moment eines Sonnenuntergangs wird meist nur noch durch die Kamera des Smartphones wahrgenommen und verblasst neben den nächsten WhatsApp-Nachrichten, die auf dem Bildschirm erscheinen.

Dieses Verhalten ist mittlerweile fast in der gesamten Welt zu beobachten. Das hat zur Folge, dass die Menschen nicht mehr mit ihrem „Nächsten", also dem Menschen, mit dem sie gerade zu tun haben, beschäftigt sind. Stattdessen hat das Handy den wichtigsten Platz in ihrem Leben eingenommen.

Dies führt zu einer unterschätzten Gefahr, von der jedoch die wenigsten wissen. Digitale Medien wie Smartphones ersetzen nicht nur soziale Kontakte, sondern nehmen uns auch das Denken ab, so der Gehirnforscher Professor Manfred Spitzer. Was die Menschen früher (unter Anstrengung) mit dem Kopf erledigen mussten, wird heute von Navis, Computern und Smartphones übernommen. Doch die Auslagerung des Denkens hat gravierende Folgen. Spitzer warnt inzwischen sogar vor einer digitalen Demenz. Er hat festgestellt, dass bei Taxifahrern in London, die kein Navi benutzen, das Gehirn deutlich besser ausgebildet ist, als bei Taxifahrern, die nur auf ihr Navi vertrauen.[48]

Je mehr sich die Menschen aber auf ihr Navi oder Smartphone verlassen, des-to mehr verlieren sie die Fähigkeit, selbständig zu denken. So erging es zum

Beispiel einer Belgierin, die eigentlich nur einen Freund vom Bahnhof in Brüssel abholen wollte. Hierfür war eine Autofahrt von knapp einer Stunde nötig. Die Frau fuhr jedoch fast zwei Tage und legte dabei eine Strecke von 1400 Kilometern zurück. Am Ende landete sie in der kroatischen Hauptstadt Zagreb. Der Grund: Sie hatte einfach nur die Anweisungen ihres Navis befolgt.[49] Unglaublich, aber wahr.

Laut Professor Spitzer lässt die Leistungsfähigkeit unseres Gehirns nach, wenn wir nicht mehr selbst denken. Das ist vergleichbar mit einem Muskel, den wir nicht mehr benutzen. Die Nervenzellen sterben einfach ab und die nachwachsenden Zellen überleben nicht, weil sie nicht gebraucht werden.

Bei Kindern und Jugendlichen hat dies besonders fatale Folgen, denn bei ihnen wird die Lernfähigkeit durch digitale Medien drastisch vermindert. Daraus resultieren Lernschwächen, Aufmerksamkeitsstörungen, Abstumpfung, Schlafstörungen, Ängste und Depressionen. Sie merken das aber nicht, da sie denken, dass Smartphones, Tablets, Notebooks und Nintendo 3DS zu ihrem täglichen Leben dazugehören. Rein körperlich sind sie zwar auf der Straße, im Supermarkt, der U-Bahn, im Kino oder im Schwimmbad anwesend – aber geistig sind sie Gefangene in der virtuellen Welt.

Diese bestimmt so dominant ihr Leben, dass Eltern und Lehrer mittlerweile verzweifeln. Den größten Teil ihrer Freizeit verkehren sie fast ausschließlich im virtuellen Raum, mit sogenannten „Freunden" aus sozialen Netzwerken. Nicht selten kommt dazu, dass sie wie unter Drogen ihre Zeit mit Computerspielen verbringen.

Menschen ferngesteuert – Die Pokémon-Hysterie

Besonders schön konnte man dies im Jahr 2016 sehen, als eine regelrechte Massenhysterie ausbrach, da die Menschen weltweit auf die Jagd nach virtuellen Pokemon-Monster gingen.

Sie drangen etwa in fremde Gärten, Schulen und auf Baustellen ein oder spazierten verdächtig lange vor der US-Botschaft in Kopenhagen auf und ab, weil sie dort eines der fiktiven Monster vermuteten.[50]

Die Rede ist von Pokémon Go, einem »Hybrid-Reality«-Spiel für Smartphones, das die realen geografischen Standortdaten mit virtuellen Monstern überlagert, die der User fangen muss, um Punkte zu sammeln. Von Anfang an gab es aber auch kritische Stimmen. So titelte *Welt*: „‚Pokémon Go‘, das gefährlichste Spiel der Welt?"[51]

Die wenigsten wissen jedoch, das Spiel wurde von **CIA**-finanzierten Software-Entwicklern erfunden, als Versuch, die Handykameras der Bevölkerung zu instrumentalisieren.[52] Pokémon Go kann sogar als Pilotprojekt angesehen werden, Menschen wie willenlose Zombies fernzusteuern, um sie von den eigentlich wichtigen Dingen im Leben abzulenken.

An den Stellen, wo Monster mit besonders hohen Punkten auftauchten, kamen im Nu ganze Menschenmassen zusammen, um diese zu fangen.

Bislang mussten die Pokémon Go-Jünger die virtuelle Einblendung des Spiels auf ihrem Handydisplay betrachten. Das ist auch einer der Gründe, weshalb sie von Klippen fallen, gegen Verkehrsschilder und Bäume fahren, in Verkehrsunfälle verwickelt sind und es sogar schon Todesfälle gab.[53] Wie zum Beispiel in Guatemala, wo ein Spieler auf einem fremden Grundstück ein Pokemon-Monster fangen wollte und dabei erschossen wurde.[54] Nur anders als in der virtuellen Welt gab es hier kein „neues Leben".

Im kalifornischen Encinitas stürzten sogar zwei Männer von einer Klippe, während sie Pokémon Go spielten, um ein Fantasiemonster zu jagen. Dabei fielen sie in der realen Welt mehr als 20 Meter in die Tiefe, wo es für ihre unglaubliche Dummheit keinerlei Punkte zu gewinnen gab.[55]

Schon bald wird die Spielsucht noch mehr animiert, da im nächsten Schritt die erweiterte virtuelle Realität mit der Google Glass Brille direkt an die Augen übertragen wird. Dadurch müssen die Spieler nicht mehr auf ihr Smartphone starren, um die Monster zu sehen. Die durchsichtigen Visiere werden die Monster zukünftig direkt in die reale Welt einbetten.

So werden die Menschen wie Drogenjunkies noch verzweifelter versuchen, etwas zu erhaschen, was es in Wirklichkeit gar nicht gibt. Pokémon Go zeigt, dass die Wahrnehmungsmanipulation in der erweiterten Realität technologisch und sozial schon längst möglich ist. Aber selbst in der Arbeitswelt sind wir dabei, uns mehr und mehr in der virtuellen Welt zu verzetteln.

Der virtuelle Wahnsinn der Arbeitswelt

Die Schatten der virtuellen Realität haben mittlerweile auch unsere Arbeitswelt erreicht. Eine Videokonferenz jagt die nächste und gleichzeitig werden SMS geschrieben und Mails beantwortet. Sogar bei Seminaren kommt es mittlerweile immer häufiger vor, dass auf dem Smartphone oder dem Tablet Nachrichten gelesen oder sogar auf den Geräten gearbeitet wird. Dabei verpassen wir nicht nur wichtige Inhalte, sondern ignorieren sogar auf unhöfliche Art den Referenten. Dies gilt mittlerweile als ganz normal im Berufsalltag und zieht sich durch fast alle Berufszweige.

Das Problem dabei ist nur, dass wir andauernd in unserem Tun unterbrochen und abgelenkt werden. Dadurch fällt es den meisten schwer, inmitten einer Fülle äußerer Reize einen klaren Gedanken zu fassen. Hier kommt die neuste SMS, dort blinkt eine Chat-Nachricht und während uns die hundertste E-Mail erreicht, klingelt das Telefon.

Neuste Studien zeigen aber, dass wir uns durchschnittlich elf Minuten am Stück auf eine Aufgabe konzentrieren können, bevor wir durch eine E-Mail, ein Telefonat oder einen Kollegen gestört werden.[56] Nach dem Eingang einer neuen Nachricht, unterbrechen wir beispielsweise umgehend das, was wir gerade tun, fast schon so, als ob es sich um einen Notfall handeln würde. Wir übersehen aber dabei, dass es enorm viel Zeit kostet, wieder zur vorherigen Aufgabe zurückzukehren.

Dies ist vergleichbar mit einem Fahrradfahrer, der mit hoher Geschwindigkeit unterwegs ist, aber an der roten Ampel abbremsen muss. Jeder Radfahrer weiß, dass es eine Weile dauert, bis er wieder zum alten Tempo zurückgefunden hat. Kaum hat er wieder Fahrt aufgenommen, kommt schon wieder die nächste rote Ampel. Auch in unserer Arbeitswelt gibt es rote Ampeln. Es ist zum Beispiel die nächste E-Mail, die nächste WhatsApp-Nachricht oder der nächste Telefonanruf und jedes Mal wird dabei unsere Tätigkeit unterbrochen. Sofort reagieren wir auf jedes Piepen, Vibrieren und Blinken und sind von unserem eigentlichen Tun permanent abgelenkt.

Besonders dramatisch wird es, wenn wir aus unserem lang verdienten Urlaub ins Büro zurückkommen und sich im Postfach hunderte Mails angesammelt haben. Nicht selten dauert es mehrere Tage, bis wir sie abgearbeitet haben. Der größte Teil der Mails besteht, wie die meisten wissen, aus bedeutungslosen Nachrichten, die uns nur bei den eigentlich wichtigen Aufgaben stören.

Somit unterbricht zunehmend das Mailen nicht mehr die Arbeit, sondern die Arbeit unterbricht das Mailen.

Seitdem ich selbst diese Erfahrung machen musste, da mich nahezu eintausend Mails nach zweiwöchiger Auszeit erwarteten, habe ich mich für folgende Maßnahme entschieden. Ich änderte meine Abwesenheitsmitteilung auf folgenden Text:

„Ich befinde mich in meinem Jahresurlaub, um wieder Kraft für meine Leser zu schöpfen. Alle in dieser Zeit eingehenden Mails werden unwiderruflich gelöscht und nicht beantwortet.

Ab dem … bin ich wieder für Sie erreichbar und freue mich, Ihnen meine Aufmerksamkeit zu schenken."

Für viele hört sich das vielleicht sehr hart an, aber das hat etwas mit Selbstschutz zu tun, um nicht in Zukunft folgende Sätze sagen zu müssen: „Ich kann überhaupt nicht mehr abschalten", „Meine Kinder beschweren sich, dass ich selbst im Urlaub wenig Zeit für sie habe, da ich berufliche Nachrichten bearbeite" oder „Ich habe immer das Gefühl, noch etwas tun zu müssen."

Wir sollten uns einmal die Fragen stellen, was eigentlich im schlimmsten Fall passiert, wenn wir unser Handy sowie den Computer ausschalten und nicht mehr erreichbar sind. Viele wissen anscheinend gar nicht, dass ihr elektronischer Begleiter auch einen Ausschaltknopf hat.

Ein kleiner Test soll feststellen, wie weit wir in oben beschriebene Verhaltensweisen verstrickt sind. Treffen mindestens drei Aussagen zu, dann ist es höchste Zeit, unser Verhalten zu ändern. Andernfalls ist die Wahrscheinlichkeit sehr groß, dass Phänomene wie Burnout oder Depressionen zu unserem ständigen Begleiter werden.

- „Ich versuche oft, gleichzeitig mehrere Dinge zu machen.
- Ständig fühle ich mich angespannt und unter Zeitdruck.
- Oft bin ich nervös, gereizt und reagiere schnell aufgebracht.
- Beim Surfen im Internet finde ich schwer ein Ende.
- Meine vorgenommenen Aufgaben für den Tag schaffe ich fast nie.
- Immer bin ich erreichbar, sowohl in meiner Freizeit, als auch im Urlaub.
- Mich drängt das Gefühl, immer noch etwas erledigen zu müssen.
- Für meine Freundschaften bleibt nur wenig Zeit übrig.
- Ich verbringe einen großen Teil meiner Freizeit online.
- Wirklich genussvoll kann ich nicht mehr entspannen."

Neusten Erkenntnissen zufolge riskieren Menschen, die exzessiv elektronische Medien nutzen, deutliche Einbußen ihrer Intelligenz. Julitta Rössler schreibt dazu in ihrem Buch „Raus aus Hamsterrad und Tretmühle":

> *„In einem ungewöhnlichen Experiment wurden den Teilnehmern verschiedene IQ-Testaufgaben gestellt. Eine Gruppe durfte während der Bearbeitung E-Mails checken und ihr Mobiltelefon nutzen. Die andere Gruppe durfte keine elektronischen Medien nutzen, dafür aber Marihuana rauchen. Die Marihuana-Gruppe schnitt bei den Testergebnissen deutlich besser ab, als die Gruppe, die Computer und Mobiltelefon benutzen durfte. Deren Testwerte sanken um 10 % und damit doppelt so stark, wie die der Marihuana-Raucher. Bevor ich in den Ruf komme, Drogen zu verherrlichen, erwähne ich besser, dass es auch eine dritte Gruppe gab. Sie durfte weder Computer oder Handy nutzen noch Marihuana rauchen. Selbstverständlich hatte diese Gruppe die besten Testergebnisse."*[57]

Zusammenfassung

Der größte Teil der Menschen lebt, wie wir gesehen haben, weder in der Innen-, noch in der Außen-, sondern zunehmend in einer virtuellen Welt. Eine Welt, die erschaffen wurde von Großkonzernen und ganz im Interesse der Politik getreu nach dem Motto Brot und Spiele die Menschen ablenkt.

Nicht Facebook, Twitter, Google, Chat, Blogs, E-Mails oder Online-Spiele sind unser Problem, sondern wir sind es selbst.

Obwohl ich kein Smartphone besitze, weiß ich aber, dass wie bei so vielen anderen Dingen im Leben auch die Dosis das Gift macht. Ein Smartphone ist weder gut noch schlecht, sondern es ist ein Kommunikationsgerät. So wie man mit einem Messer jemanden töten oder mit demselben Messer Brot schneiden kann, liegt es immer an dem Nutzer, wie er es verwendet.

In unserem Überinformationszeitalter sollte sich jeder einzelne die Frage stellen, ob er tatsächlich immer und überall erreichbar sein muss. Der Grat, ob wir das Smartphone benutzen oder das Smartphone uns benutzt, ist sehr schmal.

Spätestens wenn uns Krankheiten plagen und der Körper Signale abgibt, dann werden wir automatisch gezwungen, die virtuelle Welt zu verlassen und im Hier und Jetzt präsent zu sein. Es ist ohnehin gesünder, seinem Körper mehr Aufmerksamkeit zu widmen, als elektronischen Schaltkreisen, die in einem kleinen Kasten verbaut sind.

Wenn wir uns beim nächsten Familientreffen mit all den Gästen einigen, dass jeder sein Telefon ausgeschaltet in einen Schuhkarton legt, dann könnte der Abend wirklich zu einem unvergesslichen Erlebnis werden. So haben wir die Möglichkeit tatsächlich hinzuhören und nicht nur einfach zuzuhören und nehmen so die Personen als Ganzes wahr.

Ich selbst handhabe es seit Jahren wie folgt: Bei jedem persönlichen Gespräch befindet sich mein Handy entweder im Auto oder es ist ausgeschaltet. Der Hintergrund ist der, dass ich es als nichtachtend empfinde, gegenüber der Person, mit der ich gerade kommuniziere, wenn ständig das Telefon klingelt. Wenn wir zukünftig unser Verhalten dort hingehend verändern, verspreche ich, geschehen Wunder.

Wie können wir die Reizüberflutung eindämmen?

- Multitasking ist ineffizient. Besser ist es, sich nur auf eine Aufgabe zu konzentrieren.
- E-Mail, Chat, Blog und Social Network sollten nicht permanent offen sein, da man so von der eigentlichen Arbeit abgelenkt wird.

- Benachrichtigungssignale für den Eingang neuer Nachrichten sollten ausgeschaltet werden. Für diese Tätigkeiten ist es besser, ein begrenztes Zeitfenster zu reservieren.

- Empfehlenswert ist es, E-Mails zu sammeln und maximal dreimal am Tag zu beantworten. Dadurch entsteht ein enormer Zeitgewinn, da viele Mails sich von selbst erledigen und in den Papierkorb wandern.

- Die meisten Newsletter gehören zu der Kategorie der oftmals unnötigen Informationsbelästigung (außer natürlich der Newsletter von mir ☺). Ist nach mehreren Ausgaben kein konkreter Nutzen erkennbar, sollte man sie konsequent abbestellen. Das gleiche gilt auch für Zeitschriften und Zeitungen.

- Es ist wichtiger, die reellen Freundschaften mehr zu pflegen und dafür die Online-Zeiten auf ein begrenztes Maß zu limitieren.

- In der Freizeit und am Wochenende sollte Erreichbarkeit für berufliche Themen und Kollegen ein Tabu sein.

- Regelmäßige Konzentrationsübungen bzw. Meditationen lassen uns wieder unsere Mitte finden.

Während des Schlafes sollten Smartphones und Computer **unbedingt** ausgeschaltet werden, da aufgrund der Strahlung Schlafprobleme vorprogrammiert sind. Selbst im „Schlafmodus" sendet das Gerät beständig Signale ab.

Handystrahlung
– Ein Freilandversuch am Menschen

*„Die Volksrepublik China setzte für ihre Politik der ‚Ein-Kind-Familie'
jahrzehntelang hochfrequente Wellen (Mikrowellen) ein, um die
Geburtenregelung zu machen. Heute telefonieren wir damit."*

*Prof. Dr. Huai Chiang (Dozentin an der Zhejiang Universität
auf einem internationalen Kongress in Salzburg)*

Glaubt man den Beteuerungen von Medien, Netzwerkbetreibern, Industrie und Politik, besteht keinerlei Gefahr durch die Strahlung der Handys für die Menschen. Bei genauer Betrachtung ist aber genau das Gegenteil der Fall, wenn – wie so häufig – große Geldinteressen dahinter stecken.

Die Anzahl der Betroffenen, die über diverse Beschwerden wie beispielsweise Schlafstörungen, Kopfschmerzen und Schwindelanfälle klagen, die möglicherweise im direkten Zusammenhang mit der Strahlung durch Mobilfunkmasten bzw. der Handys stehen, hat rasant zugenommen.

Wenn sich Betroffene an staatliche Institutionen wenden, dann erhalten sie, vertreten durch die Gesundheitsämter sowie die Ministerien, immer dieselbe Antwort: "Bei Einhaltung der Grenzwerte der 26. Verordnung zur Durchführung des Bundesimmissionsschutzgesetzes ist der Schutz der Gesundheit sichergestellt." Daher lohnt sich ein genauer Blick auf diese „harmlosen" Grenzwerte. Leider machen sich jedoch die wenigsten die Mühe und vertrauen stattdessen den vorgegebenen staatlichen „Unbedenklichkeitsbescheinigungen". Man würde dann nämlich mit Erstaunen feststellen, dass Deutschland einen der **höchsten Grenzwerte für Mobilfunkstrahlung** weltweit mit **10 Millionen Mikrowatt pro Quadratmeter** hat.[58]

Dieser Grenzwert ist von der WHO empfohlen und hat vorher zwei Kontrollinstanzen passiert: das Bundesamt für Strahlenschutz (BfS) und die Strahlenschutzkommission (SSK).

Zum Vergleich: Russland lässt nur **20.000 Mikrowatt** zu. Die Wissenschaftsdirektion STOA des EU-Parlamentes geht sogar noch weiter und empfiehlt höchstens **100 Mikrowatt**.[59]

Wenn wir die Empfehlung der WHO für Deutschland genauer betrachten, werden wir feststellen, dass sie nur von der International Commission on Non-Ionizing Radiation Protection (ICNIRP) übernommen wurde.[60]

Diese ist kein Teil der WHO, sondern lediglich ein Verein, der beim Amtsgericht München eingetragen ist. Er besteht aus 14 Wissenschaftlern aus verschiedenen Ländern, die teilweise auch für die Industrie arbeiten. [61]

Prof. Dr. Neil Cherry von der Lincoln Universität in Neuseeland hat sich genauer mit den Testergebnissen auseinandergesetzt und in einem noch nie dagewesenen Ausmaß wissenschaftliche Studien zu dieser Thematik ausgewertet. Dabei stellte er zweifelsfrei fest, dass die heutigen Grenzwerte für Mobilfunk bis zu einer Milliarde-fach zu hoch sind. Er weist nach, dass die ICNIRP aus hunderten von verfügbaren Studien nur 13 ausgesucht hat. Zwei davon sind laut Cherry wissenschaftlich unbrauchbar, weil die betreffenden Mobilfunk-Studien absichtlich so angelegt wurden, dass man zu keinem Ergebnis kommt. Die anderen elf Untersuchungen belegen alle „signifikante Beziehungen zwischen **Strahlung und Krebs**, fünf zeigen sogar eine dosisabhängige Beziehung", führt der Wissenschaftler aus. „Deshalb kann man sagen, dass Hochfrequenz- und Mobilfunkstrahlung Krebs verursachen." [62]

Von deutscher Seite aus war einer der Vorsitzenden der ICNIRP von 1996 bis 2000 der Physiker und Biophysiker Jürgen Bernhardt. Er arbeitete in den Jahren 1989 bis 1998 im Bundesamt für Strahlenschutz als Abteilungsleiter für "Medizinische Strahlenhygiene und Nichtionisierende Strahlung". Außerdem saß er ebenfalls in der Strahlenschutzkommission, als Vorsitzender des Ausschusses "Nichtionisierende Strahlen" (von 1999 bis 2002). Mit anderen Worten: In einer anderen Funktion hat er also die Grenzwerte, die er selbst vorgeschlagen hat, bereits abgesegnet! [63]

Einen erstaunlichen Einblick in Bernhardts Denken konnten die Fernsehzuschauer am 29.1.1997 auf 3sat in einem Interview mit ihm in der Sendung "Risiko Elektrosmog" erhalten. [64]Darin räumte er ein, dass es "Hinweise auf krebsfördernde Wirkungen und Störungen an der Zellmembran" gebe, aber: "Wenn man die Grenzwerte reduziert, dann macht man die Wirtschaft kaputt, dann wird der Standort Deutschland gefährdet." Mit seinen Sorgen hinsichtlich der deutschen Wirtschaft stand er nicht alleine da. Auch Ex-Kanzler Schröder blockierte im

November 2001 einen Vorstoß seines Umweltministers Trittin, der eine Grenzwertsenkung forderte. "um Unruhe in der Wirtschaft zu vermeiden".[65]

Von Unruhe in der Wirtschaft kann jedoch keine Rede sein, wenn man sich die Milliardenumsätze der letzten Jahre anschaut, die mehr als beruhigend auf die Chefs der Mobilfunkkonzerne gewirkt haben müssen. Sie können sich auch bislang auf ihre Unterstützer aus Politik und insbesondere der Medien verlassen, die fast ausnahmslos über die Vorteile der Handynutzung für die Bürger berichten. Aber über die durch die Strahlungen verursachten gesundheitlichen Schäden wird die Bevölkerung bewusst im Unklaren gehalten.

Die Verstrickung zwischen Mobilfunkindustrie und Medien

Wenn man sich aber abseits der Mainstream-Medien informiert, wird man sehr schnell fündig. Im Internet wimmelt es nur so von Webseiten wie "Informationszentrum gegen Mobilfunk", "Bürgerwelle" oder "Elektrosmog-News". Dazu kommen noch Mobilfunkkritische Ärzte, die Initiativen gegründet haben, wie den "Freiburger Appell" oder den "Bamberger Appell" in dem Sie Krankheiten, von Kopfschmerzen bis Brustkrebs, die nach der Aufstellung von Funkmasten gehäuft auftraten, dokumentieren. [66]

Es gibt aber auch couragierte Journalisten, die zu diesem Thema recherchieren, aber immer wieder in ihren Redaktionen ausgebremst werden. Zwei Jahre lang hat beispielsweise der Filmemacher Klaus Scheidsteger für seinen Film "Der Handykrieg" in den USA recherchiert.

Der Protagonist von Scheidsteger, der Washingtoner Epidemiologe Dr. George Carlo, gilt als einer der ärgsten Feinde der Mobilfunk-Lobby. Carlo selbst leitete in den 1990er Jahren im Auftrag der US-Mobilfunkindustrie eine 28 Millionen Dollar teure Studie über Gesundheitsfolgen der Handystrahlung. Auslöser für die Studie war der Tod der Amerikanerin Suzy Reynard, einer eifrigen Handy

Nutzerin, die im Jahre 1990 an einem Hirntumor verstarb. [67]Nach ihrem Tod wurde festgestellt, dass ihr Gehirn genau dort, wo beim Telefonieren die Antenne ihres Handys verlief, quasi verglüht war. Nach dem Fall Reynard beauftragte die amerikanische Mobilfunkindustrie Dr. Carlo mit der o. g. Studie. Das ursprüngliche Ziel der Studie war es, die Unschädlichkeit der Strahlung zu beweisen. Obwohl Carlo anfangs von der Harmlosigkeit dieser Strahlung überzeugt war, musste er jedoch feststellen, dass unter der Strahlungseinwirkung Spaltungen von Zellkernen im Blut stattfanden und es zu DNA-Schäden und Hirntumoren bei Viel-Telefonierern kam. Der Schuss ging für die Industrie damit aber nach hinten los, da Dr. Carlo dies unwiderleglich bewiesen hatte.[68]

Als Carlo seine Ergebnisse jedoch öffentlich machte, fiel er in Ungnade bei seinen Geldgebern. Nach Bekanntgabe seiner kritischen Forschungsergebnisse wurde er seiner Position enthoben, in den finanziellen Ruin getrieben, verleumdet und sein Haus brannte unter mysteriösen Umständen ab. Seine Ergebnisse waren anscheinend zu heiß und geschäftsschädigend für die Mobilfunkindustrie, die in den USA allein pro Jahr einen Umsatz von über 100 Milliarden Dollar erwirtschaftet.[69] Zudem existieren weltweit ca. 2,5 Milliarden Handy-Nutzer und täglich kommen ca. 1,4 Millionen neue hinzu.[70]

Dr. George Carlo ist aber seiner Mission treu geblieben und hilft heute Handy-Geschädigten als Gutachter in Schadensersatzprozessen vor US-Gerichten.

Das Lügengebilde bekommt Risse

Der Widerstand, den Menschen wie Dr. Carlo der Mobilfunkindustrie entgegenbringen, ist vergleichbar wie der Kampf zwischen David und Goliath. Dies gilt nicht nur für die USA, sondern natürlich auch für Deutschland, wo die geschäftliche Nähe zwischen Medien und Mobilfunkindustrie ganz offensichtlich ist.

Das ZDF unterhielt beispielsweise von 2001 bis 2004 zusammen mit der Telekom-Tochter T-Online das Nachrichtenportal „heute.t-online.de" – und bekam dafür laut einem Bericht der SZ (8.7.2004) mehr als 3 Millionen Euro pro Jahr für die Nutzungsrechte.[71] Das galt unter anderem für die ZDF-Nachrichten und die Marke **"heute"** im Internet.[72]

Ausreichend Rückenwind erhält die Mobilfunkindustrie von Deutschlands einflussreichster Nachrichtenagentur „dpa", die regelmäßig Jubelmeldungen über die Vorteile von UMTS verbreitet. Dazu gehören u. a. Artikel mit Überschriften wie z. B." Angst vor Handyantennen schädlicher als Strahlung", 13.11.2003 und "Das Handy als Brandmelder – mobile Kommunikation wird vielseitiger" 6.10.2004.[73]

Alle diese dpa-Meldungen sind auf der Webseite des Informationszentrums Mobilfunk, einer Lobby-Organisation der deutschen Mobilfunknetzbetreiber ausgestellt. Diese informiert auch Lehrer und Ärzte und liefert kostenloses Unterrichtsmaterial an Schulen.[74] In diesem Zusammenhang nicht zu unterschätzen sind die Werbegelder, die von Mobilfunkunternehmen an die Presse, Medien und Zeitungen fließen.

Mit zusammengerechnet 26 Zeitungsseiten voll mit Anzeigen von Firmen wie Telekom, Nokia, Siemens und E-Plus war beispielsweise die *Süddeutsche Zeitung* im März 2001 gesegnet! Genau zu der Zeit kündigte dort der Redakteur Thomas Grasberger, weil ein Artikel von ihm über Mobilfunkgeschädigte umgeschrieben wurde. Kurioserweise wurde er zur Recherche zu seinem Artikel von dem SZ-Hauskarikaturist Pepsch Gottscheber animiert, der selber in seiner Münchener Dachgeschosswohnung unter schweren Kopfschmerzen litt, seitdem ein UMTS-Mast vom gegenüberliegenden Dach funkte.[75]

Grasberger sprach mit Gottscheber und den ebenfalls betroffenen Nachbarn sowie mit mobilfunkkritischen Ärzten. Als Grasberger seinen Artikel »Hilferuf aus dem Antennenwald« am 27.3.2001 in der Zeitung sah, war er schockiert, um es milde auszudrücken: Der Beitrag war drastisch gekürzt, Sätze waren umgeschrieben und abgeschwächt worden und neue eingefügt, die die Glaubwürdigkeit eines kritischen Gutachters in Zweifel zogen. Das Wissenschaftsressort hatte dazwischengefunkt. »Und vor allem, ohne vorher mit mir zu reden«, so Grasberger.[76]

Er kündigte und setzte seine Recherchearbeit fort. Zusammen mit Franz Kotteder, der ebenfalls in der SZ-Redaktion für Münchener Kultur tätig war, recherchierte er das Thema weiter und veröffentlichte 2003 ein ganzes Buch: "Mobilfunk – Ein Freilandversuch am Menschen". Darin ist nicht nur der Forschungsstand aufgearbeitet, sondern es sind auch Verquickungen von Industrie, Politik und Wissenschaft dargelegt. Zudem berichten die Autoren, wie Studien manipuliert wurden und Wissenschaftler Publikationsverbot für unliebsame Ergebnisse erhielten.[77]

Thomas Grasberger und Franz Kotteder sind aber nicht die einzigen, die diese kriminellen Machenschaften aufgedeckt und die schwerwiegenden Auswirkungen auf den Menschen nachgewiesen haben.

Mittlerweile gibt es weltweit unzählige Studien, die alle zu den gleichen Ergebnissen kommen. So ergab u. a. 2012 eine schwedische Studie, dass Handynutzung zu Schlafstörungen, Angst und Depressionen führt. Das Ergebnis dieser Studie ist sehr bemerkenswert. Demnach leiden junge Menschen, die das Internet und Mobiltelefone intensiv anwenden, immer mehr an Schlafstörungen, höherem erlebten Stressniveau und psychischen Krankheiten, wie Depressionen, permanenter Unruhe und Angst. [78]

Spannend ist, dass noch im selben Jahr das Oberste Gericht in Rom ein wichtiges Urteil zum Thema Handystrahlung gefällt hat: Es bestätigte einen Zusammenhang zwischen Handystrahlung und einer Tumorerkrankung des 60-jährigen Geschäftsmanns Innocente Marcolini, der an einem Hirntumor erkrankt war und vor Gericht klagte. Er führte aus, dass er 12 Jahre lang täglich bis zu sechs Stunden telefoniert hatte. Sein Hirntumor wuchs genau an der Seite im Kopf, auf welcher er jeweils regelmäßig mit dem Telefon am Ohr gesprochen hatte.[79]

Mittlerweile wird aber die Luft für die Mobilfunkindustrie immer dünner. Am 11. April 2017 wurde erneut in Italien ein wegweisendes Urteil in Sachen Handystrahlung gefällt: Das Gericht hatte häufiges berufliches Handy-Telefonieren als Ursache eines Gehirntumors anerkannt. Nach dem Urteil soll der geschädigte 57-jährige Roberto Romeo nun eine monatliche Rente erhalten.[80]

Mögliche Auswirkungen von Bestrahlung durch gepulste Mikrowellen (Handystrahlung) laut zahlreicher Studien [81]:

- Schlafstörungen,

- emotionale Unausgeglichenheit,

- "Gedrollenbildung" – Verklumpen der Blutkörperchen (führt u. a. zur Sauerstoffunterversorgung),

- Störung der Kommunikation zwischen linker und rechter Gehirnhemisphäre –> u. a. Konzentrationsprobleme, Lernstörungen,

- Aufbrechen der Blut-Hirn-Schranke, wodurch Giftstoffe direkt ins Gehirn gelangen können – auch Schwermetalle u. a. Toxine,

- Störung der DNS-Replikation –> Tumore, Krebs und Leukämie können die Folgen sein,

- Schädigung von Embryonen, Fehl- und Totgeburten,

- durch Druckwellen entsteht mit körpereigenem Zellwasser eine ionisierende UV-Strahlung, welche sich ähnlich wie radioaktive Strahlung sehr schädlich auswirkt.

Wie wir gesehen haben, sind dies alles Fakten, die der Öffentlichkeit schlicht und ergreifend aus wirtschaftlichen Gründen verschwiegen werden. Aus ähnlichen Interessen heraus werden aber gleichzeitig Zusammenhänge erfunden, die einzig und allein der Profitgier dienen. Die Rede ist von der sogenannten „Klimakatastrophe".

Die Klimakatastrophe findet nicht statt.

"Globale Erwärmung durch CO_2 ?
Das ist der größte Betrug in der Geschichte der Menschheit!"

John Coleman (Gründer des amerikanischen „Weather Channel") (1934)*

„Der Global-Warming-Alarm kommt im Gewand der Wissenschaft daher,
aber es handelt sich dabei nicht um Wissenschaft. Es ist Propaganda."

Prof. Paul Reiter (britischer Wissenschaftler am Pasteur Institute Paris)

„Die globale Erderwärmung ist ein Mythos, und ich denke, dass jeder
vernünftige Mensch und Wissenschaftler dies auch sagt.
Es ist nicht in Ordnung, sich auf das UN-Gremium IPCC zu berufen.
Das IPCC ist kein wissenschaftliches Gremium;
es ist eine politische Institution mit grünem Charakter."

Václav Klaus (tschechischer Staatspräsident) (1941)*

„Das, was einen am meisten ärgert, ist, dass die wissenschaftlichen
Berater von Regierungsleuten genau wissen, dass das verkehrt ist,
und dass sie trotzdem den Leuten diesen Blödsinn andrehen!"

*Prof. Gerhard Gerlich (Professor für mathematische Physik an der
Technischen Universität Braunschweig) (1942 – 2014)*

Der Klimaschutz gilt als heiliger Gral der Eliten. Wer es wagt, hieran in welcher Form auch immer Kritik zu üben, darf sich der weltweiten Ächtung durch die Massenmedien sicher sein. Ähnlich erging es dem „Bösewicht" Donald Trump, der angeblich am 1. Juni 2017 das Pariser Klimaschutz-Abkommen einfach verlassen hat.[82] Was aber die wenigsten wissen, ist, dass die USA gar nicht aus dem Pariser Abkommen austreten konnten. Und zwar aus einem einfachen Grund, sie waren nie dabei.[83] Ich war mehr als erstaunt, dass so gut wie niemand von dieser brisanten Information wusste. Als ich ein Video über diese Thematik drehte, wurde ich regelrecht überschüttet mit Mails, in denen es hieß, dass die USA immer schon Teil des Pariser Abkommens waren. Es ist für mich ein klares Zeichen, dass immer noch erstaunlich viele Menschen der Mainstreampropaganda glauben.

Dabei wird einfach so getan, als wäre die Kritik am Klimaschutz ein neues Hirngespinst, so etwas wie die verrückte Verschwörungstheorie von Spinnern. Interessant ist aber, dass es reihenweise renommierte Wissenschaftler und Sachverständige weltweit gibt, wie den Nobelpreisträger Ivar Giaever, die bezweifeln, dass ein durch Menschen verursachter Klimawandel tatsächlich existiert.[84] Besonderes Aufsehen erregte der sogenannte Heidelberger Appel, der seit 1992 von über 3000 Wissenschaftlern, darunter 74 Nobelpreisträgern unterschrieben, wurde. Dieser kritisiert, dass die Vertreter der **„Klimakatastrophe"** von einer irrationalen Ideologie[85] geleitet wären und wissenschaftliche Kriterien zu wenig berücksichtigen.[86]

Selbst in den Mainstreammedien durften bis zur Jahrtausendwende noch Klimakritiker zu Wort kommen. So schrieb die *Welt* 2003, der Klimawandel könnte auch durch die Sonne und nicht durch den Menschen verursacht sein:

„Im Verdacht haben die Klimatologen regelmäßige Änderungen der Sonnenstrahlung. ‚Auch die derzeitige Erwärmung könnte – mindestens teilweise – auf noch unbekannte Ursachen zurückzuführen sein', meint der Klimaforscher Heinz Miller vom Alfred-Wegener-Institut in Bremerhaven. Er widerspricht damit Forscherkollegen, die den Menschen als Verursacher

anhand von Computersimulationen bereits eindeutig ausgemacht haben wollen."[87]

Inzwischen sind solche Stimmen in den Mainstreammedien vollständig verstummt, die Frage ist nur, warum? Dabei belegen die mehrfach bestätigten Studien des dänischen Physikers Henrik Svensmark, dass nicht der Mensch, sondern wahrscheinlich größere Systeme das Klima verändern: die Sonne und die kosmische Strahlung.[88]

Von den politisch korrekten Klimajüngern bestehend aus Politikern, Journalisten und EU-Beamten, wird Svensmark wegen dieser Forschungsergebnisse wie ein Aussätziger behandelt. So stellte Svensmark resigniert fest:

„Klimaforschung ist keine normale Wissenschaft mehr. Sie wurde völlig politisiert. In den letzten Jahren besteht gar kein Interesse mehr an neuen Erkenntnissen. Man hat sich auf eine Theorie geeinigt und fertig. Das widerspricht zutiefst den Prinzipien von Wissenschaft." [89]

Damit auch in Zukunft alles wie geschmiert für die Klimajünger läuft, wird mittlerweile zu allen Mitteln gegriffen. Mehr noch, bei dem als „Climategate"[90] bekannt gewordenen Skandal des mächtigen Klimaforschungsinstituts CRU (Climate Research Unit) wurden entsprechend gezielt Daten unterschlagen und verheimlicht. Hierauf angesprochen sagte Svensmark: „Vorher dachte ich, schlimm, dass es so viel Selbstzensur unter Klimaforschern gibt. Jetzt wissen wir, es gab echte Zensur."[91]

Die Hysterie der Klimajünger nimmt immer groteskere Züge an und erinnert inzwischen an die **Inquisition**. Die Mainstreammedien behandeln Kritiker und Zweifler inzwischen wie Ketzer und selbst kritische Professoren verlieren ihren Lehrstuhl an Universitäten. Noch steht es in Deutschland nicht unter Strafe, die Klimatheorie einer kritischen Prüfung zu unterziehen. Möglicherweise aber nicht mehr lange. So schrieb eine Kommentatorin des einflussreichen *Boston Globe*:

„Ich möchte sagen, dass wir an einem Punkt angelangt sind, an dem es unmöglich ist, die globale Erwärmung zu leugnen. Leugner der Erwärmung sollen mit Leugnern des Holocausts auf eine Stufe gestellt werden, jene leugnen die Vergangenheit, diese leugnen die Zukunft."[92]

So ähnlich erging es mir auch im Jahr 2017, als ich Auszüge einer zehn Jahre alten *Spiegel* TV Sendung auf meinem Kanal veröffentlichte. Dieses Video erreichte innerhalb von Minuten mehrere zehntausend Zuschauer und wurde dann umgehend gelöscht. Physiker hatten in dieser Sendung ganz klar angeführt, dass der CO_2-Anstieg eine Folge der Erderwärmung sei und nicht umgekehrt.[93]

Grund für diese immer schärfer werdende Zensur könnte sein, dass das Eis, auf dem sich die sogenannten Klimaschützer bewegen, immer dünner wird. Denn ein Klimawandel ist in der Erdgeschichte nichts Ungewöhnliches. Das Klima verändert sich beständig und schon in der Vergangenheit hat es zahlreiche Klimawechsel gegeben. Der Wechsel zwischen Kälte- und Wärmeperioden ist also etwas ganz Normales. Diese Wechsel gab es schon zu einer Zeit, als die Welt noch nicht industrialisiert war. So war es zum Beispiel in den Jahren 800 – 1300 auf der Erde so warm, dass auf Grönland das Eis schmolz und die Wikinger dort Landwirtschaft betreiben konnten.[94] Sogar das kalte und düstere Schottland war damals ein sonniges Weinanbaugebiet.[95]

Vielen ist noch die Legende vom Waldsterben aus den achtziger Jahren und die angeblich drohende Eiszeit bekannt.[96] Obwohl diese Ereignisse so nicht eintrafen, wurde der Klimaschutz zum absoluten Dogma erklärt. Jetzt kommen wir zu dem entscheidenden Punkt, warum mit allen Mitteln an der angeblichen Klimakatastrophe festgehalten wird. Für die Politik ist sie nämlich das Ei des Kolumbus. Dadurch können Steuern, Abgaben, Benzin- und Strompreise beliebig erhöht werden und das alles für einen guten Zweck. Wenn die Klimakatastrophe nicht da wäre, müsste sie erfunden werden.

Was dabei gerade für Autofahrer verschwiegen wird: Die 15 größten Seeschiffe der Welt stoßen jährlich mehr schädliche Schwefeloxide aus als die ganze

Pkw-Flotte der Erde. Überdies erreicht kein einziges der luxuriösen Kreuzfahrtschiffe die Abgasnormen, die für Autos oder Lastwagen gelten. Ein einziges Kreuzfahrtschiff stößt nämlich auf seiner Fahrt so viele Schadstoffe aus, wie fünf Millionen Pkw auf der gleichen Strecke. Mit anderen Worten, 200 Kreuzfahrtschiffe nehmen es also mit der gesamten Pkw-Flotte der Welt auf. Laut Weltenergiekonferenz emittieren sogar die 400 größten Containerschiffe der Welt so viel CO_2 wie alle Pkw der Welt zusammengenommen.[97] Doch das interessiert die Eliten selbstverständlich nicht. Schließlich geht es nicht wirklich um „Klimaschutz", sondern nur darum, den Menschen immer tiefer in die Tasche zu greifen.

Was ist denn aber so geheimnisvoll an CO_2, dem angeblichen Hauptverursacher des Klimawandels? Es ist ein ganz natürliches Gas. Wir atmen es aus, Pflanzen nehmen es wiederum auf und verwandeln es über Photosynthese in Zucker und Sauerstoff. Gärtnereien erwerben sogar CO_2-Generatoren, damit sie in ihren Treibhäusern den CO_2-Gehalt in der Luft um ca. das Vierfache steigern können. Sie wissen, dass dadurch das Pflanzenwachstum angeregt wird. Studien belegen, dass der Anstieg des CO_2-Werts in den letzten Jahren dazu beigetragen hat, Wüsten und Trockengebiete wieder ergrünen zu lassen. Das hängt damit zusammen, dass CO_2 nun mal das Wachstum von Bäumen, Büschen und Gräsern fördert, die den Sauerstoff liefern, den der Mensch zum Atmen so dringend benötigt.[98]

Doch selbst, wenn CO_2 das Klima erwärmen würde, wie die eingeschworene Glaubensgemeinschaft der „**Klimaretter**" behauptet, hätten die Menschen einen viel zu geringen Einfluss darauf. Laut Umweltbundesamt stammen nur 1,2 Prozent des jährlichen CO_2-Ausstosses aus dem Verbrennen fossiler Brennstoffe. 2 Prozent, also fast doppelt so viel, stammt aus der Atemluft der Menschen. Der Hauptteil von über 96 Prozent wird aber zu großen Teilen von den Meeren, Vulkanen und der Natur ausgestoßen. Das heißt, der Mensch hat eigentlich so guten wie keinen Einfluss auf den CO_2-Gehalt der Luft.[99]

Gerne wird von den Klimajüngern der lokale Anstieg der letzten Jahre hochgerechnet, um ihre These zu untermauern. Dies ist in etwa so wissenschaftlich, wie wenn ein Arzt das Fieber eines Kranken nur abends misst, wenn es üblicherweise ansteigt und dann die Fieberkurve einfach verlängert. So würde der arme Patient nach dieser Berechnung am nächsten Morgen 50 Grad Fieber haben und wäre dabei halb gargekocht.

Wahr ist, „dass wir das Erdklima derzeit weder verstehen noch voraussagen können". Das schrieb Professor Gottfried Schatz, als Biochemiker eine internationale Kapazität, am 23. Juli 2007 in der NZZ.[100]

Nur leider sind diese Thesen den wenigsten bewusst, da aufgrund einer gezielten Medienmanipulation diese Tatsachen nicht an die Öffentlichkeit gelangen. Vor diesem Hintergrund stellt sich die Frage, gibt es Interessensgruppen, die hinter den Medien stehen?

Wer lenkt die Medien?

„Diejenigen die entscheiden, sind nicht gewählt.
Diejenigen die gewählt werden, haben nichts zu entscheiden"

Horst Seehofer (deutscher Politiker) (* 1949)

Die älteren unter uns können sich noch sehr gut an die Zeit erinnern, als es nur zwei bis fünf Fernsehsender gab. Für die junge Generation ist das völlig unvorstellbar. Im Gegensatz zur damaligen Zeit wird der heutige Fernseh-konsument von einer Vielzahl an Programmen geradezu erschlagen und kann normalerweise aus über tausend Programmen wählen. Dadurch ent-steht der Eindruck, dass eine enorm große Programmvielfalt existiert und gerade deswegen unabhängig berichtet wird.

Wenn wir uns aber die täglichen Nachrichtenmeldungen genauer anschau-en, werden wir feststellen, dass genau das Gegenteil der Fall ist. Die Inhalte, sowie die verwendeten Bilder sind nämlich so gut wie identisch. Das einzige, was sich wirklich für den Zuschauer unterscheidet, sind die jeweiligen Nach-richtensprecher.

Die Frage ist nun, warum ist das eigentlich so? Wie so häufig ist die Antwort immer einfach, wenn man hinter die Kulissen schaut.

Dort werden wir feststellen, dass der größte Teil der internationalen Nachrich-ten von nur vier globalen Nachrichtenagenturen stammt. Es sind: Die ame-rikanische *Associated Press (AP), Agence France-Presse (AFP), Reuters* sowie die *Deutsche Presse-Agentur (DPA)*. Die anderen schreiben von diesen Großagen-turen einfach nur ab.[101] Diese Tatsache ist jedoch den wenigsten Menschen überhaupt bewusst.

Wie die Medienwissenschaftlerin Schulten-Jaspers treffend formulierte:

„Einem Großteil der Gesellschaft ist nicht klar, dass es Nachrichtenagentu-ren überhaupt gibt. … Dabei nehmen sie tatsächlich eine enorm wichtige Rolle auf dem Medienmarkt ein. Doch trotz dieser großen Bedeutung wur-de ihnen in der Vergangenheit nur wenig Aufmerksamkeit geschenkt.“[102]

Nachrichtenagenturen formulieren Nachrichten und Bildberichte vor, die an Medienkonzerne weiterverkauft und dort meist unbearbeitet veröffentlicht werden. Die Folge daraus ist, dass die Medien sehr häufig über dieselben Themen berichten und dabei sogar dieselben Formulierungen verwenden. Mehr noch, Regierungen, Militärs und Geheimdienste nutzen diese globalen Agenturen als Multiplikator zur weltweiten Verbreitung ihrer Botschaften.

Es kommt jedoch noch schlimmer. Die Mehrzahl der Medien, die Nachrichten verbreiten, recherchieren so gut wie nichts selbst, obwohl die meisten Fernsehkonsumenten davon ausgehen. Letztendlich werden nur die Pressemeldungen der Agenturen wiedergegeben.

Dabei spielen gerade die Nachrichtenagenturen nicht nur in der Presse eine herausragende Rolle, sondern ebenso im privaten und öffentlichen Rundfunk. Dies bestätigt unter anderem Volker Bräutigam, der zehn Jahre für die Tagesschau der *ARD* gearbeitet hat und die Dominanz der Agenturen kritisch sieht:

> *„Ein grundsätzliches Problem liegt darin, dass (die Nachrichtenredaktion) ARD-aktuell ihre Informationen hauptsächlich aus drei Quellen bezieht: den Nachrichtenagenturen DPA/AP, Reuters und AFP: Eine deutsche, eine US-amerikanische, eine britische und eine französische. […] Der ein Nachrichtenthema bearbeitende Redakteur kann gerade noch einige wenige für wesentlich erachtete Textpassagen auf dem Schirm auswählen, sie neu zusammenstellen und mit ein paar Schnörkeln zusammenkleben.“*[103]

Genau betrachtet sind nicht nur die verwendeten Texte bei den einzelnen Nachrichtensendern identisch, sondern, wie bereits erwähnt, auch die dazugehörigen Bilder und Videoaufnahmen. Denn diese stammen ausnahmslos von denselben Agenturen.

Durch die Abhängigkeit von den globalen Agenturen entsteht faktisch eine Gleichschaltung in der internationalen Berichterstattung. Dies wurde durch eine in der Schweiz durchgeführte Studie mit dem Titel „Der Propaganda-Multiplikator",[104] bestätigt.

Aus unserer Schulzeit wissen wir, dass Abschreiben in der Regel mit einer 6 geahndet wurde. Anders sieht es in der Medienwelt aus, wo besonders gute Abschreiber sogar noch mit Beförderungen belohnt werden.

Gerade diejenigen unter den Journalisten, die besonders eifrig die vorgefertigten Meldungen der Nachrichtenagenturen übernehmen, stehen ganz oben auf den Gehaltslisten der Medienkonzerne. Dabei werden die Zuschauer mit den simpelsten Propaganda-Floskeln konfrontiert, wie beispielsweise: „Putin droht", „Assad-Hochburg", „NATO besorgt über russische Aufrüstung", „Putin auf neuem Konfrontationskurs"[105], „Wann stoppt die Welt endlich Putin?"[106], „Die Hassprediger – Frauke Petry und die AfD"[107].

Dass sich aber hinter der Fassade der großen Agenturen noch andere Kräfte befinden, die bestimmen, was die Welt zu erfahren hat, weiß so gut wie keiner.

Wer beeinflusst die Nachrichtenagenturen?

„Die Welt wird von ganz anderen Persönlichkeiten regiert
als diejenigen glauben, die nicht hinter die Kulissen blicken."

Benjamin Disraeli (englischer Premierminister) (1804 – 1881)

Zu den aktivsten „Einschleusern" von zweifelhaften geopolitischen Nachrichten gehört neben den Geheimdiensten auch das Pentagon: Im Jahre 2009 gab der damalige Chef der amerikanischen Nachrichtenagentur AP, Tom Curley zu, dass beispielsweise das Pentagon über mehr als 27.000 PR-Spezialisten verfügt, die mit einem Budget von fast fünf Milliarden Dollar pro Jahr die Medien bearbeiten und gezielte Manipulationen in Umlauf bringen. [108]

Die Codewörter für Insider, an denen sie erkennen, dass bestimmte Meldungen vom Militär oder vom Geheimdienst gezielt lanciert wurden, lauten zum Beispiel „nach Informationen aus Militär-oder Regierungskreisen…"

Es gibt aber immer wieder einige, die in einen Gewissenskonflikt kommen und die Wahrheit ans Licht bringen wollen. Einer von ihnen ist der ehemalige CIA-Offizier und Whistleblower John Stockwell:

> *„Ein Drittel meines Teams in dieser Mission waren PR-Experten, deren Aufgabe es war, Nachrichten zu erfinden und sie in der Presse zu platzieren. […] Einige unserer Geschichten liefen über Wochen. Aber es war alles erfunden."*[109]

Stockwell steht aber nicht alleine da mit seinem Mut, diese Dinge der Öffentlichkeit zugänglich zu machen. Wie es teilweise bei den großen Nachrichtenagenturen abläuft, verriet Fred Bridgland, ehemaliger Kriegskorrespondent bei Reuters:

> *„Erst Jahre später erfuhr ich, dass in der US-Botschaft ein Desinformations-Experte der CIA saß und diese Mitteilungen erfand, die überhaupt keinen Bezug zur Realität hatten. […] Aber ehrlich gesagt, die Agenturen können irgendeinen Mist publizieren und es wird von den Redaktionen dennoch aufgenommen."*[110]

Unter diesen Gesichtspunkten lässt sich die Berichterstattung über die Konflikte der letzten Jahre, wie unter anderem über Syrien, Ukraine, Libyen, Irak usw., besser verstehen, da hinter den Meldungen der globalen Nachrichtenagenturen durchweg die Interessen westlicher Regierungen, der Geheimdienste und des Militärs stehen.

Damit wird offensichtlich, dass Kriege nicht nur mit Waffen geführt, sondern vielmehr durch die PR-Abteilungen der Militärs und der Geheimdienste vorbereitet und begleitet werden. Nicht umsonst sagt man, das erste Opfer des Krieges ist die Wahrheit.

Es ist also offensichtlich, dass die großen Nachrichtenagenturen von der CIA als Sprachrohr benutzt werden. Dieses Spiel läuft aber auch im Kleinen ab, wo Geheimdienste direkt auf einzelne Redaktionen Einfluss nehmen. Dies gilt natürlich nicht nur für die USA, sondern selbstverständlich auch für Deutschland. Wenn man sich beispielsweise bei uns die Zusammenarbeit von Geheimdienst und Medien anschaut, dann stellt man sehr schnell fest, dass die Kooperation eine lange Tradition hat.

Deutsche Geheimdienste und die Medien

„Wir machten aus Hitler ein Monstrum, einen Teufel.
Deshalb konnten wir nach dem Krieg auch nicht mehr davon abrücken.
Hatten wir doch die Massen gegen den Teufel persönlich mobilisiert.
Also waren wir nach dem Krieg gezwungen,
in diesem Teufelsszenario mitzuspielen.
Wir hätten unmöglich unseren Menschen klarmachen können,
dass der Krieg eigentlich nur eine
wirtschaftliche Präventivmaßnahme war!"

James Baker (ehemaliger US-Außenminister) (* 1930)
(Quelle: DER SPIEGEL, 13/92)

Die Geburtsstunde des deutschen Geheimdienstes **BND** ist untrennbar mit dem Namen Reinhard Gehlen verbunden. Gehlen war maßgeblich an den Vorbereitungen zum Unternehmen ‚Barbarossa' (Überfall auf die Sowjetunion am 22.06.1941) beteiligt.

Im Jahre 1946, genauer gesagt am 30. August, kam es zu Gesprächen zwischen Gehlen und den amerikanischen Besatzern, bei denen die CIA federführend war. Ziel war es, eine deutsche nachrichtendienstliche Organisation zu schaffen.

Aus der damals gegründeten ‚Organisation Gehlen', ging der spätere ‚Bundesnachrichtendienst' (BND) hervor, zu dem der CIA bis heute einen engen Verbindungsstab unterhält.

Der Journalist Manfred Bissinger hatte 1987 die operative Zusammenarbeit zwischen BND und Medien grob klassifiziert:

> „(…) der Dienst hatte einzelne Redakteure, vor allem Korrespondenten in den Osteuropäischen Staaten unter Vertrag und zahlte monatliche Gehälter für deren Berichte. (…) Die Journalisten hatten Agentennummern und Agentenführer. Letztere gehörten meist zu Tarnfirmen, die der BND für solche Zwecke unterhielt. "[111]

Bissinger schrieb über das Verhältnis von Chefredakteuren zum BND: „Es gehöre zur Ehre eines jeden Chefredakteurs, von dem legendären Reinhard Gehlen empfangen worden zu sein. (..) Bei Gehlen eingeladen, das war so etwas wie ein Adelsprädikat im Nachkriegsjournalismus."[112]

Mittlerweile ist bekannt geworden, dass es hier nicht um Einzelfälle geht, die sich korrumpieren ließen, sondern dass unzählige Medienvertreter enge Kontakte mit dem BND unterhielten. In dem Buch "Undercover – Der BND und die deutschen Journalisten" nennt der Autor Erich Schmidt-Eenboom hunderte Journalisten, die auf BND-Listen standen. Zum großen Teil finden sich darauf Chefredakteure, Herausgeber und Intendanten. Von einigen gibt er sogar die V-Nummern an. Von *Bild*, *Welt*, *Süddeutsche* und *FAZ* sind so gut wie alle dabei, sowie auch Redakteure von öffentlich-rechtlichen Sendern.[113]

Neben Schmidt-Eenboom belegte auch der inzwischen verstorbene Udo Ulfkotte in seinem Bestseller „Gekaufte Journalisten"[114], dass die Zusammenarbeit zwischen Geheimdiensten, Denkfabriken und Medien keineswegs bedauerliche Einzelfälle sind, sondern dass es sich vielmehr um ein etabliertes System von Geben und Nehmen handelt.

Heute so wie auch damals nimmt der BND direkten Einfluss auf die Berichterstattung, leitet Journalisten in Hintergrundgesprächen und Schulungen an, lanciert Texte an die Presse, befördert oder verhindert Karrieren.[115]

So werden Pressekampagnen gegen unliebsame Politiker eingeleitet, wie beispielsweise gegen den ehemaligen Bundespräsidenten Christian Wulff. Andere Politiker hingegen hofiert man, wie Wolfgang Schäuble, der seit Jahren wie ein Chamäleon durch die Politik geht und den noch nicht einmal die Schreiber-Affäre zu Fall bringen konnte.[116]

Aber nicht nur in der Bundesrepublik, sondern auch in der ehemaligen DDR gab es eine enge Zusammenarbeit von Geheimdienst (Ministerium für Staatssicherheit) und einflussreichen Personen, von denen einige nach der Wiedervereinigung eine steile Karriere in Politik und Wirtschaft machten. Um genau diese Machenschaften aufzudecken, wurde eigens nach der Wende eine Behörde geschaffen, die Rede ist von der Gauck-Behörde. Zum Chef-Aufklärer der alten Stasi-Seilschaften wurde der ehemalige Pastor und spätere Bundespräsident **Joachim Gauck**.

In seiner Amtszeit wurden kleinere Seilschaften enttarnt, jedoch die wirklich essenziellen Enthüllungen blieben aus. In diesem Zusammenhang fällt immer wieder ein Name, die Rede ist von „IM Larve", wobei „IM" für „Inoffizieller Mitarbeiter der Stasi" steht. Es gibt nicht wenige, die behaupten, dass sich hinter diesem Decknamen kein geringerer als Joachim Gauck selbst verbirgt. Ob dem tatsächlich so ist, wird sich wohl nie aufgrund seiner Protektion aufklären lassen. Fakt ist, dass der ehemalige Minister des Inneren der DDR, Peter-Michael Diestel und auch Oscar Lafontaine ihn als „Stasi-Begünstigten" bezeichneten.[117]

Peter-Michael Diestel sagte am 28.04.2000 in der Zeitung ''der Freitag'':

„Seitdem ich die Demaskierung Gaucks in der Welt vom 23. April 1991 gelesen habe, weiß, sage und schreibe ich: Das Terpe-Papier reicht aus, ihn

wie Tausende andere aus dem Öffentlichen Dienst zu verbannen. Gauck mit dem Stasi-Namen "Larve" ist nach Maßstäben seiner Behörde ein Täter. Ein von der Stasi überprüfter Täter, wie Stasi-Berichte über Gauck belegen. Dass Gauck im Öffentlichen Dienst verbleibt, wird im Osten als Ungerechtigkeit gewertet und missbilligt. Sonderschutz für einen willigen Vollstrecker ist eine noch harmlose Beschreibung dieses Umstandes."[118]

Beim Terpe-Papier handelt es sich um ein Dokument, benannt nach dem Hauptmann des Ministeriums für Staatssicherheit (MfS) Terpe, das Gauck schwer belastet hat.

Mit diesem Hintergrundwissen erscheint die Rede des ehemaligen Oberaufklärers der Stasi und einstigen Bundespräsidenten Gauck bei der Verleihung des Europäischen CIVIS Medienpreises am 12.5.2016 im WDR schon fast als Sarkasmus:

„Bitte glauben Sie mir: Ich weiß, was Lügenpresse ist. Ich habe sie erlebt – jahrzehntelang in der DDR, als dieses Haus, in dem wir uns treffen, noch die Zwingburg unserer Unterdrücker war. Hier war das Zentralkomitee der SED. Eine zentrale Stelle bestimmte damals, welche Informationen und welche Meinungen verpflichtend waren. Zensur und Desinformation bestimmten den Medienalltag. Und heute? Es ist so völlig anders – und trotzdem, Verschwörungstheoretiker behaupten im Netz und auf der Straße, dass unsere Presse gelenkt sei – so entstünden Systemmedien. Wir alle im Saal wissen es: das ist falsch."[119]

Gaucks Rede erinnert sehr an die Ausführungen des Staatsratsvorsitzenden der ehemaligen DDR Erich Honecker, der davon sprach, dass die Bürger in der DDR, anders als die in der Bundesrepublik, in Freiheit, Gleichheit und Unabhängigkeit leben würden. So wie die Propaganda der Parteiführung des untergehenden sozialistischen Systems in der Endphase immer lauter wurde, so wird heute auch mit allen Mitteln die angebliche Unabhängigkeit der Presse und die Meinungsfreiheit propagiert. Dass aber genau das Gegenteil der Fall ist, zeigt uns, wie wir bereits gesehen haben, das Netzwerkdurchsetzungsgesetz.

Mehr noch, die Medien konspirieren weiterhin, wie bereits erläutert, unter geheimdienstlicher Führung gegen ihr zahlendes Publikum. Regelmäßig treffen sich neben den Chefs der Geheimdienste die führenden Vertreter der Medienkonzerne, Politiker sowie die Elite der Hochfinanz, um im vertraulichen Kreis die Feinabstimmung ihrer Agenda festzulegen. Dabei kommen Sie unter anderem auf der Münchener Sicherheitskonferenz, bei den Bilderbergern und den verschiedenen Tagungen der Atlantik-Brücke zusammen.

Die Atlantik-Brücke

*„Die USA wird von 200 Familien regiert
und zu denen wollen wir gute Kontakte haben".*[120]

Arend Oetker (Konzernchef, ehemaliger Vorstands-Chef der Atlantik-Brücke) (1939)*

Nach dem Zweiten Weltkrieg fand in Westdeutschland unter amerikanischer Federführung ein Umerziehungsprogramm in noch nie dagewesener Weise statt. Eigens dafür wurde ein Hochkommissariat eingerichtet, mit dem Ziel das deutsche Volk geistig und seelisch zu verändern. Geleitet wurde es vom Hochkommissar John J. McCloy, der mit einem für die damalige Zeit riesigen Etat von 48 Millionen Dollar für die Jahre 1950 bis 1952 ausgestattet wurde."[121]

Spannend in diesem Zusammenhang ist, dass in dieser Zeit die Atlantik-Brücke e. V. gegründet wurde, genauer gesagt im Jahre 1952. Zu den Hauptinitiatoren gehört kein geringerer als John J. McCloy. Als Vorstandsvorsitzender von Rockefellers Chase Manhattan Bank war er genau der richtige Mann für diesen Job. Mit dabei war auch der Bankier Eric M. Warburg, der unter anderem auch für das Bankhaus N M Rothschild & Sons arbeitete.[122]

Um nichts dem Zufall zu überlassen, wurde so die Atlantik-Brücke ganz im Sinne ihrer Auftraggeber gegründet. Offiziell gilt sie jedoch als private, überparteiliche und gemeinnützige Organisation, einer Art Think Tank, vergleichbar der Münchener Sicherheitskonferenz. Von Anfang an war aber ihr Ziel, eine medien-, finanz- und militärpolitische Schnittstelle zwischen der Siegermacht USA und der Bundesrepublik Deutschland zu schaffen. Heute zählen zu ihren Mitgliedern über 500 Persönlichkeiten aus der Hochfinanz, Politik sowie die führenden Köpfe der Medien.[123]

Die Atlantik-Brücke wird ergänzt von CIA-nahen Think Tanks, wie dem berüchtigten Aspen Institut und den sagenumwobenen Bilderbergern.[124]

Sogar die Nähe zur CIA wird noch nicht einmal verschwiegen. Denn die Atlantik-Brücke verleiht ganz offiziell den Vernon Walters Award – gewidmet dem ehemaligen stellvertretenden CIA-Direktor Vernon A. Walters.

Der Award wird vom deutsch-amerikanischen Netzwerk Atlantik-Brücke an eine deutsche oder amerikanische Persönlichkeit „in Anerkennung ihrer hervorragenden Verdienste um die deutsch-amerikanischen Beziehungen" verliehen.

u. a. erhielten ihn:

1997: Rolf-E. Breuer, Deutsche Bank

2006: Dieter Zetsche, DaimlerChrysler AG

2008: Liz Mohn, Bertelsmann AG, Bertelsmann Stiftung

Wenn man sich die Vita von Vernon A. Walters anschaut, dann ist es mehr als erstaunlich, dass dieser Preis überhaupt (oder vielleicht gerade deswegen) verliehen wird.

Wer war eigentlich Vernon A. Walters?

Walters war an allen politischen Brennpunkten in der zweiten Hälfte des 20. Jahrhunderts mit subversiven Aktionen maßgeblich beteiligt, so u. a. im Koreakrieg (1950–1953), beim Staatsstreich gegen den demokratisch gewählten Präsidenten Mohammad Mossadegh im Iran (1953), bei Geheimdienstaktionen zur Verhinderung von Wahlerfolgen der Kommunisten in Italien (1960–1962), beim blutigen Militärputsch in Brasilien (1964). Er war Operativchef der CIA und in dieser Funktion verantwortlich für die CIA-Operation »Centauro« zur umfassenden Unterstützung des Militärputsches in Chile (1973) und bei Aktivitäten zum Abwürgen der Nelkenrevolution in Portugal (1974). Seine Spuren sind auch zu finden bei opferreichen Aktionen gegen demokratische Entwicklungen in Angola, Guatemala, Nicaragua und bei den jahrelangen Menschenrechtsverletzungen durch die Militärregimes in Südamerika (Operation »Condor«), bei denen Hunderttausende Menschen ermordet, verschleppt oder gefoltert wurden.[125]

Nach alter Geheimdiensttradition, ganz im Sinne des 2002 verstorbenen Vernon A. Walters, hat Verschwiegenheit auch bei den Mitgliedern der Atlantik Brücke, höchste Priorität. Dadurch wird sichergestellt, dass nichts an die Öffentlichkeit gelangt, was dort aus ihrer Sicht nicht hingehört.

Ferner wird durch die Zugehörigkeit der führenden Medienvertreter in der Atlantik-Brücke gewährleistet, dass die von den Eliten gewünschte Sichtweise so gut wie nicht hinterfragt wird. Damit sitzt die Atlantik-Brücke bei den meisten deutschen Medienanstalten in den Führungsetagen. Beim öffentlich-rechtlichen Rundfunk sitzt sie sogar in der ersten Reihe, in persona **Claus Kleber**, der beim ZDF als auch im Kuratorium der Atlantik-Brücke eine leitende Funktion innehat.[126] Der einflussreiche Axel Springer Konzern ist natürlich auch mit von der Partie, und wird durch seinen Vorstandsvorsitzenden **Matthias Döpfner** vertreten, der zudem seit 2016 auch Präsident der Deutschen Zeitungsverleger ist.[127]

Prominentestes Mitglied der dort vertretenen Politiker ist derzeit Bundeskanzlerin **Angela Merkel**.[128] Sogar die einst pazifistische Partei Die Grünen sind sich nicht zu schade, in der Atlantik-Brücke mitzumachen und stellen dort sogar ein Vorstandsmitglied.

Einige wichtige Mitglieder, Gäste und Nutznießer der Atlantik-Brücke (auch ehemalige Mitglieder)

Kai Diekmann	War von Januar 2001 bis Dezember 2015 Chefredakteur der Bild-Zeitung. Diekmann ist Gesamtherausgeber der Bild-Gruppe und Vorstandsmitglied der Atlantik-Brücke.
Sigmar Gabriel	Vizekanzler und ehemaliger Wirtschaftsminister Sigmar Gabriel ist Mitglied der Atlantik-Brücke.
Angela Merkel	Die Bundeskanzlerin und Bundesvorsitzende der CDU ist Mitglied der Atlantik-Brücke.
Cem Özdemir	Der Bundesvorsitzende der Partei Bündnis 90/Die Grünen war Mitglied der Atlantik-Brücke und Teilnehmer am Programm „Young Leaders", dass der Ausbildung von Führungskräften in Politik und Wirtschaft dient.[129]

Katrin Göring-Eckardt	Die Vorsitzende der Bundestagsfraktion von Bündnis 90/Die Grünen war Mitglied der Atlantik-Brücke.
Claus Kleber	Der Moderator und Leiter der ZDF-Nachrichtenredaktion ist Kuratoriumsmitglied der Stiftung Atlantik-Brücke.
Jan Fleischhauer	Der Redakteur und Kolumnist des Nachrichtenmagazins Der *Spiegel* und *Spiegel* Online ist Mitglied der Atlantik-Brücke.
Jörg Schönenborn	Der Chefredakteur des WDR und Mitglied der Atlantik-Brücke wurde bekannt durch die Aussage, der Rundfunkzwangsbeitrag wäre eine „Demokratieabgabe".
Friedrich Merz	Der ehemalige CDU-Politiker ist Vorsitzender der Atlantik-Brücke Deutschland.
Josef Joffe	Publizist und Mitherausgeber von Die Zeit
Claudia Roth	Ehemalige Co-Vorsitzende Bündnis90/Die Grünen, Atlantik-Brücke-Mitglied von 2005 bis 2010
Omid Nouripour	Mitglied des Bundestags, ist im Vorstand der Atlantik-Brücke [130]

Die Münchener Sicherheitskonferenz

„Das Illegale tun wir sofort.
Das Verfassungswidrige dauert etwas länger."[131]

Henry Kissinger (Friedensnobelpreisträger, US-Präsidentenberater,
Ex-Außenminister und Mitglied der Bilderberger) (* 1923)

Seit 1963 treffen sich jährlich internationale Sicherheitspolitiker, Militärs und Rüstungsindustrielle auf der Münchener Sicherheitskonferenz. Durch die Mainstreammedien soll der Eindruck erweckt werden, dass dort bei Kaffee und Kuchen diskutiert wird, wie die Welt ein Stück weit friedlicher werden kann.

Anhand der Teilnehmerliste des Treffens 2017 konnten jedoch gut informierte Beobachter erkennen, wo die Reise weltpolitisch hingehen soll. Angestrebt wird eine Welt unter der globalen Führung einer kleinen Elite. Deren Hauptziel ist die vollständige Kontrolle über Menschen, Geld, Energie, Land- und Wasserwirtschaft. Die Taktik zur Erreichung dieses Ziels ist immer dieselbe: Rufe Krisen hervor, wie z. B. die Eurokrise, Flüchtlingskrise oder Kriege im Irak und in Syrien etc., die immer nach demselben Muster ablaufen. Nach dem bewusst inszenierten Chaos wird dann ein Ausweg angeboten, die eigene Sicherheit und Ordnung (z. B. Frieden) in Aussicht gestellt, frei nach dem Freimaurerprinzip „Ordo ab chao" (Ordnung aus dem Chaos). Brandstifter und Feuerwehrmann sind dabei immer ein- und dieselbe Person.

Dieses Prinzip, auch "**These, Antithese = Synthese**" genannt, wurde von Niccolò Machiavelli entwickelt und von Georg Friedrich Wilhelm Hegel nochmals akademisch bearbeitet und zeigt sich in fast jeder Krise.

Diese Taktik wird seit Jahrzehnten erfolgreich umgesetzt und stand vermutlich auch 2017 auf der Tagesordnung. Am Morgen des 20. Februar 2017, genau einen Tag nach dem Ende der Münchener Sicherheitskonferenz meldete sich ein Insider telefonisch bei mir im Büro, der mir brisante Informationen zu den Inhalten der gerade stattgefundenen Konferenz mitteilte. Dieselbe Person hatte sich bereits im Mai 2015 mit Informationen zum Bilderbergertreffen an uns gewandt.[132]

Auffällig diesmal, dass der **Rothschild**-Clan selbst anwesend war, der sich ansonsten immer dezent im Hintergrund hält.[133] Außerdem befand sich unter den Gästen der Multimilliardär **George Soros**, dem der ungarische Regierungschef Viktor Orbán unterstellt, „vor der Öffentlichkeit verborgen und unter

Einbeziehung seiner ungarischen Organisationen mit enormen Geldern die illegale Einwanderung"[134] zu fördern. Es gibt aber noch andere kritische Stimmen, die behaupten, dass er über seine „Open Society Foundation" sogenannte „Bürgerrechtsbewegungen" finanziert, mit denen politische Umbrüche in verschiedenen Ländern herbeigeführt wurden.[135]

Außerdem soll eines der großen Themen bei der Konferenz Donald Trump gewesen sein, der mit allen Mitteln von der Elite bekämpft wird, da er ihre Pläne ins Wanken zu bringen scheint. In diesem Zusammenhang ist auch die Teilnahme des Herausgebers der Wochenzeitung „Die Zeit" Josef Joffe zu sehen. So schrieb seine Zeitung: „Die Chance von Donald Trump, die ersten zwei Jahre seiner Amtszeit zu überleben, liegt vermutlich bei kaum mehr als 10 Prozent."[136] Josef Joffe warf sogar im Presseclub des Zwangssenders ARD einen "Mord im Weißen Haus zum Beispiel"[137] als mögliches Mittel in die Runde, um den amtierenden US-Präsidenten Donald Trump vor Ablauf seiner Amtszeit aus dem Weißen Haus zu entfernen.

Sollten die uns zugespielten Informationen zutreffen, dann waren neben der Diskussion um Trump die bürgerkriegsähnlichen Zustände in Paris und Stockholm im Februar 2017 kein Zufall, sondern nur der Anfang.[138] Gezielt sollen nämlich ähnliche Szenarien auch in anderen europäischen Ländern provoziert werden. Dazu gehört natürlich auch Deutschland.

Ziel ist, dass die Bevölkerung nach dem inszenierten Chaos freiwillig ihre Rechte aufgibt und einer totalen Überwachung zustimmt.

Teilnehmerliste Münchener Sicherheitskonferenz 2017[139] (Auswahl)

Fink, Wolfgang – **Goldmann Sachs** AG, Deutschland

Forester de Rothschild, Lynn – **Rothschild**, New York

de Rothschild, Sir Evelyn – **E.L. Rothschild,** London

Heintz, Stephen – Präsident **Rockefeller Brothers Fund,** New York

Soros, George – **Open Society Foundations**

Gates, Bill – Co-Vorsitzender, **Bill & Melinda Gates Foundation**

Lamb, Geoffrey – Chief Economic Advisor. **Bill & Melinda Gates Foundation**; davor Vizepräsident **Weltbank Gruppe**

Faber, Joachim – **Deutsche Börse** AG

Lipton, David – Managing Director, **IWF**, Washington

Warburg, Max M. – **M.M. Warburg & Co.** Hamburg

Donfried, Karen – Präsidentin **German Marshall Fund**, Washington

Nye, Joseph – **Trilaterale Kommission**

Oetker, Arnd – Präsident Deutsches **Council on Foreign Relations**, Berlin

Bildt, Carl – **European Council on Foreign Relations**

Burns, William – **Carnegie Endowment for Peace**, Washington

Kleber, Claus – **ZDF**, Mainz

Döpfner, Mathias – **Axel Springer AG**, Berlin

Binkbäumer, Klaus – Herausgeber **Der Spiegel** Hamburg

De Geus, Art – **Bertelsmann Stiftung**, Gütersloh

Frankenberger, Klaus-Dieter – **Frankfurter Allgemeine Zeitung**

Holtzbrinck, Stefan – **Holtzbrick Gruppe**, Stuttgart

Joffe, Josef – Herausgeber **Die Zeit**

Reichelt, Julian – **Bild.de**, Berlin

Sommer, Theo – **Die Zeit**, Hamburg

Stamos, Alex – Chef-Sicherheitsbeauftragter **Facebook**, Menlo Park

Die Bilderberger

„Als wir Debatten über den Euro hatten,
konnten Leute bei Bilderberger-Veranstaltungen erklären,
warum es wert war, Risiken einzugehen …"[140]

Etienne Davignon (Ehrenpräsident der Bilderberger-Konferenz und
*Ex-EU-Kommissar gegenüber der Internetzeitung EU Observer) (1932 *)*

Noch vor Jahren wussten die wenigsten mit dem Namen Bilderberger etwas anzufangen und diejenigen, die darüber berichteten, galten auch hier, wie so häufig, als Verschwörungstheoretiker. Dank des Internets kam speziell in den letzten zehn Jahren immer mehr von den Machenschaften der Bilderberger ans Tageslicht. Gegründet wurde diese Geheimorganisation im Mai 1954 im Hotel de Bilderberg in Oosterbeek in den Niederlanden.[141] Besonders auffällig war, dass ein Großteil der geladenen Gäste in kürzester Zeit einen überdimensionalen Karrieresprung in Politik und Wirtschaft machten.

Seit Bestehen der Bilderberger werden weitreichende Entscheidungen zur weiteren globalen Entwicklung auf den jährlichen Konferenzen getroffen. Angestrebt wurde von Anfang an eine „neue Weltordnung", welche die Nationalstaaten komplett auflöst. Das angestrebte Ziel ist die Eine-Welt-Regierung, Eine-Welt-Währung, Eine-Welt-Armee und Eine-Welt-Religion.

Bei den jährlich stattfindenden Bilderberger-Treffen kommen zwischen 100 und 150 Gäste, unter ihnen Regierungschefs, die Hochfinanz sowie Vertreter der Medien zusammen. Es sind aber nicht irgendwelche Medienvertreter geladen, sondern ausschließlich die Chefetagen der größten und bekanntesten Medienunternehmen der Welt. Diese Medienpräsenz führt jedoch nicht, wie man annehmen könnte, zu mehr, sondern zu weniger, bis hin zu gar keiner Berichterstattung.

In der Vergangenheit fanden die Treffen meist an abgelegenen Orten statt, wo die Teilnehmer völlig ungestört von der Öffentlichkeit konspirativ ihre Absprachen treffen konnten. Mittlerweile scheinen die Bilderberger ihre Strategie geändert zu haben und treffen sich provokativ mitten in der City. So geschehen vom 9. – 12. Juni 2016 in Dresden.

Kurz vor dem Bilderbergertreffen 2016 in Dresden wurde mir eine Information zugespielt, dass es dort um die weitere Forcierung der Flüchtlingsströme nach Europa und die „Ausradierung monokultureller Staaten" gehen wird. Genau das hat der Vizepräsident der EU-Kommission Frans Timmermans bei dem sogenannten "Grundrechte-Kolloquiums der EU" sogar schon vorbereitend gefordert. Er rief die Mitglieder des EU-Parlaments dazu auf, ihren Beitrag zu leisten, dass monokulturelle Staaten ausradiert werden sollten, um den Prozess der Umsetzung der "multikulturellen Vielfalt" in allen Staaten weltweit zu beschleunigen.[142]

Die Zukunft der Menschheit, so Timmermans, beruhe nicht länger auf einzelnen Nationen und Kulturen, sondern auf einer vermischten Superkultur. Die heutigen Konservativen, die ihre eigenen Traditionen wertschätzen und eine friedliche Zukunft für ihre eigenen Gemeinschaften wollen, berufen sich laut Timmermans auf eine "Vergangenheit, die nie existiert hat" und können deshalb nicht die Zukunft diktieren. Europäische Kultur und europäisches Erbe seien lediglich soziale Konstrukte und jeder, der etwas anderes behaupte, sei engstirnig. Europa sei immer schon ein Kontinent von Migranten gewesen und europäische Werte bedeuteten, dass man multikulturelle Vielfalt zu akzeptieren habe. Wer dies nicht tue, stelle den Frieden in Europa in Frage, so Timmermans.[143]

Ein Jahr zuvor soll auf der Bilderbergerkonferenz im abgeriegelten Interalpen-Hotel Tyrol in Telfs (Österreich) die Flutung Europas mit Flüchtlingen laut Aussage unseres Informanten beschlossen worden sein. Dies veröffentlichten wir am 27. Mai 2015 in dem Artikel: „Bilderberger Treffen im Juni 2015 und die katastrophalen Folgen für uns alle!". Drei Monate später bestätigte sich diese Meldung, als die Flüchtlingswelle über Deutschland und Europa hereinbrach.

Interessant ist, dass der Austragungsort nie zufällig gewählt wird, sondern in der Vergangenheit meist massive Auswirkungen auf das Gastgeberland hatte. Um nur drei Beispiele zu nennen: Mitte 2008 tagte die Konferenz in Washington und wenige Monate später wurde die Investmentbank ‚Lehman Brothers' bewusst in die Pleite geschickt. Im Sommer 2009 traf man sich in Athen und kurze Zeit später begann die griechische Schuldenkrise. Viel spannender als die „zufälligen" Ereignisse nach dem Bilderbergertreffen, ist der Karriereverlauf der eingeladenen Gäste.

- Erster deutscher Gast war 1957 Kurt Georg Kiesinger, der 1958 Ministerpräsident von Baden-Württemberg wurde und später Bundeskanzler der Bundesrepublik Deutschland.
- 1973 nahm Helmut Schmidt erstmals an den Treffen teil. 1974 wurde er Bundeskanzler.
- 1982 besuchte Helmut Kohl die Bilderberger-Veranstaltung. Erstaunlicherweise war ebenfalls ein führendes Mitglied der damaligen Koalition (SPD/FDP), Otto Graf Lambsdorff (FDP) anwesend. Die FDP war 1982 mitverantwortlich für das vorzeitige Scheitern der Regierung Schmidt. Nutznießer dieses Scheiterns war der Bilderberger-Teilnehmer Helmut Kohl, denn er wurde 1983 mit Hilfe der FDP zum Bundeskanzler gewählt.
- Jürgen Schrempp, der 1994 erstmalig zu Gast war, wurde 1995 wie durch Zufall Chef der Daimler-Benz AG.
- Josef Ackermann war 1995 das erste Mal dabei und übernahm 1996 den Vorstandsposten der Deutschen Bank.
- Gerhard Schröder und die CDU-Vorsitzende Angela Merkel besuchten beide 2005 das Bilderberger-Treffen in Rottach-Egern. Nur zwei Wochen später kam es zu der überraschenden Ankündigung, im Herbst 2005 Neuwahlen zum deutschen Bundestag abzuhalten. Das Ergebnis daraus war, dass Gerhard Schröder das Kanzleramt an Angela Merkel weitergab und die SPD in der Großen Koalition weiterregierte.
- Christian Lindner nahm 2013 teil, nur wenige Monate später wurde er neuer FDP-Chef.

Karrieresprünge bei den internationalen Gästen, die an den Konferenzen teilnahmen:

- Bill Clinton nahm 1991 am Bilderberger-Treffen teil. Nur ein Jahr später wurde er erstmals zum US-Präsidenten gewählt.
- Tony Blair besuchte 1993 das Bilderberger-Treffen, 1994 wurde er Chef der Labour Party in Großbritannien. 1997 wurde er Premierminister.

- George Robertson war 1998 Gast des Treffens und wurde im Folgejahr NATO-Generalsekretär.
- Romano Prodi nahm 1999 teil und wurde noch im gleichen Jahr Chef der EU-Kommission.

Eine Auswahl der deutschsprachigen Teilnehmer der Bilderberger Konferenzen[144]:

Ackermann, Josef	Vorstandsvorsitzender der Deutschen Bank
Biedenkopf, Kurt	Ministerpräsident Sachsen (CDU)
Burda, Hubert	Verleger der Hubert Burda Media Holding GmbH & Co. KG.
Döpfner, Matthias	Mitglied des Vorstands der Axel Springer AG, Vorstandsvorsitzender und Vorstand *WELT*-GRUPPE, Aufsichtsrat des US-Medienkonzerns Time Warner, Aufsichtsrat der dpa
Erhard, Ludwig	Zweiter Bundeskanzler der BRD (CDU)
Fischer, Joschka	Bundesminister des Auswärtigen und Vizekanzler der BRD, Präsident des Rats der Europäischen Union (Grüne)
Kleinfeld, Klaus	Vorstandsvorsitzender der Siemens AG
Koch, Roland	Ministerpräsident Hessens
Kohl, Helmut	Sechster Bundeskanzler der BRD (CDU)
Kopper, Hilmar	Vorstandsvorsitzender der Deutschen Bank AG, Aufsichtsratsvorsitzender der DaimlerChrysler AG
Lambsdorff, Otto Graf	Bundesminister für Wirtschaft, Bundesvorsitzender der FDP
Leyen, Ursula von der	Ministerin der Verteidigung
Löscher, Peter	Vorstandsvorsitzender der Siemens AG
Maizière, Thomas de	Bundesminister des Innern

Merkel, Angela	Achte Bundeskanzlerin (CDU)
Pflüger, Friedbert	Pressesprecher des Bundespräsidenten, Parlamentarischer Staatssekretär beim Bundesminister der Verteidigung.
Schäuble, Wolfgang	Bundesminister des Inneren (CDU)
Scheel, Walter	Vierter Bundespräsident (FDP)
Schily, Otto	Bundesminister des Inneren (SPD)
Schmidt, Helmut	Fünfter Bundeskanzler (SPD)
Schrempp, Jürgen	Vorstandsvorsitzender der Daimler-Benz und DaimlerChrysler AG
Schröder, Gerhard	Siebenter Bundeskanzler (SPD)
Westerwelle, Guido	Außenminister (FDP)
Zumwinkel, Klaus	Mitglied in den Aufsichtsräten der Allianz AG, der Deutschen Lufthansa AG und Morgan Stanley

Tricks der psychologischen Kriegsführung gegen das eigene Volk

„Wer die Begriffe vorgibt, steuert das Denken.
Wichtiges wird politisch tabuisiert
und die Unwahrheit zum Dogma erhoben.“

Jörg Haider (österreichischer Politiker) (1950 – 2008)

In den letzten Jahren hat das Internet massiv dazu beigetragen, dass Informationen, beispielsweise über die Bilderberger, die uns bislang verborgen blieben, einer breiten Öffentlichkeit zugänglich gemacht wurden. Im Gegenzug haben die Mainstreammedien mit ihren Verbündeten aus Politik und Wirtschaft ihre verwendeten Manipulationsmethoden immer weiter verfeinert. Da ihnen diese Entwicklung gegen den Strich geht, wurden unter dem Deckmantel „für Demokratie und Freiheit" in den letzten Jahren unzählige Begrifflichkeiten neu erschaffen, um die Menschen über die wahren Absichten zu täuschen. Die bittere Wahrheit sieht aber für uns wie folgt aus: Der Inhalt ist gleich geblieben, nur die Aufschriften haben sich geändert. Das ist vergleichbar, als ob auf einem „Ammoniakfass" nicht mehr „Ammoniak", steht, sondern mit Großbuchstaben „HONIG". Der Hintergrund ist, dass man unliebsame Dinge einfacher durchsetzen kann, wenn die Formulierung und das Schwingungsmuster der verwendeten Wörter positiv klingen.

So werden beispielsweise kriegerische Konflikte wie in Syrien, Irak, Libyen u.v.m. nicht mehr als Angriffskriege bezeichnet, sondern man spricht von **„humanitären Interventionen"**, um den Eindruck zu erwecken, dass es sich um einen Hilfseinsatz für die Menschen vor Ort handelt. Die Soldaten, die in diese Einsätze geschickt werden, nennt man jetzt **„Friedenstruppen"**. Wie das Wort auf subtile Weise suggerieren soll, sind sie natürlich nur für den „Frieden" im Einsatz.

Ihre „Friedensmission" bekam nach den Terroranschlägen vom 11. September 2001, denen circa 3000 Menschen in New York und Washington zum Opfer fielen, eine völlig neue Bedeutung. Jetzt wurden sie dafür eingesetzt, den Völkern im Irak, Libyen, Syrien und Afghanistan **Demokratie und Freiheit** zu bringen.

Nur den wenigsten ist bewusst, dass in Folge der Maßnahmen für Demokratie und Freiheit in den letzten 15 Jahren über eine Millionen Muslime[145] ums Leben kamen. Geschickt wurden in diesem Zusammenhang durch die Mainstreammedien kleine Zahlen groß und große Zahlen klein gemacht. So werden wie ein Mantra jedes Jahr am 11. September die Ereignisse von 2001 medial in Szene gesetzt. Dort werden die Opfer namentlich verlesen, um so den Eindruck zu vermitteln, dass es sich um eine viel größere Anzahl an Toten gehandelt hat.

Über die Millionen Opfer, die durch die von den USA inszenierten Anti-Terror-Kriege zu verzeichnen sind, wird so gut wie gar nichts berichtet. Geschickt wurden in diesem Zusammenhang durch die Publik-Relations-Abteilungen der jeweiligen Regierungen neue Wörter kreiert. Dazu gehört unter anderem das Wort „Kollateralschaden", wodurch das Wort „Menschenopfer" ersetzt wurde. Kollateralschaden klingt abstrakter, obwohl es sich dabei meist um zivile Opfer (Frauen und Kinder) handelt. So sieht der Fernsehzuschauer es emotionsloser und eher als notwendiges Übel an.

Außerdem wird nicht mehr von Freiheitskämpfern gesprochen, die ihr Land gegen Eindringlinge verteidigen, sondern man nennt sie jetzt **Aufständische**. Diese Aufständischen gelten als Feinde der „Demokratisierung" und können so mit gutem Gewissen bekämpft werden. Diesen Mechanismus sieht man sehr schön im Irak, Afghanistan und der Ukraine.

Mehr noch, die Verdrehung der Begriffe wurde durch die Bush-Administration in Perfektion betrieben, indem man durch den „Homeland Security Act" ein Ministerium für Heimatschutz gegründet hat,[146] das aber massiv die Freiheiten und Rechte der amerikanischen Bevölkerung einschränkt.

Zudem wurden die Gesetze dorthin gehend geändert, dass jetzt sogar Men schen vorsorglich getötet werden dürfen. Das Zauberwort heißt: **„Präventivschlag"**. So gehen die Begrifflichkeiten ineinander über, indem durch die immer häufiger durchgeführten „Präventivschläge" immer mehr „Kollateralschäden" entstehen, bei denen die „Friedenstruppen" für Demokratie und Freiheit kämpfen.

Nebenbei bemerkt, waren die USA zum Erreichen ihrer geopolitischen Ziele in über 200 Konflikte verwickelt, bei denen ca. 30 Millionen Menschen getötet wurden[147]. Damit sind sogar mehr Tote zu verzeichnen, als in Folge der deutschen Kriegshandlungen im zweiten Weltkrieg. Diese Tatsache wird weder über die Medien kommuniziert, noch an deutschen Schulen gelehrt, da sie nicht in das politisch korrekte Bild passt.

Obwohl die USA sich ständig im Krieg befinden, wurde das **Kriegsministerium** (Department of War) in ein **Verteidigungsministerium** (U.S. Department of Defense) mit einem entsprechenden Verteidigungsetat umbenannt.[148] Der Witz dabei ist nur, zur „Verteidigungsstrategie" der USA gehören rund 800 Militärstützpunkte, die sich im Ausland befinden. **Damit gehören 95 Prozent aller Auslandsbasen den USA.**[149]

Sehr schnell haben die USA erkannt, dass man mit dem Wort „Verteidigung" leichter moralische Unterstützung bekommt, als mit dem Wort „Krieg".

Die Manipulation der Begrifflichkeiten bezieht sich aber nicht nur auf die USA, sondern zieht sich inzwischen quer über den gesamten Globus und hat auch nicht vor Deutschland haltgemacht. Bei uns in Deutschland wurde beispielsweise aus der höchst unbeliebten Gebühreneinzugszentrale (**GEZ**), der „**ARD ZDF Deutschlandradio Beitragsservice**". „Service" klingt zwar nach mehr Leistung, aber genau das Gegenteil ist der Fall. Wir werden dies später im Buch nochmals aufgreifen.

Selbst vor Deutschlands liebstem Kind, dem Fußball, war nicht davor gefeit. Jahrzehntelang war man stolz auf die Leistung der deutschen **Nationalmannschaft**. Da eine multikulturelle Gesellschaft das erstrebenswerte Ziel der Meinungsmacher ist, war ihnen das Wort „**national**" schon lange ein Dorn im Auge. So auch die bereits beschriebene offizielle Verlautbarung des Vizepräsidenten der EU-Kommission Frans Timmermans, die zeigt, wo die Reise hingehen soll:

> *„Die Zukunft der Menschheit beruht nicht länger auf einzelnen Nationen und Kulturen, sondern auf einer vermischten Superkultur."[150]*

Demzufolge wurde 2016 in Vorbereitung der Fußball-EM einheitlich in den Leitmedien in Zusammenarbeit mit der Wirtschaft von **„Die Mannschaft"** gesprochen, um ja keinen Stolz auf die Nation aufkommen zu lassen. Die Medienberichterstattung, allen voran ARD und ZDF zeigten passend dazu Interviews von begeisterten Fußballfans, die fast nur Migrationshintergrund hatten. Damit sollte das Projekt einer multikulturellen Gesellschaft noch weiter in den Köpfen der Menschen verankert werden.

Es gibt aber auch andere Bereiche, wo es vorrangig darum geht, Menschen, die unliebsame Meinungen vertreten, an den Pranger zu stellen. Der Begriff, der hier in den letzten Jahren von den Initiatoren der Political Correctness aus der Taufe gehoben wurde, sind **die „Reichsbürger".** Besonders große Aufmerksamkeit bekam dieser Begriff, als der Popsänger Xavier Naidoo am 3. Oktober 2014 in Berlin auf einer Demo der „Reichsbürger" sprach, wofür er medial gesteinigt wurde. Bei dieser Veranstaltung ging es u. a. darum, dass Deutschland keine Verfassung hat bzw. kein souveräner Staat sei. Mit anderen Worten wurde für alle diejenigen, die diese Thesen vertreten, von Seiten des Staates und der Medien ein Begriff gefunden, um sie zu etikettieren und auszugrenzen. Die Hysterie zu diesem Thema ist mittlerweile auch bei „Otto Normal Bürger" angekommen. Im November 2016 flog ich geschäftlich nach Köln. Im Flugzeug saß neben mir ein Mann, mit dem ich mich nett unterhielt. Er fragte mich, was mich denn nach Köln verschlage. Ich sagte ihm, dass ich als Referent zum Querdenker Kongress eingeladen wurde. Daraufhin guckte er mich ganz entsetzt an und fragte: „Sind sie ein Reichsbürger?" Ich spürte seit dieser Frage seine Reserviertheit und ein richtiges Gespräch sollte nicht mehr in Gang kommen. Das hängt wahrscheinlich damit zusammen, dass bei dem Wort „Reich" die meisten sofort eine Assoziation zum Dritten Reich haben. Anders formuliert: **„Reichsbürger"** = „Drittes Reich" = „böse".

Was böse ist, muss mit aller Härte bekämpft werden! So sind mittlerweile die sogenannten Reichsbürger zu Feinden des Staates avanciert.

Wegen nur 4000 Euro Grundsteuerschuld wurde beispielsweise am 26.08.2016 der ehemalige „Mister Germany" Adrian Ursache von einem Großaufgebot der Polizei, an denen zwei Hundertschaften sowie ein SEK Sonderkommando beteiligt war, niedergeschossen und lebensgefährlich verletzt. Bei dieser halben Armee hätte man denken können, es wurde das IS-Hauptquartier gestürmt. Aber in Wirklichkeit ging es nur um die nicht gezahlte Grundsteuer eines zweifachen Familienvaters.[151] Glaubt man den Äußerungen der Medien, dann handelte es sich bei ihm auch um einen sogenannten Reichsbürger. Auch die Medien waren wieder sofort zur Stelle, um dem „unwissenden" Leser mitzuteilen, was „Reichsbürger" sind:

„Reichsbürger erkennen die Bundesrepublik Deutschland nicht als Staat an und halten sich auch nicht an das deutsche Gesetz. Die Rechtsextremen lehnen die Demokratie ab, leugnen den Holocaust und glauben, dass Adolf Hitlers Deutsches Reich fortbesteht."[152]

Für den „wirklich unwissenden Teil der Bevölkerung" ist jetzt alles klar! Es handelt sich bei den Reichsbürgern um eine völlig realitätsfremde durchgeknallte Personengruppe!

Anscheinend gehört Adrian Ursache zu den Menschen, die aus Sicht des Systems nicht einmal mehr ein paar tausend Euro wert sind, weil sie beispielsweise die Souveränität Deutschlands anzweifeln.

Dabei stört es anscheinend niemanden, dass selbst der deutsche Finanzminister Wolfgang Schäuble auf dem European Banking Congress am 18.11.2011 erklärt hatte, dass Deutschland zu keinem Zeitpunkt seit 1945 ein souveräner Staat gewesen sei. (Hintergrundinformationen hierzu befinden sich im Buch: „Die Souveränitätslüge"[153]).

Aufgrund der massiven Propaganda bei diesem Thema fällt anscheinend niemandem auf, dass es gar keine Organisation oder Gruppierung in Deutschland gibt, die sich „Reichsbürger" nennt. Mehr noch, diejenigen, die die deutsche

Souveränität anzweifeln und daran glauben, dass Deutschland immer noch ein besetztes Land ist, wie Xavier Naidoo es mehrfach formuliert hat, sehen sich nicht als Reichsbürger.[154] Wo kommt dieser Begriff nun eigentlich her?

Bei genauer Betrachtung werden wir auf etwas Erstaunliches stoßen. Die Bezeichnung „Reichsbürger" ist nicht nur eine Beleidigung, sie erfüllt objektiv betrachtet sogar den Tatbestand der Volksverhetzung nach § 130 StGB.

In der Tat gab es ein Reichsbürgergesetz aus dem Jahre 1935. Nach diesem Gesetz wurde zwischen Staatsangehörigen und Reichsbürgern, die zugleich Staatsangehörige des Deutschen Reiches und diesem verpflichtet sein mussten, unterschieden. Die Zugehörigkeit zu den Reichsbürgern richtete sich u. a. nach der Blutlinie der Abstammung. Kurz gesagt, waren nach den Thesen des Nationalsozialismus diese „Abkömmlinge deutschen oder artverwandten Blutes", die Reichsbürger.

Das Reichsbürgergesetz wurde nach dem Ende des II. Weltkrieg aufgehoben, ebenso wie die anderen Gesetze aus der Zeit des Nationalsozialismus und dem Verbot unterstellt.

Jeder, der diese Argumentation nach außen führt, läuft aber Gefahr, als „Neu-Rechter" oder als „Rechtspopulist" geächtet zu werden. Der Ursprung des „Rechts-links-Schema" liegt in der Sitzordnung der französischen Abgeordnetenkammer von 1814 begründet. Für Deutschland war es die Sitzanordnung u. a. in der Versammlung der Frankfurter Paulskirche von 1848/49.[155]

Daher stellt sich unweigerlich die Frage, woher kommt der enorme Bedeutungswandel des Wortes „rechts"?

Was bedeutet eigentlich der Begriff „rechts"?

„Durch die Aufspaltung der Wähler in das politische Parteiensystem können wir sie dazu bringen, ihre Energie für Kämpfe aufzubrauchen; für Fragen, die keinerlei Bedeutung haben."

Montagu Norman (Gouverneur der Bank of England) (1871-1950)

Glaubt man den etablierten Medien und der Politik, bedeutet **„rechts"** = **„Nazi"**. Wenn wir aber in ein älteres Wörterbuch schauen, die Rede ist von Büchern aus der Zeit von 1970 bis 2000, dann wird man erstaunt sein, was tatsächlich unter „rechts" zu verstehen ist.

Dort steht zum Beispiel, dass „rechts" den gleichen Wortstamm wie „richtig" hat. Außerdem findet sich dort die Wortkette „rechts", „Recht" und „richtig". Folgende Wörter haben den gleichen Ursprung:

– rechtschaffend,

– Rechtsprechung,

– zur Rechten Gottes sitzend,

– der rechte Weg,

– rechtes Handeln,

– aufrechtes Gehen.

Im Deutschunterricht würde kein Lehrer auf die Idee kommen, seinen Schülern „Linksschreibung" beizubringen, sondern wie wir alle wissen, mussten wir die „Rechtschreibung" lernen. Auch bezeichnet man einen Staat als „Rechtsstaat" und nicht als „Linksstaat", bei dem „nach Recht und Gesetz" gehandelt wird und nicht „nach Link und Gesetz."

In der englischen Sprache, die mit der deutschen Sprache sehr eng verwandt ist, gibt es den Spruch: „Right is right and left is wrong", was heißt: „rechts ist richtig und links ist falsch." Der sprachliche Witz liegt darin, dass „right" im Englischen nicht nur **„rechts"**, sondern auch **„richtig"** heißt. Anders als im Deutschen hat sich der Wortstamm hier noch nicht in zwei Begriffe aufgespalten.

Im Buddhismus, der die gleichen sprachlichen Wurzeln hat, wie die deutsche Sprache, ist ein Hauptelement der „Edle Achtfache Pfad" der laut Buddha zur Erleuchtung führen soll:

1. Rechtes Verständnis

2. Rechtes Denken

3. Rechte Rede

4. Rechte Handlung

5. Rechter Lebenserwerb

6. Rechte Anstrengung

7. Rechte Achtsamkeit

8. Rechte Konzentration

Wie wir sehen, wurde der Begriff „rechts" über Jahrtausende positiv assozi-iert. Umso erstaunlicher ist, dass speziell in den letzten Jahren, im Zuge der „Political Correctness" massiv versucht wird, die alte Wortbedeutung von „rechts" zu eliminieren. Das ist auch der Grund, warum man dies in aktuellen Wörterbuch-Ausgaben nicht mehr findet, sondern mit negativen Assozi-ationen gearbeitet wird. Hier heißt es: „Terror von rechts, Kampf gegen rechts, Rechtsextremismus, Rechtspopulismus."[156]

Schauen wir uns zum Vergleich doch einmal das Wort „links" an, dann finden wir in älteren Wörterbüchern die Erklärung, dass „**links**" den gleichen Wort-stamm hat wie „**linken**". Außerdem findet sich dort die entsprechende Wort-kette: „link", „linkisch", „links". Ferner steht das Wort „links" im direkten Bedeu-tungszusammenhang von:

– täuschen,

– betrügen,

– hintergehen,

– übervorteilen,

– hinterlistig,

– falsch.[157]

Interessant ist, dass den meisten Menschen die wahre Bedeutung der eben beschriebenen Begrifflichkeiten gar nicht bekannt ist. So werden speziell dem mittlerweile negativ behafteten Wort „rechts" andere Wörter ange-hängt, wie beispielsweise „rechts" + „Populist" = „**Rechtspopulist**".

Was bedeutet tatsächlich „Populist"?

*„Diejenigen, die zu klug sind, sich in der Politik zu engagieren,
werden dadurch bestraft, dass sie von Leuten regiert werden,
die dümmer sind als sie selbst."*

Platon (griechischer Philosoph) (428 v. Chr. – 348 v. Chr.)

Diejenigen, die konträr zu der in den Systemmedien veröffentlichten Meinung argumentieren, werden immer häufiger als „Rechtspopulisten" bezeichnet. Das Wort **„Populist"** hat seinen Ursprung in dem französischen „populaire"[158], was so viel bedeutet, wie „beim Volk beliebt" und geht auf das lateinische Wort „populus" (= das Volk) zurück. So findet sich beispielsweise in einem Duden aus dem Jahr 1980 unter „Populismus" die Erklärung: eine Politik, „die die Gunst der Massen zu gewinnen sucht."[159]

Bekanntlich ringen, speziell vor der Wahl, alle Parteien um die Gunst der Massen und müssten demzufolge auch als Populisten bezeichnet werden. Das ist aber nicht der Fall, sondern das Wort „Populist" wird ausnahmslos negativ verwendet. Meist, wie eben beschrieben, in Verbindung mit dem Wort „rechts". Kein normaler Mensch würde auf die Idee kommen, von „Linkspopulisten", „Mittepopulisten", „Liberalpopulisten" oder „Ökopopulisten" zu sprechen.

Da die Kritik am System immer lauter wird, reicht das Wort „Rechtspopulist" zunehmend nicht mehr aus. Es werden mittlerweile am Fließband Wörter kreiert, um alle diejenigen zu stigmatisieren, die sich gegen EU, Euro, Globalisierung, GEZ-Gebühr oder das Bargeldverbot aussprechen.

Die Bandbreite reicht von: „Reichsbürger", „Wutbürger", bis hin zum Klassiker „Verschwörungstheoretiker". Seit neustem wurde der Begriff des **„Verschwörungsideologen"** von den Vertretern der Political Correctness aus der Taufe gehoben und soll sich nahtlos in die genannten einreihen.

So wurde beispielsweise ein Arbeitsblatt unter dem Titel: „Chemtrails und Co." für den Schulunterricht veröffentlicht, in dem ich neben dem Kopp Verlag auf Seite 94 als Beispiel für einen Verschwörungsideologen aufgelistet werde.

Dort heißt es:

> *„Heiko Schrang ist Autor verschiedener verschwörungsideologischer Bücher und Betreiber eines YouTube-Kanals, auf dem er dieselben Inhalte verbreitet. Er vertritt die Auffassung, dass das deutsche Volk nicht in einem*

souveränen Staat leben würde und geheime Machteliten die Flüchtlings-
bewegungen der letzten Jahre gezielt nach Europa lenken würden, um den
Bevölkerungen dieser Staaten zu schaden.

Diese Aussagen wiederholt Schrang auch in seinem Artikel über die Bil-
derberg Konferenz des Jahres 2015. Allerdings dient ihm das Treffen nur
dazu, die verschwörungsideologische Erzählung von der Abschaffung
des Bargeldes zur Unterwerfung der Menschen unter eine geheime Welt-
verschwörung zu verbreiten. Er verwendet Zitate, gibt jedoch nur bei dem
des EU-Kommissionspräsidenten Juncker die Quelle an. Dabei nutzt er die
Aussage, da sie vermeintlich seine Prophezeiung von der baldigen Bargeld-
abschaffung durch geheimes Wirken unterstreicht."[160]

Der Begriff „Verschwörungsideologe" ist die modifizierte Form des schon
abgenutzten Begriffs „Verschwörungstheoretiker", zu denen mich bereits im
Jahr 2014 *Die Welt* zählte.[161]

Verschwörungstheoretiker

"Wenn man mit einer so monströsen Verschwörung konfrontiert wird,
ist es für den Einzelnen unmöglich zu glauben, dass sie existiert."

John Edgar Hoover (Direktor des FBI) (1895 – 1972)

Mittlerweile kennt das Wort „**Verschwörungstheoretiker**" so gut wie jeder. Dabei gibt es leider nur ganz wenige mutige Politiker, die eine andere Meinung zum Thema „Verschwörungstheorie" haben, als die offizielle. Einer von ihnen war Hermann Scheer (Mitglied des SPD-Bundesvorstands), der überraschend am 14. Oktober 2010 verstarb. Er sagte:

> *„Es gibt natürlich einen Totschlagsbegriff „Verschwörungstheorie", und der alles abtun soll, was in dem Zusammenhang an Vermutungen, konkreten Verdachtsmomenten usw. da ist, und womit ja unterstellt wird – indirekt mit diesem Totschlagsbegriff – es gäbe keine Verschwörungen. Aber natürlich gibt es Verschwörungen – selbstverständlich! Und die beste Möglichkeit von Verschwörung abzulenken, ist ein „Ach Verschwörungstheorie" – aus der Luft gegriffen, irgendwie herbei phantasiert oder sonst irgendwas. Aber – die Vorgänge, die nun wirklich einigermaßen dokumentiert sind, sind alles andere als Verschwörungstheorien, es waren Verschwörungen!"[162]*

Aber für viele, die sich dieser Konfrontation ausgesetzt sehen, angeblich ein Verschwörungstheoretiker zu sein, kommt es häufig einer öffentlichen „Hinrichtung" gleich, da sie von nun als „verrückte und weltfremde Spinner" gelten. Die spannende Frage ist doch die, woher stammt eigentlich das in den letzten Jahren im häufiger verwendete Wort?

Bei der Suche nach der Beantwortung der Frage werden wir auf das Jahr 1967 stoßen, dem Geburtsjahr der „Verschwörungstheorie". Der Auslöser war die Ermordung John F. Kennedys am 22. November 1963. Bis zu diesem Zeitpunkt stand der größte Teil der amerikanischen Bevölkerung obrigkeitstreu hinter ihrer Regierung und stellte diese nicht in Frage.

Das änderte sich aber radikal nach der Veröffentlichung des Warren-Reports am 27. September 1964[163], der die Alleintäterschaft Lee H. Oswalds als unumstößlich präsentierte. Die durch die US-Regierung eingesetzte Warren-Kommission unterschlug in diesem Bericht all jene wichtigen Indizien, die auf mehrere Täter hinwiesen, obwohl das durch unzählige Zeugenaussagen bestätigt wurde.

In Folge wuchs der Zweifel in der Bevölkerung an den Ergebnissen der Warren-Kommission. Eine damals durchgeführte Meinungsumfrage kam zu dem Ergebnis, dass über 50 % der US-Amerikaner dem Warren-Report keinen Glauben schenkten, da zu viele Fragen offen und ungelöst blieben. Fast jeder zweite ging damals davon aus, dass Lee H. Oswald nicht alleine gehandelt haben konnte, sondern vielmehr, dass andere an dem Attentat mit beteiligt waren. Interessant ist, dass ähnlich durchgeführte Umfragen im Ausland sogar noch unerwünschtere Ergebnisse für die US-Regierung brachten. [164]

Um dem Herr zu werden, gab die CIA am 2. April 1967 ein Schreiben heraus,[165] dessen Inhalt es in sich hatte, da dort genaue Anweisungen standen, wie mit Kritikern umzugehen sei. Der bis dahin gebräuchliche Begriff „Attentats-Theorie" („assassination theories") sollte ab sofort durch **„Verschwörungstheorie"** („conspiracy theories") ersetzt werden, um kritische Zeitgenossen zu diskreditieren und unglaubwürdig erscheinen zu lassen. (Die genauen Details und Hintergrundinformationen zum Attentat auf John F. Kennedy befinden sich im Buch: „Die Jahrhundertlüge, die nur Insider kennen.")

Bis heute erfreut sich der Begriff „Verschwörungstheoretiker" größter Beliebtheit und wird besonders gern von Regierungs- und Medienvertretern benutzt, um all jene mundtot zu machen, die die richtigen Fragen stellen oder der Wahrheit zu nahe kommen.

Bei so vielen Nebelkerzen, die in diesem Zusammenhang von Politik und Medien gezündet werden, lohnt es sich, die Frage zu stellen, was überhaupt eine Verschwörung ist? Wikipedia schreibt hierzu:

„Eine Verschwörung [...] ist ein geheimes Zusammenwirken einer meist kleinen Gruppe von Personen mit dem Ziel, auf den Lauf der Ereignisse zu einem illegalen oder illegitimen Zweck einzuwirken, üblicherweise (aber nicht zwingend) zu ihrem eigenen Vorteil. Der Begriff der „Verschwörung" ist negativ besetzt. Er wird im Allgemeinen nicht zur Selbstbeschreibung

einer Gruppe gebraucht. Die Heimlichkeit von Verschwörungen ist der Nährstoff zahlreicher Verschwörungstheorien."[166]

Schon allein bei der Beschreibung, was eine Verschwörung ist, kann man sehr schnell feststellen, dass man bei vielen Ereignissen nicht mehr von einer „Verschwörungstheorie" sprechen kann, sondern vielmehr von einer **Verschwörungspraxis**. Der Schweizer Historiker Dr. Daniele Ganser formulierte diesen Zusammenhang recht deutlich:

> *„Eine Verschwörung ist, wenn sich zwei oder mehr Menschen heimlich absprechen. Das ist alles. Es kann das Versprechen zwischen einem Jungen und einem Mädchen sein, sich um Mitternacht am Fluß zu treffen und ohne das Wissen ihrer Eltern vor dem Morgengrauen wieder friedlich im Bett zu liegen. Das ist für die Gesellschaft harmlos. Andere geheime Absprachen planen Mord und Totschlag [...] Jedem Terroranschlag geht eine Verschwörung voraus, also liegen auch dem 11. September 2001, den Anschlägen in Madrid, Bali, Istanbul und London Verschwörungen zu Grunde, das ist gar nicht anders möglich. Die Kernfrage ist also nicht, ob es sich um eine Verschwörung handelt oder nicht, denn das ist bei Terror immer der Fall, sondern wer die Verschwörer sind, und das ist eine hoch komplizierte Sache. Wer Verschwörungstheorien, also Annahmen über die mögliche Identität der Verschwörer, von vornherein als Unsinn abtut, hat keine Ahnung von der verdeckten Kriegsführung."*[167]

Von der Ermordung Julius Cäsars durch die Senatoren bis zu Edward Snowdens Enthüllungen der Jetztzeit gibt es unzählige nachgewiesene Verschwörungen weltweit. Von Kartellabsprachen in der Wirtschaft über die Vergabe von Sportgroßereignissen wie Olympia oder der Fußball-WM, bis zum Sturz von Regierungen – Verschwörungen sind allgegenwärtig. Jede Einzelne aufzuführen, würde den Rahmen dieses Buches sprengen.

Hier eine kleine Auswahl:

Regimewechsel im Iran

Im Jahre 1953 regierte der demokratisch gewählte Premierminister Mohammad Mossadegh im Iran. Nach dem Zweiten Weltkrieg besaß die Anglo-Ira-
nian Oil Company (AIOC) sämtliche iranische Ölquellen. Später wurde das
Unternehmen in BP umbenannt.[168]

Die AIOC machte in den 1950er Jahren 200 Millionen Pfund Profit, zahlte an
den iranischen Staat aber nur 16 Millionen Fördergebühren, Dividenden und
Steuern. Die Ausbeutung des Irans verdeutlichte sich besonders durch die Tatsache, dass für die Iraner Öl im eigenen Land teurer war, als in Großbritannien.
[169]Deswegen entschied sich Mossadegh dazu, die Ölindustrie zu verstaatlichen.

Lange Zeit, genauer gesagt bis zum Jahr 2013, galt es als Verschwörungstheorie, dass der amerikanische und der britische Geheimdienst CIA und
MI6 unter dem Decknamen „Operation Ajax" Mossadegh durch einen Putsch
stürzten um ihre Ansprüche auf das iranische Öl zu sichern. Heraus kam dies
erst 60 Jahre später, als das National Security Archive umfangreiche Akten
freigab, die dies bestätigten.[170]

Operation Northwoods

Hier handelt es sich um geheime Pläne, die weitgehend unbemerkt von der
Öffentlichkeit in den USA entworfen wurden. Sie tragen den Namen: „Ope-
ration Northwoods". Es war ein Pentagon-Plan, um eine US-Invasion auf
Kuba im Jahr 1963 durch Täuschungsmanöver zu provozieren. Ein weiterer
Bestandteil dieses Plans war auch die Anwendung von Gewalt gegen ameri-
kanische Bürger auf amerikanischem Boden.

Aus inzwischen freigegebenen Geheimdokumenten[171] geht eindeutig hervor, dass hochrangige US-Militärs Anfang der Sechzigerjahre vorschlugen,

Terrorakte in amerikanischen Städten zu inszenieren, um das Land in einen Krieg mit Kuba zu treiben. Einer der Hauptarchitekten der ‚Northwoods'-Pläne war General Lyman Lemnitzer. Die Pläne sahen u. a. Terroranschläge in Washington sowie Anschläge auf den zivilen Luftverkehr vor, um dann Fidel Castro die Schuld hierfür in die Schuhe schieben zu können.[172]

Der amerikanische Sicherheitsexperte James Bamford, ein ehemaliger Reporter von ‚AMC News', dokumentierte dies als erster in aller Ausführlichkeit in seinem Buch „NSA – Die Anatomie des mächtigsten Geheimdienstes der Welt".[173] Bamford schreibt, dass die vereinigten Stabschefs der amerikanischen Streitkräfte einen geheimen und blutigen terroristischen Krieg gegen ihr eigenes Land vorschlugen. Damit sollte die amerikanische Öffentlichkeit für den irrwitzigen Krieg gewonnen werden, den sie gegen Kuba führen wollten.

„Wir könnten eine kommunistische kubanische Terrorkampagne entwickeln, in der Gegend von Miami, in anderen Städten Floridas und sogar in Washington", heißt es in einem vom Vereinigten Generalstab erarbeiteten Papier.[174] Weitere Pläne sahen unter anderem den Einsatz erfundener MiGs vor, die Zivilflugzeuge bedrängen, Schiffe angreifen und unbemannte Drohnen abschießen. Man empfahl „auf zivile Luft- und Bodenfahrzeuge ausgerichtete Entführungsversuche".[175] Außerdem wurde in Erwägung gezogen, ein CIA-Flugzeug abzuschießen, das als reguläres Passagierflugzeug ausgegeben werden sollte, um anschließend kubanische Flugzeuge für diesen Abschuss verantwortlich zu machen.

Als Folge sollten die Verlustlisten in den amerikanischen Tageszeitungen die nützliche Welle der nationalen Empörung auslösen. Die amerikanische Bevölkerung hatte großes Glück, dass es nicht zur Umsetzung dieser perfiden Pläne kam, da Präsident **Kennedy** das Vorhaben ablehnte.[176] Nur ein Jahr später war er tot.

Die Ursache des Vietnamkriegs

Der Zwischenfall im Golf von Tonkin gilt als Auslöser des Vietnamkriegs. Am 4. August 1964 wandte sich der US-Präsident **Lyndon B. Johnson** in einer Fernsehansprache an das amerikanische Volk und erklärte, Nordvietnam habe amerikanische Kriegsschiffe angegriffen. Diesen wiederholten Gewaltakten gegen die Streitkräfte der Vereinigten Staaten müsse nicht nur mit einer verstärkten Alarmbereitschaft, sondern mit einer entsprechenden Antwort begegnet werden, so der amerikanische Präsident.[177]

Nur drei Tage später verabschiedete der Kongress die Resolution zum Golf von Tonkin[178], die Johnson rückwirkend ermächtigte, einen Militärschlag gegen Nordvietnam zu führen.

Erst viel später wurde bekannt, dass Johnson und sein Verteidigungsminister **Robert McNamara** den Kongress und die amerikanische Bevölkerung belogen hatten. Entgegen den Behauptungen des Pentagon wurde das amerikanische Kriegsschiff USS Maddox zu keiner Zeit von Nordvietnam angegriffen[179]:

> *„Die Pentagon-Papiere (erschienen 1971) und die Memoiren von Robert McNamara (1995) belegen, dass die US-Regierung die Vorfälle durch bewusste Falschdarstellung zum Durchsetzen ihres seit 1963 geplanten direkten Kriegseintritts benutzte."[180]*

Zwei Millionen Vietnamesen und 60.000 US-Soldaten ließen in Folge dieser Verschwörung ihr Leben.[181]

Giftgaslieferung der USA an Saddam Hussein

Als der Prozess gegen Saddam Hussein im Jahr 2005 begann, war einer der entscheidenden Anklagepunkte der Giftgasangriff gegen Kurden im Nordirak, bei dem tausende Unschuldige ums Leben kamen. Jetzt freigegebene Dokumente der CIA aus 1980er Jahren belegen eindeutig die Zusammenarbeit der USA mit dem Irak bei Giftgasangriffen nicht nur gegen den Iran, sondern auch bei Angriffen gegen die Kurden im Nordirak. Mit anderen Worten, der Reagan/Bush-Administration war sehr wohl bekannt, dass Saddam Hussein Senf- und Saringas einsetzte. Mehr noch, die Chemikalien konnten nur mit Unterstützung des damaligen Sondergesandten Donald Rumsfeld geliefert werden. Rumsfeld war zu der Zeit eine erfolgreiche Führungskraft in der Pharmaindustrie, und ermöglichte so erst den Kauf des Giftgases.[182]

Drogenhandel der CIA

In den Medien und in den Hollywood-Filmen wird die CIA als Held im Kampf gegen die Drogenbarone der Welt dargestellt, aber die Wirklichkeit sieht ganz anders aus. Was Insider schon seit Jahren vermuteten, wurde in den letzten Jahren immer mehr zur Gewissheit, dass die CIA selbst einer der größten Drogendealer der Welt ist.

Um das näher zu verstehen, müssen wir in die 1980er Jahre zurückgehen. Dort leitete die US-Regierung unter Ronald Reagan Einnahmen aus geheimen Waffenverkäufen an den Iran, der eigentlich zu diesem Zeitpunkt ihr Erzfeind war und sich in einem blutigen Krieg mit dem Irak befand. Zum damaligen Zeitpunkt war Saddam Hussein der Verbündete im Kampf gegen das Mullah-Regime unter Ajatollah Chomeini. Diese Gelder aus den geheimen Waffenverkäufen wurden an die Contras, eine Guerilla-Bewegung in Nicaragua weitergeleitet. Dieses Vorgehen birgt aber noch anderen politischen Sprengstoff.

So wurde bekannt, dass die Contras, die gegen die sozialistische Regierung in Nicaragua kämpften, jahrelang Drogen in die USA schmuggelten[183]. Die CIA wusste aber darüber Bescheid, dass die Guerilla-Organisationen tonnenweise Kokain ins Land brachten. Mehr noch, sie war sowohl im In- als auch im

Ausland selbst am Drogenhandel beteiligt. Dies gilt insbesondere für die Zeit der Iran-Contra-Affäre, als Contra-Angehörige mit Wissen der CIA Kokain in die USA schmuggelten, das dann als Crack Kokain in Los Angeles auftauchte. Die Gewinne daraus kamen den Contras zugute.[184]

Führende mexikanische Drogenbarone wie etwa Jesus Vincente Zambada Niebla haben öffentlich bestätigt, dass sie von der amerikanischen Regierung angeheuert wurden, um den Drogenhandel zu organisieren[185]. Zahlreiche Hinweise und Beweise scheinen zu bestätigen, dass die CIA und amerikanische Großbanken zu den führenden Akteuren im weltweiten Drogengeschäft gehören, das einen Jahresumsatz von hunderten Milliarden Dollar erzielt.[186] Viele dieser Informationen verdanken wir den Investigativjournalist und Gewinner des Pulitzer-Preises Gary Webb,[187] der in seiner Artikelserie „Dark Alliance" detailliert all diese schmutzigen Geschäfte beschrieben hat.[188]

Am 10. Dezember 2004 fanden Gary Webbs Recherchen aber ein abruptes Ende, da er tot mit zwei Geschossen im Kopf aufgefunden wurde. Die offizielle Todesursache lautete: Selbstmord.[189]

Die Brutkastenlüge

Als 1990 eine Rechtfertigung für den Kriegseintritt der USA gegen den Irak gefunden werden musste, wurde ganz tief in die Trickkiste gegriffen. Eine damals 15-jährige Kuwaiterin erklärte am 10. Oktober 1990 vor dem Menschenrechtsausschuss des US-Kongresses unter Tränen, sie habe freiwillige Arbeit im Al-Adnan-Krankenhaus in Kuwait-Stadt geleistet und sagte wörtlich:

„Ich habe gesehen, wie die irakischen Soldaten mit Gewehren in das Krankenhaus kamen […], die Säuglinge aus den Brutkästen nahmen, die Brutkästen mitnahmen und die Kinder auf dem kalten Boden liegen ließen, wo sie starben."[190]

Um die 53 Millionen US-Bürger und auch viele Menschen in anderen Ländern sahen ihrer Aussage im Fernsehen zu. Diese Nachricht löste eine weltweite Empörung aus. Auch der damalige US-Präsident George Bush entrüstete sich öffentlich und erwähnte deren Geschichte in den nächsten fünf Wochen nicht weniger als sechsmal.[191]

Nach diesem Ereignis stieg die Anzahl der Befürworter des geplanten amerikanischen Militärschlags gegen den Irak auf 72 Prozent, nachdem sie noch im Sommer bei nur 34 Prozent gelegen hatte.[192] Nun sah der US-Kongress die Zeit gekommen, die Aggression dieses gnadenlosen Diktators aufzuhalten.

Drei Monate nach der Aussage der 15-jährigen Kuwaiterin begann der Golfkrieg, bei dem unzählige Menschen, allen voran Zivilisten, starben.[193]

Die entscheidende Behauptung stellte sich später als haltlos heraus, als herauskam, dass die Jugendliche die Tochter eines kuwaitischen Diplomaten war. Zwei Krankenschwestern der betreffenden Entbindungsstation erklärten später, dass die Jugendliche nie dort gearbeitet habe und die von ihr beschriebenen Vorfälle niemals stattgefunden hätten. Mehr noch, es wurde aufgedeckt, dass die Organisation Citizens for a Free Kuwait die PR-Agentur Hill & Knowlton für 10 Millionen US-Dollar beauftragt hatte, die erfundene Geschichte des Mädchens publik zu machen.[194]

Massenvernichtungswaffen im Irak

Als Begründung für den Irakkrieg 2003 nannte die angreifende „Koalition der Willigen", unter der Führung der USA, vor allem eine angeblich akute Bedrohung durch Massenvernichtungsmittel seitens des irakischen Diktators Saddam Hussein. Diese und weitere Begründungen waren vor dem Irakkrieg stark umstritten. Selbst die ehemaligen UN-Waffeninspekteure Scott Ritter, El Baradei und Hans Blix beteuerten, keinerlei Beweise für ein irakisches

Atomwaffenprogramm gefunden zu haben. Auch fanden sich keine Anhalts-
punkte für biologische oder chemische Massenvernichtungswaffen, die eine
Bedrohung für andere Länder darstellen könnten.[195]

Die Legitimation durch ein UN-Mandat für den Waffengang der „Koalition der
Willigen" verweigerte der UN-Sicherheitsrat. Damit gilt der Zweite Irakkrieg
völkerrechtlich als illegaler Angriffskrieg. Die genannten Kriegsgründe sind his-
torisch widerlegt und werden oft als absichtliche Irreführung der Weltöffent-
lichkeit bewertet, da im Irak weder Massenvernichtungsmittel noch Beweise
akuter Angriffsabsichten gefunden wurden. Am 09.09.2005 gab der ehemalige
Außenminister der USA, Colin Powell, erstmals zu, in Vorbereitung des Irakkrie-
ges bewusst und vorsätzlich gelogen zu haben.[196]

Er behauptete damals vor einem Gremium, die vorgelegten Dokumente und
das Aufklärungsmaterial für den angeblichen Beweis über den Besitz von Massenvernichtungswaffen des Iraks und einer daraus entstandenen Bedrohung
der Welt seien echt.[197] Dieses Schuldbewusstsein sei auch in der Folge der Grund
gewesen, nicht mehr Mitglied der amerikanischen Regierung sein zu wollen. Als
Folge dieser scheinheiligen Lüge wurden diverse illegale Angriffskriege geführt,
bei denen allein bis 2011 600.000 Menschen ums Leben kamen.[198]

Verschwörung der Tabakkonzerne

Viele Gegner der Tabakindustrie vermuteten, dass den Zigaretten absichtlich
bestimmte Zusatzstoffe beigemengt werden, die süchtig machen, um die
Konsumenten im wahrsten Sinne des Wortes bei der Stange zu halten.

Vehement wurden diese Behauptungen von Seiten der Tabakkonzerne als
billige Verschwörungstheorie abgetan. Sie haben aber nicht damit gerech-
net, dass ihnen investigative Journalisten auf die Schliche kommen, aber
genau das gelang der BBC.[199] Sie deckte nämlich auf, dass amerikanische

Konzerne bewusst Zigaretten mit einem höheren Suchtfaktor entwickelten, indem sie ihnen Zusatzstoffe hinzufügten, die künstlich einen suchtverstärkenden Kick des Produktes erzeugten und gleichzeitig den Geschmack für den Konsumenten verbesserten.

Genauer gesagt, eines der Zaubermittel für den Geldbeutel der Tabakindustrie sind die Pyrazine. Sie erleichtern nicht nur das Inhalieren des Tabakrauchs, sondern haben auch eine Art Verstärkereffekt für die Wirkung von Nikotin, indem sie die Ausschüttung von Dopamin im Gehirn erhöhen. Dopamin ist hauptsächlich verantwortlich für den „Belohnungseffekt", der durch die Ausschüttung von Hormonen entsteht, den Raucher nach dem Zug an einer Zigarette verspüren.

Wie wir auch hier sehen, ist der Wahrheitsgehalt einer Verschwörungstheorie bewiesen worden. Clive Bates von der Anti-Rauchen-Organisation ASH sagte dazu, diese Entdeckung enthülle *„einen Skandal, bei dem die Tabakindustrie absichtlich Zusatzstoffe einsetze, um ihre gesundheitsschädlichen Produkte noch schlechter zu machen"*[200].

Laut UN-Charta ist Deutschland ein „Feindstaat"

In informierten Kreisen wurde immer wieder spekuliert, dass Deutschland immer noch von der UN als Feindstaat angesehen wird, da eine diesbezügliche Klausel bis heute noch Bestand hat. Wie so häufig, wurden diese Menschen als Verschwörungstheoretiker diffamiert und galten als „reif für die Klapsmühle." Ich selbst musste diese Erfahrung machen, da ich in meinem Buch „Die Souveränitätslüge" genau dies detailliert beschrieben habe.

So wurde ich, wie bereits erwähnt, unter anderem vom Springer Konzern, genauer gesagt von ihrer Zeitung *Die Welt*, in dem Artikel „Geheime Mächte steuern die Welt. Echt? Wahnsinn!"[201] als Verschwörungstheoretiker „entlarvt."

Was hat es nun auf sich mit der Behauptung, dass Deutschland immer noch Feindstaat ist?

Nur wenigen ist bekannt, dass weiterhin alliiertes Besatzungsrecht: Artikel 53, 77, 107 der UN-Charta (1945) gilt. Dieses erlaubt Maßnahmen, welche die hierfür verantwortlichen Regierungen als Folge des Zweiten Weltkrieges in Bezug auf einen Staat ergreifen oder genehmigen, der während des Krieges Feind eines Unterzeichnerstaates dieser Charta war. Demnach ist Deutschland (Deutsches Reich) weiterhin ein „**Feindstaat**".

„In der Charta der Vereinten Nationen existieren noch immer die Feindstaatenartikel, nach denen die Sieger im Falle eines Falles ihre Rechte über Deutschland aktivieren können."[202] Dort steht: „Jedes UN-Land hat das Recht, in den unter die Klausel fallenden Ländern militärisch einzugreifen – auch ohne weiteres UN-Mandat."[203] Dies ist ein ganz klarer Freibrief für eine Invasion Deutschlands.

Unter diesen Gesichtspunkten sind die immensen Beitragssummen, die Deutschland an die UN zahlt (Deutschland ist drittgrößter Beitragszahler) wohl eher als Schutzgeld anzusehen. Mit anderen Worten, so lange Deutschland zahlt, ist alles in Ordnung und man stellt sich offiziell als Freund und Verbündeter hin. Sollte das Geld aber nicht mehr fließen oder die falsche Regierung an die Macht kommen, dann kann sofort die Klausel in die Tat umgesetzt werden und die Alliierten einmarschieren.

Dies deckt sich mit den von Edward Snowden publizierten NSA-Dokumenten, in denen die Bundesrepublik als Partnerland 3. Klasse angesehen wird. Das bedeutet im Klartext: **Deutschland wird als potentielles Angriffsziel betrachtet.**[204] In den letzten Jahren hat die Anzahl derjenigen enorm zugenommen, die sich abseits des Mainstreams informiert. Das ist einer der Gründe dafür, warum sich die öffentlichen Medien immer mehr gezwungen sehen, scheibchenweise brisante Dinge zu veröffentlichen.

Nach dem Motto, erst zugeben, aber im gleichen Atemzug wieder relativieren, hat es N24 gemacht. In ihrem Artikel „Deutschland für UN noch „Feindstaat"" vom 19. September 2012 heißt es beschwichtigend:

> *„Die deutsche Politik macht mit der Feindstaatenklausel das gleiche wie die anderen 192 UN-Staaten: Ignorieren. ‚Sie ist obsolet und einfach kein Thema mehr‘, sagt der deutsche UN-Botschafter Peter Wittig. ‚Das ist ein Relikt von 1945, das viele nicht einmal mehr kennen.‘ Einer Streichung stünde zwar nichts im Wege. ‚Aber die Vereinten Nationen haben einfach derzeit größere Probleme als eine Formalie, die sich längst selbst erledigt hat.‘"*[205]

Aber wenn die Feindstaatklausel so unwichtig ist, wie alle behaupten, könnte sie auch einfach gestrichen werden.

Die Snowden-Enthüllungen

Viele kennen das legendäre Buch „1984" von George Orwell, in dem es um ein totalitäres Regime geht, das die eigene Bevölkerung komplett auf Schritt und Tritt überwacht. In den von Edward Snowden im Jahr 2013 veröffentlichten „Top-Secret"-Dokumenten, deckte der Ex-NSA Mitarbeiter vor den Augen und Ohren der Welt auf, wie sich US-amerikanische und britische Geheimdienste das Internet und die weltweite Kommunikation zu eigen gemacht haben, und somit millionenfach Bürger weltweit ausspähen.

Er hatte im Rahmen seiner Tätigkeit als IT-Techniker Zugang zu umfangreichen Dokumenten, die als geheim eingestuft werden. Das Brisanteste an seinen Veröffentlichungen ist aber das bislang noch nicht allgemein bekannte Programm zur totalen Überwachung der weltweiten Internetkommunikation (PRISM und Boundless Informant).

Snowden erklärte, dass ihm Zweifel an der Rechtmäßigkeit seiner Arbeit gekommen seien: „Ich erkannte, dass ich Teil von etwas geworden war, das viel mehr Schaden anrichtete als Nutzen brachte."[206]

Ferner sagte er: „Ich möchte nicht in einer Welt leben, in der alles, was ich tue und sage aufgezeichnet wird. Das ist nichts, was ich unterstützen oder wo ich leben möchte."[207] Außerdem könne er es nicht mit seinem Gewissen vereinbaren, dass die US-Regierung die Privatsphäre, die Freiheit des Internets und grundlegende Freiheiten weltweit mit ihrem Überwachungsapparat zerstöre. Deswegen sei er bereit gewesen, dieses Opfer zu bringen.

Im Übrigen galt die Massenüberwachung aller Menschen bis 2012 als eindeutige Verschwörungstheorie. Dank Edward Snowden wissen wir, dass sie mittlerweile gängige Praxis ist.

Sind vielleicht auch Sie ein Verschwörungstheoretiker?

Nehmen Sie sich jetzt einen Moment Zeit und beantworten die folgenden acht Fragen mit Ja oder Nein.

	Ja	Nein
Stellen Sie die offiziellen Massenmedien in Frage?	☐	☐
Glauben Sie, dass Politiker Sie belügen?	☐	☐
Glauben Sie, dass Lobbyisten Politiker beeinflussen?	☐	☐
Glauben Sie, dass die Banken eine übergeordnete Rolle spielen?	☐	☐
Glauben Sie, dass Volksvertreter nicht das Volk vertreten?	☐	☐
Glauben Sie, dass die Geschichte in den Schulgeschichtsbüchern nicht richtig dargestellt wird?	☐	☐

Glauben Sie nicht, dass Sie heute im besten aller Gesellschaftssysteme leben? ☐ ☐

Glauben Sie, dass eine Gruppe einflussreicher Männer die gesellschaftlichen Prozesse auf der Welt tiefgreifend beeinflussen? ☐ ☐

Wenn sie die überwiegende Anzahl der Fragen mit Ja beantwortet haben, dann gehören auch Sie mit großer Wahrscheinlichkeit zu denjenigen, die von Politik und Medien als Verschwörungstheoretiker bezeichnet werden. Passend dazu sagte die bekannte Kabarettistin Lisa Fitz im April 2017 in meiner Sendung Schrang TV Talk: **„Die ganze Geschichte ist eine einzige Kette von Verschwörungen."**[208] Womit Sie anscheinend auch Recht hat.

Rückwirkend betrachtet war die 1967 gestartete Kampagne, Systemkritiker als Verschwörungstheoretiker zu diffamieren, ein voller Erfolg für die Initiatoren, da bis heute immer noch die Mehrzahl der Menschen nicht damit in Verbindung gebracht werden möchte und es als Schimpfwort ansieht.

Der Huxley Effekt

„Wer die Freiheit aufgibt, um Sicherheit zu gewinnen,
wird am Ende beides verlieren."

Benjamin Franklin (Erfinder, Gründungsvater der USA und Schriftsteller) (1706 – 1790)

Es ist offensichtlich, dass ein großer Teil der Menschen ohne es zu merken immer mehr fremdbestimmt wird. Einen wesentlichen Anteil daran haben, wie wir gesehen haben, die Medien. Sie geben uns indirekt vor, wie wir denken, uns kleiden und wie wir letztendlich sein sollen. Diese Uniformierung im Denken und Handeln hat inzwischen in allen Bereichen Einzug gehalten. Gleichzeitig wurde schrittweise die persönliche Freiheit jedes einzelnen gegen die totale Kontrolle eingetauscht.

Dabei ist interessant, dass ein großer Denker diese Entwicklung schon vor 85 Jahren in seinem Roman „Schöne neue Welt" genauestens beschrieben hat. Die Rede ist von Aldous Huxley. Sein Buch spielt im Jahr 2450, in dem die Menschen durch Sex, Konsum und Drogen ruhiggestellt werden. Die Herrscher verabreichen ihren Untertanen eine Droge namens „Soma" mit der sie ihre Kontrolle sichern. Die Droge dient dazu, den Menschen die Lust am kritischen Denken und an jeder Rebellion zu nehmen und gleichzeitig alle Aspekte des Lebens zu kontrollieren.

In Huxleys Roman wurde überdies jegliche Anstrengung unternommen, um das Produkt Mensch zu standardisieren. Ziel war es, eine völlig neue regulierte und geordnete Gesellschaft entstehen zu lassen, in der jeder Einzelne seinen zugewiesenen Platz erhielt. Huxley hatte sich eine Reihe von Methoden ausgedacht, die man anwenden müsste, wenn man diese Art von Diktatur unbemerkt erschaffen möchte.

Bereits 30 Jahre nach Erscheinen seines Buches bemerkte er mit Entsetzen, dass viele Dinge, die er weit in die Zukunft projiziert hatte, bereits Wirklichkeit wurden. Wie er jetzt die nahe Zukunft sah, konkretisierte Huxley damals in einem Fernsehinterview.[209] Dort sprach er davon, dass wir gegen unseren Willen in eine Gesellschaftsform hineingedrängt werden, wie er sie in seinem Buch „Schöne neue Welt" bereits beschrieben hatte.

Hauptziel sei „**die Kontrolle durch Ablenkung**". Er war der Meinung, dass solange die totale Kontrolle und Repression noch nicht vollständig umgesetzt ist, das Volk Ablenkung und Zerstreuung benötigt. Man könnte es auch Brot und Spiele, wie im alten Rom nennen, denn das Ergebnis ist letztendlich dasselbe. Alarmierend sprach er vor einem zukünftigen Staat, in dem die Bevölkerung nur noch mit Trivialitäten und Klatsch beschäftigt sein wird. Dadurch sind die Menschen nicht mehr an der Wahrheit und den wirklich wichtigen Fragen interessiert, so Huxley. Ferner vermutete er, dass die Menschen bewusst mehr und mehr abgelenkt und mit ununterbrochenem Entertainment und betörenden Sinneseindrücken überflutet werden. Warnend stellte er im Interview fest, dass man derweil im Hintergrund unbemerkt nach und nach alle Regularien und Gesetze abschaffe, die in der Vergangenheit die Freiheitsrechte sicherten, so Huxley.

Kommt Ihnen das irgendwie bekannt vor?

Hier einige weitere Punkte die er im Interview anführte:

– Die Kontrolle über die Menschen wird immer vollständiger in die Hände der Großindustrie und der Regierungsspitze gehen. Dabei wird er seiner Unabhängigkeit beraubt und zu einem Rädchen in der Maschinerie der Organisation. Dies führt zum Verlust der persönlichen Freiheit und einer totalitären Macht von oben.

– Diktatoren der Vergangenheit haben ihren Willen durch Gewalt und Gewaltandrohung durchgesetzt. Hauptmittel an der Macht zu bleiben war der Terror. Zukünftige Diktatoren werden diesen Terror nicht anwenden, so Huxley. Nicht, weil sie menschlicher sind, als Stalin, Hitler oder Mao, sondern weil der Terror auf lange Sicht relativ wirkungslos bleibt. Sie werden sich stattdessen verschiedener wissenschaftlicher Mittel bedienen, durch die man die Menschen manipulieren kann.

Wesentliches Ziel der neuen Diktatur wird es sein, die Menschen dazu zu bringen, ihre eigene Versklavung zu lieben, so Huxley:

„Ich fürchte, dass die Diktatoren der Zukunft die Entwicklung mehr und mehr in diese Richtung treiben. Es wird eine Gesellschaft entstehen, in der die Bedingungen wirklich unmenschlich sind, in der aber mit den Seelen der Massen so manipuliert wird, dass die Menschen diese Bedingungen nicht nur akzeptieren, sondern sie geradezu lieben! Bedingungen, die sie eigentlich ablehnen müssten, aber durch Seelenmanipulation werden sie dazu gebracht, sie zu lieben."[210]

Man könnte fast den Eindruck haben, dass er mit einem Fernglas in unsere Zeit geschaut hat und sie detailliert beschrieb. Ende der 50ziger Jahre sah Huxley noch eine weitere Entwicklung voraus. Es war die elektrische Kontrolle des Gehirns. Er wies darauf hin, dass es eine Reihe von Experimenten gab, die an Tieren vorgenommen wurden. Man hatte kleine Elektroden in verschiedene Gehirnbereiche von Tieren eingeführt und konnte dadurch eine vollständige Kontrolle des Benehmens der Tiere erzielen, so eine Art Vorstufe des RFID-Chips.

Er sah es als elementar wichtig an, dass die Menschen darüber Bescheid wissen, was wirklich vor sich geht. Bereits damals wusste er, dass diese Aufklärung nicht über die Massenmedien geschehen wird. Diese Einsicht war in den Anfangstagen des Fernsehens mehr als ungewöhnlich. Die Mehrheit der Menschen stellte nämlich damals das Fernsehprogramm in keiner Weise in Frage und nahm die Verlautbarungen der Sprecher kritiklos hin. Zusammenfassend kann man sagen, dass Huxley eine Neue Weltordnung mit einer Art Weltregierung skizzierte, von der wir jetzt nur noch einen kleinen Schritt entfernt sind.

Neue Weltordnung

„Der Antrieb der Rockefellers und ihrer Verbündeten liegt darin, eine
Eine-Welt-Regierung zu bilden, welche sowohl den Superkapitalismus als
auch den Kommunismus unter demselben Dach vereint, nämlich
allesamt unter ihrer Kontrolle. Spreche ich von Verschwörung?
Ja, das tue ich. Ich bin überzeugt, dass es einen solchen Plan gibt,
auf internationaler Ebene, vor vielen Generationen schon geplant und
unbeschreiblich böse in der Absicht."

Larry Patton McDonald (US-Kongressmitglied, getötet beim Absturz des Korean Airline
Jumbos, der angeblich von den Sowjets 1983 abgeschossen wurde) (1935 – 1983)[211]

Immer häufiger findet der Begriff „**Neue Weltordnung**" Erwähnung, der offiziell ebenfalls unter die Kategorie „Verschwörungstheorie" fällt. Gerne wird dabei verschwiegen, was eigentlich die angeblichen Verschwörungstheoretiker mit diesem Begriff meinen. Zusammengefasst verstehen sie darunter Folgendes:

Unter der globalen Führung einer Elite ist das vorrangige Ziel, Eine-Welt-Regierung, Eine-Welt-Währung, Eine-Welt-Armee und Eine-Welt-Religion zu schaffen. Dazu gehört die vollständige Kontrolle über Menschen, Geld, Energie, Land- und Wasserwirtschaft, mit anderen Worten die totale Versklavung und Unterdrückung. Also eine Welt, die der von Huxley sehr nahe kommt. Dass dies der Fall ist, wird vehement von Seiten der Eliten und ihren Erfüllungsgehilfen in der Politik bestritten, obwohl die Begriffe „Neue Weltordnung" und „Weltregierung" längst Teil ihrer politischen Agenda sind:

- Angela Merkel (2009): „Sind Nationalstaaten bereit und fähig dazu, Kompetenzen an multilaterale Organisationen abzugeben, koste es, was es wolle? […] Es wird so sein, dass ein friedliches Zusammenleben nur mit einer globalen Ordnung […] möglich ist."[212]

- Bill Gates (2015): Angesichts der schwerwiegenden Probleme auf der Welt, sei eine globale Regierung „bitter nötig", so Gates gegenüber der Huffington Post: „Gäbe es so etwas wie eine Weltregierung, wären wir besser vorbereitet."[213]

- Joe Biden (Vizepräsident Obamas 2014): „Die Aufgabe, die wir jetzt haben, ist eine Neue Weltordnung zu errichten."[214]

- Herman van Rompuy (EU-Ratspräsident 2009): „2009 ist auch das erste Jahr der global governance [Weltregierung]"[215]

- George Bush (1990): „Wir haben vor uns die Möglichkeit, für uns selbst und für zukünftige Generationen, eine Neue Weltordnung zu errichten."[216]

- Winston Churchill (1947): „Die Schaffung einer autorativen allmächtigen Weltordnung ist das Endziel, das wir anzustreben haben. […]

Ohne ein vereinigtes Europa keine sichere Aussicht auf eine Weltregierung. Die Vereinigung Europas ist der unverzichtbare erste Schritt zur Verwirklichung dieses Zieles."[217] Weiter sagte er: „Derjenige muss in der Tat blind sein, der nicht sehen kann, dass hier auf Erden ein großes Vorhaben, ein großer Plan ausgeführt wird, an dessen Verwirklichung wir als treue Knechte mitwirken dürfen."[218]

• „Wir werden zu einer Weltregierung kommen, ob Sie es wollen oder nicht – durch Unterwerfung oder Übereinkunft", dies sagte das Council on Foreign Relations (CFR)-Mitglied James Warburg, Aufsichtsrat der Bank of Manhattan und Finanzberater von Präsident Roosevelt, vor dem Senatsausschuss für auswärtige Angelegenheiten bereits am 17. Februar 1950.[219]

Auch George H. W. Bush, der Vater von George W. Bush, sprach am 11. September 1990 in einer Rede vor beiden Kammern des Kongresses ganz offen von der Schaffung einer Neuen Weltordnung.[220]

Nur 11 Jahre später, ebenfalls am 11.09.2001 (Zufall oder Kalkül?), fanden die Terrorangriffe auf die USA statt. Sein Sohn rief daraufhin zum weltweiten Kampf gegen den Terror, ohne zeitliche Begrenzung, auf. Massive Einschränkung der Menschenrechte, bis hin zur totalen Kontrolle bzw. Überwachung, sind bis heute die Folgen daraus. Bush sollte mit seiner Rede über die neue Weltordnung recht behalten, da die Welt seit den Terroranschlägen vom 11.09.2001 eine völlig andere ist, als sie es vorher war.

Einer der Architekten der Neuen Weltordnung, David Rockefeller, sagte bereits 1994 vor dem Wirtschafts-Ausschuss der Vereinten Nationen (UN Business Council): „Wir stehen am Beginn eines weltweiten Umbruchs. Alles, was wir brauchen, ist die eine richtig große Krise und die Nationen werden die Neue Weltordnung akzeptieren."[221]

In seinen Memoiren ging David Rockefeller, der 2017 im Alter von 101 Jahren verstarb, noch einen Schritt weiter, indem er sagte:

„Manche glauben gar, wir seien Teil einer geheimen Kabale, die entgegen den besten Interessen der USA arbeitet, charakterisieren mich und meine Familie als ,Internationalisten' und Verschwörer, die gemeinsam mit anderen weltweit eine integriertere globale politische und wirtschaftliche Struktur schaffen – eine Welt, wenn Sie so wollen. Wenn das die Anklage ist, dann bin ich schuldig, und ich bin stolz darauf.''[222]

Mit dem Begriff „Neue Weltordnung", verhält es sich ähnlich wie mit den Büchern von George Orwell „1984" oder Aldous Huxley „Schöne neue Welt", die gerne als Phantasieromane abgetan werden. Wenn wir uns die aktuelle Welt anschauen, dann werden wir jedoch feststellen, wie viele Parallelen es inzwischen gibt. So ist die neue Weltordnung auch kein Phantasiegebilde von angeblichen Verschwörungstheoretikern, sondern leider Teil der Realität.

Kollateralschäden der neuen Weltordnung

Die Liste derer, die den Initiatoren der neuen Weltordnung im Weg stehen, ist lang. Speziell im Jahr 1996 gab es eine Welle von seltsamen „Unfällen, Selbstmorden und Flugzeugunglücken". Aber auch darüber hinaus starben in den Folgejahren überdurchschnittlich viele einflussreiche Persönlichkeiten auf mysteriöse Art und Weise: [223]

– Am 5. März 1996 starb einer der engsten Mitarbeiter von Präsident Clinton, Ron Brown, bei einem seltsamen Flugzeugabsturz in Bosnien. Mit ihm kamen 39 weitere Regierungsbeamte ums Leben.

– Der ehemalige CIA-Chef William Colby wurde am 6. Mai 1996 tot aus dem Fluss Potomac gezogen. Offizielle Todesursache „Kanu-Unfall". Laut Zeugenaussage stand bei ihm die Haustür sperrangelweit offen und sogar der Computer lief noch.[224]

– Einige Tage später, genauer gesagt am 16. Mai 1996, hat sich der oberste Admiral der US-Marine sowie oberster Chef aller Marineoperationen

Jeremy „Mike" Boorda erschossen. So zumindest die offizielle Version. Interessanterweise wollte Boorda dem amerikanischen Nachrichten-magazin „Newsweek" an diesem Tag ein Interview geben. In dem Magazin wollte er „die Wahrheit" offenbaren, wie dies später auch Admiral Kendell Pease bestätigte.[225]

- Am 08. Juli 1996 wurde der Bankier Amschel Rothschild erhängt in einem Pariser Nobelhotel aufgefunden. Er galt als Nachfolger für die Führung der britischen Bank N.M. Rothschild'.[226] In den offiziellen Medien und im Internet finden sich so gut wie keine Berichte über den Tod von Rothschild. In Insiderkreisen wird gemunkelt, dass Amschel Rothschild die Jahrhunderte praktizierte Geschäftspolitik der Familie nicht mehr weiterführen wollte.

- Am Morgen des 31. Juli 2005 wurde der ehemalige EZB Chef Wim Duisenberg tot in seiner Villa im südfranzösischen Faucon entdeckt. Laut Staatsanwaltschaft fand man seine Leiche im Swimmingpool. Offizielle Todesursache: Herzinfakt. [227] Spannend dabei ist nur, dass dieser These seine Ehefrau zunächst energisch widersprach. Laut der niederländischen Tageszeitung „De Volkskrant" hatte sie am 31. Juli 2005 behauptet, ihn vor seinem Arbeitszimmer gefunden zu haben. Die Euro-Stabilitätskriterien, für die Duisenberg stand, wurden nach seinem Tod gleich mitbegraben.[228]

- Am 11.Oktober 2008 sorgte die Meldung für Schlagzeilen, dass der Landeshauptmann von Kärnten/Österreich Jörg Haider, bei einem Verkehrsunfall ums Leben kam. Da Haider bei den meisten westlichen Regierungen als Persona non grata galt, führte sein Tod zu großer Erleichterung in etablierten Kreisen der Politik im In- und Ausland. Das Jahr 2000 sollte einen Höhepunkt in seiner Karriere darstellen, da seine Partei, die Freiheitliche Partei Österreichs (FPÖ), mit der Österreichischen Volkspartei (ÖVP) gemeinsam die Regierung stellte. Kurz danach froren viele EU-Staaten ihre diplomatischen Kontakte zu Österreich ein und es brach in den westlichen Medien und der Politik eine regelrechte Hysterie aus.

Unmittelbar vor seinem Tod sagte Jörg Haider im ORF:

„Was wir brauchen, ist der Schutz vor ruinösen Produkten, denn in Wirklichkeit sind die Banken eine riesige Mafia, die die ganze Welt vergiftet haben mit diesen Produkten."[229]

Ferner forderte er damals die Einrichtung eines Sondergerichtshofs für Wirtschaftsdelikte. Auf Grund der vielen Ungereimtheiten und diverser Indizien des Unfallhergangs gibt es nicht wenige, die von einem gezielten Anschlag ausgehen.[230]

– David Crowley, Drehbuchautor des regierungskritischen Films "Gray State", wurde am 17.01.2015 zusammen mit seiner 28-jährigen Frau und 5-jährigen Tochter in seinem Haus in Minnesota tot aufgefunden. Die offizielle Theorie über Crowleys Tod war: „Doppelmord von D. Crowley und dann Selbstmord." Laut Medienberichteten, erzählten enge Freunde, Kollegen und Bekannte allerdings, dass er optimistisch, voller Tatendrang und absolut stabil war, als sie ihn das letzte Mal sahen. Die Epoch Times schrieb:

„'Gray State' sollte ein aufklärender Film (im Spielfilm-Format) über den kommenden totalitären Überwachungsstaat inklusive RFID-Zwangsverchippung, FEMA-Konzentrationslager etc. werden. Themen, die das Establishment nicht veröffentlicht sehen wollte. Fema sind rund 800 neu errichtete, hochgesicherte Internierungslager, die sich innerhalb der USA befinden. Da die Fema eine Tochterorganisation des US-Heimatschutzes ist, vermutete Crowley, dass diese zur Inhaftierung von Millionen US-Bürgern dienen."[231]

Was sollen diese ominösen Todesfälle nun bedeuten? Es ist immer offensichtlicher, dass „eingeweihte" Leute innerhalb der Geheimdienste, des Militärs und der Hochfinanz bei den Machenschaften nicht mehr mitspielen wollen. Mit anderen Worten, die Gegenkräfte innerhalb dieser Organisationen nehmen immer mehr zu. Sie haben Hass, Kriege, Umweltverschmutzung und politische Umstürze gesät und nach den Gesetzmäßigkeiten von Ursache und Wirkung fahren sie nun auch die Ernte ein.

Fakt ist, wir leben momentan in einer sehr spannenden Zeit, die am Wende-punkt zu einer neuen, ganz anderen Zeitqualität steht, wie wir noch im zwei-ten Teil des Buches sehen werden. Es ist sicherlich nicht ganz einfach – aber dennoch sehr befreiend! Es kommt mehr und mehr ans Tageslicht, was seit Langem im Verborgenen schlummerte. Exemplarisch für die Enthüllungen und gleichzeitig die Verschleierungen ist der Fall Uwe Barschel.

Uwe Barschel – Der Mann der zu viel wusste

„Frei nach dem Prinzip: Der schlaueste Weg, Menschen passiv und folgsam zu halten, ist, das Spektrum akzeptierter Meinungen strikt zu limitieren, aber innerhalb des Spektrums sehr lebhafte Debatten zu erlauben."

Noam Chomsky (Sprachwissenschaftler, prominenter Kritiker der US-Politik) (* 1928)

Es ist längst kein Geheimnis mehr, dass hochrangige Politiker oftmals als Bindeglied zwischen der Rüstungsindustrie, den Geheimdiensten und der Bankenlobby agieren. Nicht selten sind einige von ihnen in geheime Geschäfte verwickelt, bei deren Bekanntwerden ganze Regierungen zu Fall kommen könnten. Aber nicht nur das, durch das Auffliegen solcher Machenschaften kann der Glaube der Menschen an den Rechtsstaat schwer erschüttert werden. Aus diesem Grund muss unbedingt mit allen Mitteln verhindert werden, dass von solchen Geschäften irgendetwas ans Tageslicht kommt.

Sollte dennoch etwas an die Öffentlichkeit durchsickern, wird alles dafür getan, damit ja die Wahrheit im Dunkeln bleibt. Dabei begeben sich die Verdunkler gerne in die Rolle der Aufklärer. Bei brisanten Todesfällen, wie im Fall Kennedy, Möllemann oder Haider wird dann über die Medien gezielt der Anschein erweckt, dass man wirklich alles versucht, Licht ins Dunkel dieser Fälle zu bringen.

Dabei bedient man sich einer alt beliebten Methode, der **Zerstreuungstaktik**. Dem Fernsehzuschauer werden wie bei Sherlock Holmes die angeblichen Fakten bis ins kleinste Detail erörtert. Es werden ihm alle möglichen Varianten, die für die Todesursache in Frage kommen könnten, angeboten. Zum Schluss weiß der Zuschauer jedoch nicht mehr, was er nun glauben soll oder was nicht. Sehr schön ist dies im Fall Kennedy zu erkennen, bei dem seit über fünfzig Jahren herumspekuliert wird, ob ihn die Mafia, die Sowjetunion, Fidel Castro oder die CIA umgebracht hat. Der Zuschauer wird aber nie das ganze Bild, also die Wahrheit erkennen, da ihm wichtige Puzzleteile vorenthalten werden. Somit fehlen ihm die wirklich entscheidenden Informationen. So auch geschehen im Fall Barschel.

Im Jahr 2016 wurde prominent in den Medien der Fernsehfilm „Der Fall Barschel" angekündigt. Bis kurz vor seinem Tod war Uwe Barschel noch Ministerpräsident des Landes Schleswig-Holstein. Die Nacht vom 10. auf den 11. Oktober 1987 sollte in die Geschichte eingehen, da seine Leiche in einem Genfer Hotelzimmer gefunden wurde. Seitdem nehmen die Spekulationen über die Todesursache kein Ende. Da ich mich intensiv mit dem Fall auseinandergesetzt habe, war ich mehr als gespannt, welche neuen Erkenntnisse der hochange-priesene Film bringen sollte.

Die *FAZ* titelte:

„Sein Tod ist bis heute ungeklärt. „Der Fall Barschel' rollt den größten Po-lit-Skandal im Nachkriegsdeutschland auf. Etwas Besseres als diesen Film bekommt man so schnell nicht im Fernsehen geboten."[232]

Anders als die angekündigte Aufklärung, war der Film jedoch ein Parade-beispiel dafür, wie man Menschen durch gezielte Fehlinformationen auf die falsche Fährte lenkt und zerstreut. Zuschauer, die bislang bei der Todesursa-che zwischen Mord und Selbstmord schwankten, waren nach dem Film noch verwirrter als zuvor, da ihnen eine dritte Möglichkeit geboten wurde: „War es etwa Sterbehilfe?" hieß es am Schluss des Films.

Ich musste sofort an das Jahr 2013 denken. Am fünfzigsten Todestag von Kennedy wurde auch den Zuschauern eine neue Theorie angeboten. Diese besagt, dass sich aus der Waffe eines Secret Service Manns versehentlich ein Schuss gelöst haben soll, der Kennedy in den Kopf traf.[233] Somit war es kein Mord, sondern lediglich ein Unfall.

Zurück zu Barschel: Auch hier wurde im Jahr 2016 gezielt eine neue Katze aus dem Sack gelassen. Diesmal sollte der Theorie, Barschel wäre ermordet worden, endgültig das Wasser abgegraben werden. Es meldete sich nämlich der Pathologe Werner Janssen zu Wort. Er hatte 1987 in Hamburg die zweite Obduktion an Barschels Leichnam durchgeführt.[231]

Durch den ARD-Spielfilm „Der Fall Barschel", der bewusst offen gelassen hat-te, ob Barschel ermordet wurde, sah er sich nach eigener Aussage nun genö-tigt, sein Schweigen zu brechen. Gegenüber der Wochenzeitung „Die Zeit" brach er seine ärztliche Schweigepflicht und sprach 2016 erstmals öffentlich über den Fall.

Janssen sagte, „Es war Suizid. Für eine andere Annahme gab es keine Anhalts-punkte."[235]

Der ehemalige Lübecker Oberstaatsanwalt Heinrich Wille, der seit 1994 die Ermittlungen im Fall Barschel führte und diese 1998 einstellen musste, kriti-sierte vehement die Selbstmord-Theorie des Rechtsmediziners Janssen: „Ich verstehe nicht, warum er jetzt seine Schweigepflicht bricht".[236]

Die Selbstmord-Theorie sei außerdem unglaubwürdig. In Barschels Leichnam fand sich eine große Menge der tödlichen Substanz Cyclobarbital. Janssen behauptete in der *Zeit*, Barschel solle die 20 Tabletten selbst eingenommen haben.

> *„Janssen geht von der falschen Annahme aus, dass Barschel die Tabletten eingenommen hat", so der ehemalige Oberstaatsanwalt. „Dabei müsste auch er wissen, dass die Substanz von professionellen Mördern auch in flüs-siger Form verabreicht worden sein könnte. Im Zimmer von Barschel sind je-denfalls weder Tabletten noch Tablettenverpackungen gefunden worden."*[237]

So wie im Fall Kennedy versucht man also auch bei Barschel die Bevölkerung zu verwirren und auf die falsche Fährte zu locken, damit sich niemals ein vollstän-diges Bild ergibt. Da aber immer noch von offizieller Seite hartnäckig an der These von Barschels Selbstmord festgehalten wird, begeben wir uns nun auf die Suche nach den restlichen Puzzleteilen, die bislang unterschlagen wurden.

Die Bilder des Stern-Reporters, der das Zimmer betrat und den toten Uwe Barschel in der Badewanne fand,[238] sind mittlerweile legendär und gingen um die Welt. Es waren die einzigen Fotos der Leiche und des Tatorts, wie wir später noch sehen werden. Durch die Veröffentlichung der Bilder in schwarz-weiß, kamen auch augenscheinlich für den Interessierten keine Zweifel an der Selbstmordthese auf. Die Frage, warum in einer Zeit, in der Farbfotos zum Standard gehörten, der ‚Stern' Schwarz-Weiß-Fotos veröffentlichte, ha-ben sich wohl die wenigsten gestellt. Es gab aber auch ein anderes Foto, das letzte des noch lebenden Uwe Barschels. Aufgenommen wurde es am Tag vor seinem Tod, am 10.Oktober 1987 am Flughafen Genf von einem freien Mitarbeiter des *Stern*.[239] Fünf Tage später schmückte es die Titelseite der Zeitschrift. Diese Aufnahme war aber nicht wie das legändere Foto aus der Badewanne in Schwarz-Weiß, sondern in Farbe. Die Frage wird letztendlich nie beantwortet werden, warum ein Fotograf des *Stern*, so wie es damals für Magazine üblich war, Farbfilme verwendete und ein anderer Schwarz-Weiß-Filme.

Es mussten erst Jahre vergehen, bis die Farbfotos der Gerichtsmedizin des toten Barschels auftauchten, die inzwischen im Internet für jeden abrufbar sind. Sie zeigen unübersehbar schwere Blutergüsse und Schnittwunden an Stirn, Nase, Kinn und Wange. Diese blauen Flecken waren auf den Schwarz-Weiß-Fotos natürlich nicht zu sehen.

Bei den Vernebelungsgeschichten der Mainstreammedien fand auch keine Erwähnung, dass bei der zweiten Obduktion Barschels Herz, Gehirn und Schilddrüse fehlten.[240]

Selbst die Staatssicherheit in der ehemaligen DDR war zeitnah im Besitz des ersten Obduktionsberichts. Der dortige führende Toxikologe Dr. Walter Katzung kam im Gegensatz zu den Vertretern der Bundesrepublik, die auf Selbstmord beharrten, bereits damals zu dem Schluss, Barschel sei ermordet worden.[241]

Nur circa viereinhalb Monate vor seinem Tod stürzt eine Cessna mit Uwe Barschel in Lübeck-Blankensee ab. Flugzeugführer Michael Heise und seine Kopilotin Elisabeth Friske waren sofort Tod. Barschel selbst überlebte den Absturz wie durch ein Wunder schwer verletzt.[242]

Bei all den in der Öffentlichkeit vorgetragenen Fakten wurden wichtige Details verschwiegen. Eins davon ist, dass bereits vier Tage nach Auffinden der Leiche Barschels, genauer gesagt am 15. Oktober 1987, die Basler Zeitung schrieb, von gewichtiger deutscher Seite sei der Wunsch geäußert worden, im Interesse aller diesen Fall als Selbstmord einzustufen. Dort hieß es wörtlich:

„Nach sehr zuverlässigen Informationen, welche die BaZ bekam, haben die politischen und Justizbehörden von gewichtiger deutscher Seite und über mehrere Kanäle den Wunsch übermittelt bekommen, dass es in aller Interesse wäre, wenn man diesen Fall als Selbstmord einstufen könnte."[243]

Diese Meldung ist in ihrer Brisanz kaum zu überbieten und würde heute wahrscheinlich nicht gebracht werden. Wie ein Lauffeuer hätte Sie sich durch die deutschen und internationalen Gazetten verbreiten müssen. Aber weit gefehlt. Sie fand nirgendwo Erwähnung und wurde einfach totgeschwiegen.

Wer nun denkt, das ist ja ein starkes Stück, dem muss ich sagen: Jetzt geht es aber erst richtig los.

Vieles spricht nämlich dafür, dass es in der besagten Nacht in Zimmer 317 des Beau-Rivage-Hotels in Genf zu einer heftigen Auseinandersetzung gekommen war. Skepsis hätte bei den Ermittlern schon deshalb aufkommen müssen, da der tote Barschel in der Badewanne Portemonnaie, Bargeld, Schlüssel sowie Kreditkarten bei sich trug. Zudem war der Hemdknopf abgerissen und der Schlips fehlte ebenfalls.[244]

Für Oberstaatsanwalt Wille war eines der wichtigen Indizien dafür, dass es kein Selbstmord war, der abgerissene Knopf von Barschels Hemd, und zwar der zweite von oben. Dieser musste mit ziemlicher Kraft abgerissen worden sein, in eine Richtung, die Barschel selbst nicht führen konnte: Senkrecht von unten nach oben. Das schafft niemand selbst. Das muss eine dritte Person gewesen sein, mit massiver, aber diskret ausgeübter Gewalt, so Wille.[245] Zusätzlich wurde der Knopf im Flur des Hotelzimmers gefunden, mit sämtlichem Garn in allen vier Knopflöchern.[246]

Besonders interessant ist auch die Tatsache, dass ein Schuh zugeschnürt vor der Zwischentür zum Zimmer lag, wohingegen sich der andere durchnässt und geöffnet vor der Badewanne befand. Auf dem Badvorleger befanden sich Schleifspuren und ein Fußabdruck, der nicht von Barschel stammte. Mysteriös ist auch, dass die Rotweinflasche, die Barschel beim Zimmerservice bestellt hatte, bis heute nicht gefunden wurde. [247]

Die Tatsache, dass keine Fingerabdrücke gesichert werden konnten (nicht einmal die von Barschel), lässt vermuten, dass die Gegenstände sorgfältig abgewischt wurden. Sollte es Barschel selbst gewesen sein, dann wäre er der erste Selbstmörder, der vor seinem Suizid noch alle Fingerabdrücke beseitigt hätte. [248]

Ferner fand man ein Whisky-Fläschchen aus der Minibar, in dem Reste des in Beruhigungsmitteln verwendeten Wirkstoffs Diphenhydramin nachgewiesen werden konnten, obwohl es von irgendjemandem mit Wasser ausgespült worden war. Diese Substanz fand sich auch in Barschels Leichnam. [249]

Die Frage stellt sich, warum sollte sich Barschel auf so umständliche Art und Weise ein Beruhigungsmittel zuführen, indem er mit einer Pipette das Fläschchen befüllt und dieses dann hinterher auch noch ausspült. Wie oben beschrieben, waren jedoch nirgendwo im Hotelzimmer Packungen von den diversen Medikamenten, die schließlich zu seinem Tod führten, zu finden.[250]

Ein weiterer Punkt war die Polizeiermittlung am Tatort, die jeglicher Beschreibung spottete. Höchstwahrscheinlich hätte jeder Laie sie gründlicher durchgeführt. So wurde beispielsweise keine Wassertemperatur und auch keine Körpertemperatur von Barschels Leichnam gemessen. Dies ist aber essenziell für die Ermittlung des Todeszeitpunkts. Die so wichtigen Tatortfotos der Ermittler, die einen Eindruck hätten verschaffen können, was sich im Zimmer 317 des Beau-Rivage-Hotels abgespielt hatte, waren unbrauchbar und konnten nicht verwendet werden.[251] Somit blieben nur die Schwarz-Weiß Fotos vom *Stern* übrig.

Wenn man sich diese genauer ansieht, dann stellt sich die Frage, warum sich Barschel eigentlich so dekorativ in die Badewanne gelegt hat? Im Normalfall würde eine Leiche abrutschen und der Kopf sich unter Wasser befinden.

Barschels Bild sieht jedoch aus, wie für ein Fotoshooting arrangiert. Das einzige, was noch fehlte, war ein Lächeln.

Für diese Annahme spricht, dass ein Zimmermädchen die Leiche schon vor dem Sternreporter fand. Der Autor des Buchs, „Der Doppelmord an Uwe Barschel", Wolfram Baentsch, ehemals Chefredakteur der Wirtschaftswoche, erklärte es wie folgt im Interview. Das Zimmermädchen hätte einen Unbekannten komplett unter Wasser gefunden, mit dem Gesicht nach unten. Für diese Aussage spricht auch, dass die Haare auf dem legendären Schwarz-Weiss-Foto des *Stern*, eindeutig nass aussehen.[252] Neben der bestellten Rotweinflasche und den Fingerabdrücken im Zimmer, verschwand auch das Weckbuch des Hotels, in dem stand, dass Barschel um 7.00 Uhr geweckt werden wollte.[253]

In Deutschland sollte unterdessen der Staatssekretär des Innenministeriums, Hans Joachim Knack, am 10.11.1987 seine Aussage vor dem Parlamentarischen Untersuchungsausschuss in Kiel machen. Am 9. November 1987 wurde er, einen Tag bevor er seine Aussage machen konnte, tot aufgefunden. Eine Obduktion fand nicht statt.[254]

Ein wichtiger Zeuge für die Lübecker Staatsanwaltschaft war der Schweizer Privatdetektiv Jean-Jacques Griessen, der für den deutschen Top-Agenten Werner Mauss arbeitete. Griessen hatte angegeben, im Auftrage von Mauss mehrere Zimmer im Beau-Rivage mit Wanzen und Kameras präpariert zu haben. Zur Befragung bei den Lübecker Ermittlern kam es jedoch nicht mehr. Dazu hieß es im Gesamtbericht:„Griessen konnte nicht mehr befragt werden, da er am 09.11.1992 in Zürich während eines Aufenthalts bei einer Prostituierten an einem Herzversagen verstorben ist."[255]

Ein ebenfalls hochkarätiger Zeuge war der südafrikanische Waffenhändler Dirk Stoffberg. Im Jahre 1994 entwarf er eine eidesstattliche Versicherung, in der es hieß: Barschel sei vom späteren CIA-Direktor und zukünftigen amerikanischen Verteidigungsminister Robert Gates nach Genf bestellt worden. Stoffberg sagte aus:

„Am Wochenende, als Uwe Barschel ermordet wurde, fanden in Genf zwei Meetings von Waffenhändlern statt. An einem der beiden Gespräche nahm ich selbst teil. Aus meiner Kenntnis der Hintergründe der damals aktuellen Geschäfte von Uwe Barschel bin ich sicher, dass der Politiker als Vermittler von Nukleartechnologie für den Iran und den Irak tätig war. Die CIA war nach meiner Kenntnis beunruhigt darüber, dass Barschel die Wege der Atomgeschäfte offenlegen und Regierungsvertreter und Länder nennen wollte, die in die Deals verwickelt waren."[256]

Außerdem sagte er „Barschel wollte auspacken auch über die Verwicklung der Bundesregierung in solche Geschäfte. Das wäre für viele sehr unangenehm geworden."[257] Die eidesstattliche Versicherung blieb ein Entwurf, den er nicht mehr unterschreiben konnte, da er kurz nach dem Interview am 20. Juni 1994 gemeinsam mit seiner Freundin unter nicht geklärten Umständen ums Leben kam. Als offizielle Todesursache wurde Doppelselbstmord genannt.[258]

Weitere wichtige Zeugen starben unter ungeklärten Umständen, erlitten plötzliche Herzattacken, fielen aus dem Fenster und sogar Archive brannten ohne ersichtliche Ursache aus.

Im Sommer 2011 kam wieder Bewegung in den Fall. Ein Haar, welches seinerzeit auf Barschels Hotelbett sichergestellt wurde und zweifelsfrei nicht von ihm stammt, sollte einer DNA-Analyse unterzogen werden. Kaum sollte die Untersuchung beginnen, wurde festgestellt, dass das Haar aus der Asservatentüte spurlos verschwunden war.[259] Der Eindruck kam auf, dass von Regierungsseite kein Interesse an der Aufklärung bestand.

Mittlereile kamen viele Experten zu dem Schluss, dass Uwe Barschel von illegalen Waffengeschäften wusste, die über die Kieler Bucht abgewickelt wurden. Damals verkauften die USA heimlich Waffen an ihren Erzfeind Iran, dieser Deal wurde nachweislich bei Treffen auf deutschem Boden ausgehandelt.[260] Ferner wurde laut Aussage des ehemaligen Mossad-Agenten Ostrovsky ebenfalls ein illegaler Waffenhandel zwischen Israel und dem Iran betrieben, wobei Kiel als heimliche Schleuse und der deutsche Geheimdienst als Strohmann fungierte.[261]

Der BND fragte damals bei Barschel um Erlaubnis an, die Häfen in Schleswig-Holstein für die Überführung der Waffen in den Iran benutzen zu dürfen. Barschel lehnte dies ab und versuchte die widerrechtlichen Aktivitäten zu stoppen, so Ostrovsky in seinem Buch „Geheimakte Mossad". In diesem Zusammenhang wurde häufig in den Medien spekuliert, ob der israelische Geheimdienst Mossad in den Fall verwickelt war.[262]

Der Anwalt der Familie Barschel, Justus Warburg, vermutet die deutsche „Staatsräson", also die besonderen Beziehungen zwischen Deutschland und Israel, als Grund für die Zurückhaltung der deutschen Behörden.[263]

Rückwirkend ist es dem Lübecker Oberstaatsanwalt Heinrich Wille zu verdanken, dass ein Großteil dessen, was bis 1994 verborgen war, durch seine Ermittlungen an die Öffentlichkeit gelangte. Seine Tätigkeit fand aber 1998 ein jähes Ende, da sein Vorgesetzter Generalstaatsanwalt Erhard Rex mit der Begründung: „Erfolgversprechende Ermittlungsansätze wurden nicht mehr gesehen" die Untersuchungen als abgeschlossen einstellte.[264]

Für denjenigen, der sich wie Heinrich Wille intensiv mit dem Fall auseinandergesetzt hat, ergibt sich ein eindeutiges Bild, das für Mord spricht. Dennoch wird selbst nach 30 Jahren immer noch dieselbe Zerstreuungstaktik gefahren, indem wichtige Details verschwiegen werden. Gleichzeitig wird vehement an der Selbstmordtheorie festgehalten. Bei genauer Betrachtung stecken nicht nur im Fall Barschel, sondern auch in den Fällen Kennedy, Haider, Lady Diana oder Möllemann dieselben psychologischen Ablenkungsmechanismen dahinter. Diese Methoden durchschauen aber immer mehr Menschen. In diesem Zusammenhang ist auch die vermehrte Verbreitung des Begriffs Lügenpresse zu sehen.

Lügenpresse

„Es gibt keinen Unsinn, den man der Masse nicht durch geschickte Propaganda mundgerecht machen könnte.“

Lord Bertrand Russell (britischer Philosoph und Mathematiker) (1872 – 1972)

Kaum ein Begriff sorgte in den letzten Jahren für so viel Aufregung, wie das in Bezug auf die Ukraine-Berichterstattung aufgekommene Wort „**Lügenpresse**". Prompt wurde es 2014 von einer „ehrenamtlichen Jury" aus vier Sprachwissenschaftlern und der ARD-Moderatorin Christine Westermann[265] zum Unwort des Jahres 2014 gewählt.

In der Begründung hieß es: „Bei ‚Lügenpresse' handelt es sich um einen nationalsozialistisch vorbelasteten Begriff, der im Zuge der Pegida-Bewegung gezielt Verwendung findet". Obwohl die Nazikeule sich mittlerweile immer mehr abgenutzt hat, wird sie trotzdem immer hysterischer von Seiten des Systems geschwungen.

So wird heute, wer von „Lügenpresse" spricht, entsprechend gesellschaftlich stigmatisiert. Bei der von Netzwerkern[266] geleiteten Online-Enzyklopädie Wikipedia heißt es:

> *„[Der] Begriff Lügenpresse [wird] – zumal in Deutschland – vorrangig von als rechtsextrem und rechtspopulistisch, oder auch als fremdenfeindlich und islamophob bezeichneten Kreisen verwendet, zunächst von Teilen der Hooligan-Szene, bekannter seit 2014 als Parole bei den von Dresden ausgehenden Pegida-Demonstrationen sowie bei Demonstrationen der AfD. Hier ist sie mit Gewaltdrohungen und Gewalt gegen Journalisten eng verbunden."*[267]

Hier sehen wir wieder das beliebte Spielchen, dass Kritik gerade an den zwangsfinanzierten öffentlich-rechtlichen Sendern nicht erwünscht ist und pauschal in die Nazi-Ecke geschoben wird. Man hofft, dass sich die Skeptiker durch den Nazivergleich einschüchtern lassen. Diejenigen aber, die sich auf die Suche nach der Wahrheit machen, werden schnell feststellen, dass der Begriff „Lügenpresse" deutlich älter ist, als offiziell behauptet. Er kam nämlich bereits im 19. Jahrhundert auf und diente dort der katholischen Kirche als Mittel der Kritik gegen den von Bismarck betriebenen Kulturkampf. Danach fand er im Ersten Weltkrieg Verwendung und wurde von den deutschen und österreichisch-ungarischen Zeitungen als Werkzeug zur Kritik an der Bericht-erstattung der Feindstaaten eingesetzt.[268]

In der Weimarer Zeit nutzten sowohl die sozialistische und kommunistische Arbeiterbewegung als auch die Nationalsozialisten den Begriff „Lügenpres-se", um die gegnerische Propaganda zu denunzieren. Während des Zweiten Weltkriegs wiederum verwendeten Kritiker des nationalsozialistischen Sys-tems das Wort, um die gleichgeschalteten Medien bloßzustellen. Nach 1945 fand der Begriff gelegentlich auch in der DDR Verwendung, um gegen die Westmedien prägnant Stellung zu beziehen.[269] Diese Tatsachen werden heu-te von linksorientierten Parteien und den Medien mehrheitlich ignoriert.

Auch im Westen wurde damals „Lügenpresse" durch Aktivisten der 68er Stu-dentenbewegung genutzt, um gegen die als einseitig empfundene Bericht-erstattung des Springer-Konzerns aufzubegehren und Stellung zu beziehen.

Wer also das Wort „Lügenpresse" als spezifisch „nationalsozialistisch vorbe-lasteten Begriff" bezeichnet, nur, weil er sich explizit gegen die Berichterstat-tung der öffentlich-rechtlichen Zwangssender und der Leitmedien richtet, lügt und begeht damit genau jene einseitige Diffamierung, die er den Medi-en-Kritikern vorzuwerfen sucht.

Mehr noch, ihre eigene Lügenpropaganda hat in den letzten Jahren enorm zugenommen und scheint mittlerweile nach dem Motto zu laufen „je größer die Lüge, umso mehr Menschen glauben ihr". Den Verantwortlichen in den Leitmedien, die als PR-Abteilung der Politik agieren, ist dabei entgangen, dass immer mehr Menschen ihr Spiel durchschauen. In immer kürzeren Abständen fliegt dank des Internets eine Lüge nach der anderen auf. Sie selbst aber tun so, als ob nichts passiert sei und setzen dabei unbeirrt ihren Kurs fort.

Einstein sagte einmal: **„Wahnsinn ist, immer wieder das Gleiche zu tun und andere Ergebnisse zu erwarten."**

Unter diesen Gesichtspunkten könnte der Eindruck aufkommen, dass bei den Entscheidungsträgern der Systemmedien eine Gruppe von Wahnsinnigen am Werk ist. Sie sind vergleichbar mit kleinen Kindern, die beim Versteckspiel ihre Hände vor das Gesicht halten, in der Hoffnung, nicht entdeckt zu werden.

„Sag's mir ins Gesicht" – Medienmanipulation

„Wir leben in einem Zeitalter der Massenverblödung, besonders der medialen Massenverblödung. Wenn Sie sich einmal anschauen, wie einseitig die hiesigen Medien, von TAZ bis Welt, über die Ereignisse in der Ukraine berichten, dann kann man wirklich von einer Desinformation im großen Stil berichten, flankiert von den technischen Möglichkeiten des digitalen Zeitalters, dann kann man nur feststellen, die Globalisierung hat in der Medienwelt zu einer betrüblichen Provinzialisierung geführt."

Peter Scholl-Latour (deutsch-französischer Journalist und Publizist) (1924 – 2014)

Seitdem Begriffe wie Lügenpresse und Systemmedien in der Bevölkerung immer häufiger Verwendung finden, sah sich der Mainstream gezwungen, dem gegenzusteuern. Es wurde eine Art „offener Dialog" inszeniert, um das Vertrauen der Fernsehzuschauer zurückzugewinnen.

Nach dem Motto, die Beschwichtigungs-Show fürs Volk kann beginnen, starteten im Juni 2017 der Tagesthemen Sprecher Kai Gniffke und die Panorama-Moderatorin Anja Reschke in der ARD mit dem Format „Sag's mir ins Gesicht". Offizieller Hintergrund war, dass Moderatoren der ARD und des ZDF immer mehr mit sogenannten „Hass-Reden" im Internet konfrontiert wurden und sich deswegen als Opfer darstellten.

Was wirklich die Ursache für die zunehmenden emotionalen Ausraster in der Bevölkerung sind, wurde jedoch verschwiegen. Unerwähnt blieb auch, wer eigentlich den Stein ins Rollen brachte und zuerst die Bürger mit Begriffen wie „Wutbürger", „Nazis", „Pack, das eingesperrt werden muss"[270] oder „Rechtspopulisten" titulierte.

Der wahre Grund hinter dieser „Demokratie"-Inszenierung der ARD war, dass immer mehr Menschen die Lügen und die Kriegspropaganda der öffentlich-rechtlichen Medien als unerträglich empfanden und sogar reihenweise den Fernseher dauerhaft ausließen.

Die Situation ist mittlerweile vergleichbar mit dem Jahr 1989 in der ehemaligen DDR. Damals war der Druck im Kessel dermaßen angewachsen, dass sich sogar die Aktuelle Kamera öffnen musste. Damit sollte den Menschen das Gefühl gegeben werden, dass man ihre Probleme und Belange nun ernst nehme, damit nicht auch noch das Sendestudio von wütenden Bürgern gestürmt wird.

Um das zu vermeiden, ließen sich die Starmoderatoren aus ihrem Olymp herab, um der Bevölkerung das Gefühl zu geben, dass sie offen sind für Kritik. Letztendlich war die Sendung „Sag's mir ins Gesicht" nichts weiter als eine Art interaktiver Schwarzer Kanal, da kein echter Dialog stattfand. Dem Bürger sollte das Gefühl gegeben werden, er könne über alles reden, nur das System selbst darf nicht in Frage gestellt werden. Letztendlich kam es hier zu einem ungleichen Wortgefecht zwischen normalen Bürgern und rhetorisch hochgedopten Medienprofis. Ziel war es, den Fragesteller ins Leere laufen zu lassen und die Kritik ins Gegenteil zu verkehren.

Dies wurde eingeleitet mit Sätzen wie: „Gut dass Sie das Thema ansprechen…", „Ich kann Sie gut verstehen…", „Das ist ein wichtiger Hinweis…" um Verständnis vorzutäuschen, aber letztendlich wurde der Anrufer vorgeführt.

Diese Taktik konnte man sehr schön erkennen, als ein Anrufer Anja Reschke mit den offiziellen Zahlen des Bundeskriminalamtes konfrontierte, wonach Flüchtlinge zum Beispiel bei Gewaltdelikten 15 Mal krimineller sind als Deutsche und bei Gruppenvergewaltigungen 19 Mal krimineller sind. Er fragte: „Lügen Sie bewusst Frau Reschke oder sind Sie nicht richtig informiert?"

Darauf antwortete sie: „Ich danke Ihnen, dass Sie mir das sagen, das ist tatsächlich eine sehr häufige Behauptung." Über die Statistik des Bundeskriminalamtes ging sie einfach hinweg und beharrte auf ihrer bereits in der Vergangenheit gemachten Aussage, dass es rassistisch wäre zu sagen, Ausländer seien krimineller als Inländer. Interessant dabei ist auch, dass sie nicht von **„Deutschen"** spricht, sondern von **„Inländern"**. Das ist kein Zufall, sondern es gibt eine klare Sprachregelung in den Sendeanstalten. So wird bei den Menschen der Eindruck erweckt, es gebe „Inländer" und „Ausländer", aber keine Deutschen. Die Farce dauerte circa zweieinhalb Minuten, dann wurde der Anrufer abgewürgt.[271]

Warum das so abläuft, hängt damit zusammen, dass für die Spitze der Moderatoren in Deutschland ein geheimer Schulungsplan existiert, wie man mit Gästen umzugehen hat, die systemkritische Haltungen vertreten (z. B. Euro, EU, Einwanderungsdebatte, Rundfunkbeitrag etc.). Diese Informationen gab mir ein Insider im Jahr 2014. Nach seinen Aussagen sind die Teilnehmer des Programms hinsichtlich des Inhalts zu absolutem Stillschweigen verpflichtet.[272]

Die nachstehenden Punkte sollen Teil dieser speziellen rhetorischen Schulung sein:

- Der Moderator hat empört zu reagieren, wenn bestimmte Personen bzw. angesehene Gruppen angegriffen werden. In diesem Fall ist die Diskussion über Tatsachen zu vermeiden und der Gegner in die Defensive zu drängen.
- Egal, welche Beweise der Kontrahent liefert, er muss denunziert werden, als verbreite er Gerüchte. Sollte der Kontrahent sich auf Internet-Quellen beziehen, ist wie folgt zu verfahren: Sie müssen als unseriös und als Verschwörung dargestellt werden.
- Sollte die Diskussion entgleiten, ist der Talkgast mit inakzeptablen Gruppen in Verbindung zu bringen: Rechtsradikalen, Rassisten, Verschwörungstheoretikern und sonstigen Fanatikern usw., um so vom eigentlichen Thema abzulenken.
- Unbedingt muss die gesellschaftliche Position mit Glaubwürdigkeit gleichgesetzt werden, um Argumente zu entkräften.
- Wie im Fall des 11. September 2001 soll darauf verwiesen werden, dass große Verschwörungen pauschal unmöglich durchführbar sind, da viele Menschen daran beteiligt sein müssten und die Sache nicht geheim gehalten werden könnte.
- Die Motive des Kontrahenten müssen in Frage gestellt werden, sodass der Zuschauer den Eindruck gewinnt, dass er nur von persönlichen bzw. materiellen Vorteilen motiviert ist.
- Sollte sich der Talkgast als zu hartnäckig in der Argumentation zeigen, dann soll die Position des Gegners mit der Begründung entkräftet werden, das Thema sei schon tausendmal durchgekaut und daher nicht der Diskussion wert.
- Gegebenenfalls ist der Kontrahent so lange zu provozieren, bis er emotionale Reaktionen zeigt. Daraufhin sollte er als nicht kritikfähig dargestellt werden.

Ähnlich lief es auch bei dem Tagesthemen Sprecher Kai Gniffke ab, der von einem Anrufer gefragt wurde, warum eine junge, alleinerziehende Mutter wegen Nichtzahlung des Rundfunkbeitrags ins Gefängnis muss? Rhetorisch geschult ging er darauf natürlich nicht explizit ein. Er erwiderte, es sei für die Gesellschaft wichtig, dass es einen Anbieter gibt, der von politischen Einflüssen frei ist. Wörtlich sagte er sogar: „Bei uns können Sie sich darauf verlassen, dass wir politisch und wirtschaftlich unabhängig sind."[273]

Von Kai Gniffke konnte man natürlich nichts anderes erwarten, da er in der Vergangenheit nicht gerade durch politische Neutralität und Wahrheitsliebe glänzte. Hier einige Beispiele:

– Im Oktober 2015 berichtete die ARD über eine in Berlin durchgeführte **Lichterkette für Flüchtlinge**. Die Demonstration war eher spärlich besucht und erschien den ARD-Journalisten augenscheinlich zu unspektakulär. So schnitt man in den Bericht kurzerhand Bilder einer Antikriegsdemo von 2003 mit rund 100.000 Demonstranten, die eine gigantische Lichterkette bildeten, ein. Nachdem diese Manipulation aufgeflogen war, musste Kai Gniffke, Chefredakteur von „ARD-aktuell", die Verwendung einer alten „Archivsequenz" eingestehen.[274]

– Nach den Anschlägen auf das Magazin **Charlie Hebdo** verwendeten die ARD Tagesthemen erneut ein manipuliertes Bild. So behauptete die ARD: „Solidarisch und geschlossen unter den Millionen: 40 Staats- und Regierungschefs aus aller Welt. Auch sie wurden zu Demonstranten. Diese Bilder aus Paris sprechen für sich." In Wirklichkeit traf man sich in einer abgeriegelten Seitenstraße und hat nicht, wie auf dem Bild suggeriert, einen Zug von Millionen Menschen angeführt, sondern nur sich selbst inszeniert.[275]

– Die Manipulation hat eine lange Tradition bei den öffentlich-rechtlichen Sendern. Die Lügen werden aber im Zeitalter des Internets nur immer schneller enttarnt. So wurde bereits am 15. April 2012 in der ARD Tagesschau über Homs in Syrien ein Video gebracht, das als Beweis dafür dienen sollte, dass die syrische Armee den Friedensplan nicht einhält. Es wurde berichtet, dass bei diesen Kampfhandlungen angeblich drei Menschen getötet worden seien. Noch am selben Tag brachte das ZDF heute-journal dasselbe Video, diesmal angeblich aus Kabul, Afghanistan. Dort wurden diesmal die Taliban beschuldigt, unschuldige Menschen getötet zu haben. Dasselbe Video, nur eine völlig andere Berichterstattung.[276]

Was wie ein offenes Geheimnis ist: Das Fernsehen hat eine ungeheure Macht über uns. Jeder kennt das Phänomen. Die Menschen betreten einen Medien-Markt und bleiben automatisch vor laufenden TV-Bildschirmen stehen. Fernsehen hat nämlich einen direkten Zugang zu unserem Unterbewusstsein und genau deswegen müssten die Fernsehsender eigentlich an uns Geld zahlen, da an unser Gehirn direkt angedockt wird und nicht umgekehrt.

Das Zauberwort zur absoluten Beeinflussung heißt übrigens „**subliminal messages**" (unterschwellige Mitteilungen). Dies sind unterschwellige Botschaften, welche wir nicht bewusst wahrnehmen. Sogenannte Subliminals. Es ist sehr schwer, sich gegen diese Botschaften zu wehren, weil man diese nicht wahrnimmt. Sie lösen sogar noch einen stärkeren Reiz aus als bewusst wahrgenommene Informationen. Die Medien bedienen sich dabei optischer oder akustischer Reize. Beim Hören werden die Botschaften entweder unhörbar in Musik eingebettet, d. h. man transformiert sie in den nicht bewusst hörbaren Bereich, in technisch sehr hohe oder sehr tiefe Frequenzen. Der Mensch nimmt normalerweise Töne aus dem Bereich zwischen 20 bis 20.000 Hz wahr. Somit lassen sich Subliminals in Filmen, Musik, TV oder Radiosendungen leicht verstecken.[277]

Die ersten Subliminals in Filmen wurden bereits in den 1950er Jahren durch eingeschnittene Einzelbilder mit der Aufforderung, doch Cola oder Popcorn zu kaufen, verwendet. Diese Einzelbilder-Botschaften werden so schnell eingeblendet, dass unser Auge diese nicht selektiv erkennen kann. Es ist ein wenig wie beim Kartenspieler-Trick, mit Geschwindigkeit wird unsere bewusste Wahrnehmung überrumpelt.[278]

Verschiedene diesbezügliche Experimente fanden in den fünfziger Jahren in den USA statt, die D. Byrnes durchführte. Dort wurden in Kinos Einzelbilder mit Werbebotschaften eingeblendet, woraufhin der Umsatz massiv anstieg. 1959 bereits wurde in Tests nachgewiesen, dass Einzelbilder mit dem Wort BEEF (Rind) bei den Testpersonen Hunger auslösten.[279] D. P. Spence wiederholte 1964 den Versuch mit dem Wort CHEESE (Käse), jedoch unter erheblich verschärften Versuchsbedingungen, und fand Byrnes Ergebnisse bestätigt.[280]

Längst werden wir jedoch nicht nur indirekt über die Inhalte und Erscheinungsformen beeinflusst, sondern direkt und mit feststehender Absicht. Überall, wo Bildschirme installiert sind, können „subliminal messages" mitgesendet werden.

Am 13. Mai 1988 publizierte die Zeitung „Le Quotidien de Paris" einen Bericht des Medienspezialisten Jean Montaldo, der entdeckt hatte, dass dem französischen TV-Publikum während des Wahlkampfs um das Amt des Staatspräsidenten über Monate hinweg dreimal täglich vor den Nachrichten eine Sequenz von zehn Bildern des amtierenden Präsidenten Mitterrand präsentiert worden war, unwahrnehmbar eingeblendet in den Vorspann des staatlichen Senders ‚Antenne 2'. Insgesamt soll die Bilderreihe fast 3.000mal gesendet worden sein. Unsere Vorstellungskraft reicht höchstwahrscheinlich nicht aus uns vorzustellen, wie jetzt die technischen Möglichkeiten aussehen, um uns über das Fernsehen zu manipulieren.

Die Manipulation der Talkshows

„Die gefährlichsten Massenvernichtungswaffen sind die Massenmedien. Denn sie zerstören den Geist, die Kreativität und den Mut der Menschen und ersetzen diese mit Angst, Misstrauen, Schuld und Selbstzweifel."

M. A. Verick (Pseudonym eines unbekannten Autors)

Täglich schauen sich Millionen Fernsehzuschauer die abendlichen Talkrunden an und lassen sich dabei emotional mitreißen. Die Akteure auf der Bühne wirken dabei seriös, gebildet und können sich gut artikulieren. Dadurch wird bei den Zuschauern der Eindruck vermittelt, dass hier eine echte Auseinandersetzung mit verschiedenen Standpunkten stattfindet. Den wenigsten fällt dabei aber auf, dass es sich nur um eine gut inszenierte Show handelt.

Entsprechend ist der größte Teil der Talkshows mittlerweile auf das Niveau von Wrestlingveranstaltungen gesunken. Verbale reißerische Kämpfe und gegenseitige Beschimpfungen sind dort inzwischen an der Tagesordnung. Besonders vor Wahlen geht es in diesen Sendungen richtig zur Sache. Dabei soll der Anschein erweckt werden, dass auch das Volk zu Wort kommen darf. Aus diesem Grund werden auch ganz „normale Bürger" eingeladen. So geschehen am 05.09.2017 in der Sendung „Wie geht's Deutschland", die für einen Eklat sorgte. Der Grund hierfür war, dass die Spitzenkandidatin der AfD, Alice Weidel, die Sendung im Streit vorzeitig verließ.[281]

Auf der einen Seite standen die Parteienvertreter aus CDU, SPD, Grüne, Die Linke und FDP und auf der anderen Seite besorgte Bürger. Zu dieser Gruppe gehörte Petra Paulsen, Lehrerin und dreifache Mutter aus Hamburg. Sie erregte 2017 großes mediales Aufsehen mit einem Brief an Angela Merkel zur Flüchtlingskrise.[282]

Außerdem forderte sie in einer öffentlichen Rundmail: „Kein Mensch sollte sich heute in Deutschland hinter einem Nickname verstecken müssen, wenn er persönliche Erfahrungen und belegte Tatsachen berichtet."[283] Vorrangig ging es ihr um die Angst vor Terror, Überfremdung und dem gesellschaftlichen Zerfall Deutschlands. Frau Paulsen schickte mir einige Wochen vor der Sendung ein Manuskript ihres Buches, „Deutschland außer Rand und Band" zu, in dem die skandalöse Entwicklung in Deutschland offengelegt wurde. Meine langjährigen Leser wissen, dass ich nicht an Zufälle glaube, sondern an Fügung. So auch in diesem Fall.

Frau Paulsen befand sich nach der ZDF-Sendung auf dem Heimweg, als ich sie anrief, um zu fragen, wie die Sendung verlaufen war. Obwohl wir keine Verabredung miteinander hatten, stellte sich heraus, dass sie sich zu diesem Zeitpunkt gerade an der Autobahnabfahrt in der Nähe meines Wohnorts befand. Dieser Besuch brachte mein gesamtes Tageskonzept durcheinander, was ich zu diesem Zeitpunkt noch nicht ahnen konnte. Tatsächlich kam sie innerhalb weniger Minuten mit ihrer Tochter bei mir an. Sie war immer noch sehr aufgewühlt und emotionsgeladen und teilte mir auch gleich ihren persönlichen Eindruck von dieser Sendung mit. Dieser entsprach in keiner Weise ihrem Demokratieverständnis.

Schon das Publikum, das für Klatschgeräusche und Beifallsrufe zu sorgen hatte, war augenscheinlich handverlesen und auf Meinungsmache gepolt. Frau Paulsens neunzehnjährige Tochter beobachtete die Sendung aufmerksam aus dem Publikum. Ihr fiel auf, dass Beifall immer dann einsetzte, wenn Mainstreampolitiker zu Wort kamen. Besonders bei Jürgen Trittin (Grüne) und Katja Kipping (Die Linke) erhob sich regelmäßig ein lautes Beifallsgejohle, sodass bei ihr der Eindruck entstand, es handle sich um bezahlte Claqueure.

Ihre Tochter saß unmittelbar neben der Angehörigen eines besorgten Bürgers, der ebenfalls an der Show teilnahm. Laut ihrer Tochter kommentierte die Dame kritisch die Sendung. Daraufhin drehte sich das Publikum um, nach dem Motto: „Wo kommt denn das schwarze Schaf her?" und schüttelte den Kopf.

Anfänglich dachten Frau Paulsen und ihre Tochter, Ziel der Sendung sei, dass auch normale Menschen mit ihren Problemen und Sorgen wegen der Masseneinwanderung einmal Gehör finden. Doch hierin sah sie sich sehr schnell getäuscht. Es gab keine neutrale Moderation und die AfD wurde, wie immer in solchen Sendungen, als Buhmann dargestellt.

Ihr Fazit: Die Sorgen und die Wut der Bürger waren nicht mehr als der einkalkulierte Teil einer Show, deren Botschaft von Anfang an feststand: Den Deutschen geht es gut. Manche Dinge könne man vielleicht verbessern, aber wirkliche Probleme gibt es nicht. Wer Kritik übt, hat eine falsche Sicht der Dinge.

Ich war der Meinung, dass diese Story unbedingt jeder wissen sollte und schmiss meinen Tagesplan über Bord und schrieb am selben Tag den Artikel „Skandalsendung: Gestern noch Talk-Gast im ZDF, heute bei Heiko Schrang". Dieser hat anscheinend den Nerv von vielen Menschen getroffen, da er alleine auf meiner Webseite über eine halbe Million Mal gelesen wurde.[284] Was ich zu diesem Zeitpunkt noch nicht ahnen konnte war, dass die Sache jetzt erst richtig Fahrt aufnahm.

Am 15.09.2017 – also nur 10 Tage nach der Skandalsendung „**Wie geht's Deutschland**" – strahlte das ZDF die Sendung „**Klartext, Frau Merkel!**" aus. Hier wurde so getan, als ob normale Bürger kritische Fragen an die Bundeskanzlerin stellen durften. Nur einen Tag danach bekam ich eine Mail mit Bildern der Sendung, die es in sich hatten. Darauf konnte man erkennen, dass hier nicht, wie in der Sendung vermittelt, spontan Zuschauer Fragen stellen durften, sondern die Fragen und Antworten in der Show offenkundig abgestimmt und vorgegeben waren. Dem Moderator der Sendung lag nämlich eine Übersicht vor, wer „ganz spontan" aus dem Publikum welche Fragen stellen konnte. Durch eine zufällige Aufnahme erkennt man sehr schön, wie der Moderator eine Karte hält, auf der die Gesichter der Gäste mit ihren Fragen zu sehen sind.

Höhepunkt der Show war der obligatorische Flüchtling im Publikum, der vor laufender Kamera kundtat, dass Frau Merkel, nach seiner Mama und seinem Papa, der beste Mensch der Welt sei.[285]

Ich war gerade dabei, den Artikel „Wieder bezahlte Klatscher bei „Klartext, Frau Merkel!"?[286] zu schreiben, da erreichte mich diese Mail:

„Lieber Heiko, zu deinem Kommentar, dass bezahlte Claqueure im Publikum sitzen würden, kann ich Dir nur durchweg bestätigen. Vor allem über

Castingagenturen werden leere Sitzplätze in Talkrunden von ARD und ZDF hübsch aufgefüllt und die schlecht bezahlten Statisten unter Druck gesetzt, auf Befehl zu klatschen! Woher ich das weiß? Ich bin selber gecastet worden und verweigerte das Klatschen bei bestimmten Meinungen der dortigen Politprominenz, woraufhin ich nach der Sendung von der Set Assistentin heftigst unter Druck gesetzt worden bin, unter Androhung meine Gage zu einzubehalten! Tja so läuft das in unserem freien demokratischen, vom Volk regierten Land, in dem laut Grundgesetz die Meinungsfreiheit gewährt wird! Lieben Gruß, Namaste und weiter so, dein Thore."

Nach dem Motto getroffene Hunde bellen, schlug nun die GEZ mit ihrem Sender Deutschlandfunk zurück. In einem Artikel wurde die Frage aufgeworfen: „Welchen Einfluss haben Fake News auf die Wahl?" Hier wurde behauptet, mein Artikel zu „Klartext, Frau Merkel!" wäre „Fake News". Dort heißt es: „Solche Verschwörungstheorien wie sie hier von Alternativ-Medien-Publizist Heiko Schrang zu hören sind, gibt es zu Hauf."[287]

In Wirklichkeit, so hieß es, soll die ZDF-Show so eine Art offenes Bürgerforum gewesen sein und keinesfalls manipuliert. Dabei hatte der Pressesprecher des ZDF Thomas Hagedorn, gegenüber der Jungen Freiheit schon längst zugegeben:

„Die Redaktion hat in der Vorbereitung der Sendung selbstverständlich auch geprüft, welche der eingeladenen Gäste zu welchen Themenkomplexen Fragen stellen könnten."[288]

Fast zeitnah zu diesem Artikel des Deutschlandfunks erhielt ich eine Mail von Eva Herman, der ehemaligen Sprecherin der Tagesschau, mit der ich in unregelmäßigen Abständen Mailkontakt halte. Sie schrieb: „Lieber Heiko, oft hast Du das thematisiert. Ich habe mal ein wenig Licht ins Studio gelassen". Es folgte ein Link zu ihrem neusten Video: „Zehn Jahre nach Kerner: Eva Herman packt aus", in dem Sie genau diese Machenschaften bestätigt. Dort sagte sie, dass sie die Abläufe und Ziele der öffentlich-rechtlichen Talkshows detailliert kennt.[289]

Gerade bei Talkrunden zu den Themen Politik, Wirtschaft, Soziales oder Familie gibt es ein genaues Ziel. Moderatoren werden vor der Sendung durch die Redaktionen gebrieft, was am Ende bei der Sendung herauskommen soll. Das bedeutet, dass bei den großen Talkshows der Fernsehsender nichts dem Zufall überlassen wird.

Dort gibt es meist nur einen einzigen Gast in der Runde, der anderer Ansicht ist, als die übrigen Teilnehmer. Eva Herman bezeichnet ihn als „**Quotenquerdenker**". Dieser darf seine kritische Meinung zwar äußern, aber das nur in einem bestimmten Rahmen. Wenn er zu kritische Dinge sagt, wird er sofort unterbrochen und zwar immer wieder, bis man ihn aus dem Konzept gebracht hat. Dadurch wird geschickt von seiner Aussage abgelenkt und ein anderer Talkgast erhält gleich darauf das Wort.

Dies macht aber nicht nur der Moderator, sondern andere systemkonforme Gäste übernehmen ebenfalls diesen Part. Genau nach dem Kriterium, wie gut sie dies können, werden sie vorab ausgesucht. Es soll sogar Fälle gegeben haben, so Eva Herman, bei denen die systemkonformen Talk-Gäste vor der Sendung unterwiesen wurden, wie sie den Kritiker auflaufen lassen können.

Weiter führte sie aus, die Moderatoren einer solchen Talkshow haben überdies einen sogenannten Knopf im Ohr, über den sie mit der Regie in Verbindung stehen. Diese beobachtet genau den Ablauf der Sendung, um gegebenenfalls eingreifen zu können und den Teilnehmern Anweisungen zu erteilen. Der Zuschauer bekommt von alldem in der Regel natürlich nichts mit. Nur in seltenen Fällen kann er beobachten, dass der Moderator unpassend nickt, als würde er eine Stimme im Ohr hören, fast vergleichbar einer ferngesteuerten Marionette, in diesem Fall eine hochbezahlte.

Doch nicht nur bei der Auswahl der Talkgäste wird nichts dem Zufall überlassen, sondern, wie Frau Paulsen richtig vermutet hat, auch beim Studiopublikum. Dieses wird, wie wir gerade gesehen haben, häufig für die Teilnahme bezahlt, durch Casting-Firmen ausgesucht und mit Bussen angefahren. Kurz vor der Sendung werden die Zuschauer dann angeleitet, wie und wann sie zu klatschen haben. Eva Herman sagte in ihrem Video, es gäbe einen sogenannten „Anklatscher" oder „Warmupper". Dieser ist für die Stimmung im Publikum zuständig und hat vorher mit dem Publikum geübt. Auch er hat in der Regel einen Knopf im Ohr, sodass die Regie ihm ebenfalls Anweisungen geben kann. Der „Anklatscher" ist fast so wichtig, wie der Moderator, so Eva Herman. Sobald er in die Hände klatscht, klatscht auch das Publikum. Auch eingeübt ist das Johlen und Trampeln mit den Füßen. So und nicht anders wird bei Talkshows Stimmung gemacht!

Die bittere Wahrheit ist, dass die meisten politischen Talkshows niemals offene Diskussionen mit einem offenen Ausgang sind, wie vielleicht viele noch denken. Am Ende lautet dann die Botschaft fast immer: Bis auf kleine Probleme ist alles zum Besten bestellt. Es ging uns noch nie so gut wie jetzt. Diese Aussage ist auch nicht verwunderlich, wenn man speziell hinter die Kulissen der öffentlich-rechtlichen Sender schaut. Dort offenbart sich ein enges Beziehungsgeflecht aus Politik und Medien.

Das Sozialdemokratische Medienimperium

*„Wir sind heute sicher, dass die sozialdemokratische Partei Deutschlands
die reichste Partei Europas ist, wenn nicht der Welt – mit Ausnahme
vielleicht der KP Chinas. Es gibt keine reichere Partei als die
Sozialdemokratische Partei in Deutschland"*[290]

Andreas Schmidt (im Parteispenden-Untersuchungsausschuss 2001) (* 1956)

Man sagt, dass die Medien die vierte Gewalt im Staat sind und dass Politiker von dem „Goodwill" der Presse abhängig sind. Nur wenigen ist dabei bewusst, dass politische Kräfte selbst massiv Einfluss auf die veröffentlichte Meinung nehmen. Bei intensiver Recherche zu dieser Thematik stößt man unweigerlich immer wieder auf eine Partei, die unter allen Parteien in Deutschland besonders hervorsticht. Die Rede ist von der SPD.

Geschickt wird aber immer noch dem Bürger vermittelt, dass die Pressefreiheit ein sehr hohes Gut in Deutschland sei und man zeigt gerne auf die enorme Vielfalt der Presseerzeugnisse. Die meisten Menschen machen sich aber keine Gedanken darüber, wer tatsächlich hinter den Zeitungen und Zeitschriften steht, die sie regelmäßig konsumieren.

Weitgehend unbemerkt von der Öffentlichkeit hat nämlich die SPD in den letzten hundert Jahren ein umfangreiches Medienimperium aufgebaut, das in der politischen Landschaft Deutschlands seinesgleichen sucht.

Realisiert wird dies über eine sogenannte Medienbeteiligungsgesellschaft. In diesem Fall ist es die Deutsche Druck- und Verlagsgesellschaft mbH (DDVG) mit Sitz in Berlin, die sich im vollständigen Besitz der SPD befindet.[291] Damit sind die Genossen an unzähligen Zeitungen, Zeitschriften, Radiosendern, Fernsehproduktionsgesellschaften sowie an Verlagen und Druckereien beteiligt. Dadurch hält sie Anteile an über 40 Zeitungen mit einer Auflage von ca. 2,2 Millionen verkauften Exemplaren.[292]

Diejenigen, die auf handelsübliche Zeitungen verzichten und alternativ die kostenfreien Anzeigeblätter lesen, tun dies meist im Glauben, dass sie so der Beeinflussung durch die Leitmedien entgehen könnten. Dem ist jedoch nicht so, da die Wahrscheinlichkeit sehr hoch ist, dass die Genossen auch hier über ihr Beteiligungsgeflecht ihre Hände mit im Spiel haben.[293]

Dieses umfangreiche Medienimperium kann auf eine lange Tradition zurückschauen. Die SPD, die sich gerne als Partei der Arbeiterklasse darstellt und im Gegenzug die Großunternehmer als Klassenfeinde bekämpfte, war selbst von Anfang an unternehmerisch tätig. Begonnen hat es 1864 in Berlin mit der ersten sozialdemokratischen Zeitung „Der Social-Demokrat".

Der Historiker Thomas Welskopp erläuterte, dass es bereits 1877 in Deutschland vierzehn SPD-eigene oder parteinahe Druckereien gab, die 25 Zeitungen herstellten – mit einer Gesamtauflage von rund 130.000 Exemplaren.[294]

Nach Ende des „Sozialistengesetzes" 1890 sammelten die SPD-Mitglieder Geld, um die alten Zeitungen wieder herauszugegeben, sowie neue zu gründen. Es wurden Druckereien aufgemacht, Buchhandlungen und Büchereien eröffnet und Parteihäuser gebaut oder gekauft. Vor dem Ersten Weltkrieg hatte die SPD bereits 94 Zeitungen mit einer stattlichen Gesamtauflage von rund 1,5 Millionen Exemplaren.[295]

Im Sommer 1933 kam das „Aus" für die sozialdemokratischen Unternehmen. Hintergrund war, dass die Nationalsozialisten die SPD verboten und ihr Vermögen beschlagnahmten. Die Rede ist von knapp 200 Betrieben mit einem Buchwert von etwa 120 Millionen Reichsmark.[296]

Nach dem Zweiten Weltkrieg begann aber ein neues Kapitel der SPD-Unternehmensgeschichte: 1946 gründete der langjährige Schatzmeister Alfred Nau für die SPD-Spitze wieder eine neue Unternehmensgesellschaft, diesmal als GmbH. In diesem Zuge erhielt die SPD im Rahmen der Entschädigung und Wiedergutmachung einen großen Teil ihres Vermögens von den Westalliierten zurück.[297]

Danach war die SPD in den Aufbaujahren mit 140 Unternehmen in der Verlags- und Druckereibranche am Start. So besaß sie 1947 siebzehn Zeitungen mit einer Auflage von 2,5 Millionen Exemplaren.[298]

1956 waren es bereits 26 Zeitungsverlage und 30 Druckereien mit insgesamt 15.000 Beschäftigten. Hinzu kamen noch Buch- und Zeitschriftenverlage, Buchhandlungen und andere Unternehmen. Die SPD-Zeitungen erwirtschafteten jetzt einen Jahresumsatz von rund 140 Millionen Mark.[299] Im SPD-Jahrbuch 1956 hieß es ganz selbstbewusst:

„Nach wie vor ist jede zehnte Zeitung, die die Rotationsmaschinen verlässt, ein der SPD verbundenes Blatt."[300]

Die Expansion ließ nicht nach, sondern ging auch in den Folgejahren weiter, sodass die SPD sogar noch breiter aufgestellt zu sein scheint. In welchen Geschäftsfeldern die SPD jetzt tätig ist, schilderte DDVG-Geschäftsführer Jens Berendsen:

„Wir haben Medienbeteiligungen. Wir sind in dem Geschäftsfeld Druckereien aktiv. Wir betreiben Handel, wir haben eigene Verlage. Wir sind aktiv im Geschäftsfeld Tourismus und unterhalten auch Service-Angebote."[301]

Als Filetstück gilt die 23-prozentige Beteiligung bei der Verlagsgesellschaft Madsack mit den Titeln „Hannoversche Allgemeine Zeitung, Neue Presse Hannover, Göttinger Tageblatt, Peiner Allgemeine Zeitung, Märkische Allgemeine Zeitung."[302]

Unter unzähligen anderen Zeitschriften und Radiosendern sind die Genossen auch bei der Meinungsfindung zu ökologischen Themen behilflich. Mit der **Zeitschrift Öko-Test** verbindet sie mehr als bloße Sympathie, denn es stehen monetäre Interessen dahinter. Über ihre 65-prozentige Beteiligung an der Öko-Test Holding, gehört ihnen nämlich zu 100 Prozent die Öko-Test Verlags GmbH.[303]

Wie wir gerade bei den SPD-Medienbeteiligungen feststellen konnten, stehen in der Regel hinter einem Großteil der Zeitungen politische Interessen. Wer jetzt glaubt, dass diese Verwicklungen zwischen Politik und Medien nicht mehr zu übertreffen sind, den muss ich enttäuschen. Wenn wir tiefer in die Materie einsteigen, werden wir unweigerlich auf den, wie Kritiker sagen „größten Selbstbereicherungsladen mit angeschlossenem Fernsehstudio" stoßen. Die Rede ist vom öffentlich-rechtlichen Rundfunk, dem ehemaligen GEZ-System.

Die GEZ-Lüge

Das Ende der GEZ-finanzierten Propaganda ...

Kommandeur: „Wo sind all unsere Soldaten?"

Soldat: „Die hatten alle einen Bewusstseinssprung."

Kommandeur: „Wie war das nur möglich?"

Soldat: „Die wollten alle kein Fernsehen mehr schauen."

Kommandeur: „Warum das denn nicht?"

Soldat: „Die haben das Staatspropaganda-Fernsehen durchschaut."

Kommandeur: „Aber sie müssen doch alle dafür zahlen. Wieso guckt denn keiner mehr?"

Soldat: „Die zahlen auch keinen Beitragsservice für ARD, ZDF und Deutschlandradio mehr."

Kommandeur: „Denen schicke ich den Gerichtsvollzieher auf den Hals!"

Soldat: „Die akzeptieren keine privaten Unternehmer mehr."

Kommandeur: „Die zieh´ ich vors Gericht."

Soldat: „Die akzeptieren auch die Firmen-Schlichtungsstellen nicht mehr."

Kommandeur: „Die haben also die Staatssimulation durchschaut?"

Soldat: „Schon lange!"

Kommandeur: „Wie lange?"

Soldat: „Seitdem es die Alternativen Medien gibt."

Kommandeur: „Dieses Saupack. Ich werde gleich die GSG9 anrufen und ihnen Beine machen!"

Soldat: „Die GSG9 streikt und ist, wie die Polizei und die Bundeswehr zum Volk übergelaufen."

Kommandeur: „Was soll ich denn jetzt bloß meinem Auftraggeber sagen?"

Soldat: „Es ist vorbei, geh nach Hause! The game is over."[304]

Glaubt man den offiziellen Verlautbarungen, ist der Rundfunkzwangsbeitrag, der 2013 eingeführt wurde, ein voller Erfolg mit großer Akzeptanz in der Bevölkerung. Wie so häufig bei Mainstreammeldungen, ist jedoch genau das Gegenteil der Fall. Die tatsächlichen Zahlen sprechen nämlich eine ganz andere Sprache. Eine zu Beginn des Jahres 2016 durchgeführte Umfrage des Meinungsforschungsinstitutes INSA ergab, dass fast 70 Prozent der Befragten Rundfunkgebühren in Form von Zwangsbeiträgen ablehnen.[305] Jeder Vierte der Gebührengegner begründet seine Haltung mit einer nicht ausreichend objektiven Berichterstattung vonseiten der öffentlich-rechtlichen Medien.[306]

Fakt ist, dass mittlerweile **4,9 Millionen**[307] Menschen den Rundfunkbeitrag als unrechtmäßig empfinden und nicht zahlen. Entsprechend wurden 2016, 1,4 Millionen Vollstreckungen eingeleitet und 24 Millionen Zahlungserinnerungen und Mahnungen verschickt. Im Vergleich zu den letzten Jahren haben sich die Zahlen mehr als verdoppelt. Das ist mehr als eine Kampfansage an das Unrechtsystem des öffentlich-rechtlichen Rundfunks. Jeder wird selbst in seinem Umfeld feststellen, wenn er einmal die Probe aufs Exempel macht, dass dort mehr Beitragsverweigerer existieren, als angenommen.

Dabei fällt mir immer wieder auf, dass die wenigsten Bescheid darüber wissen, wer tatsächlich hinter dem GEZ-System steckt. Um das zu verstehen, ist aber ein kurzer Exkurs in die Geschichte notwendig.

Wer steckt wirklich hinter den öffentlich-rechtlichen Sendern?

Es ist bekannt, dass die westlichen Besatzungsmächte nach dem Zweiten Weltkrieg maßgeblichen Anteil an der politischen Meinungsbildung in Deutschland hatten. Verschwiegen wird dabei gerne die Tatsache, dass der öffentlich-rechtliche Rundfunk eine Erfindung der westalliierten Besatzungsmächte war. Die öffentlich-rechtlichen Anstalten sind durch Vorgabe der alliierten Besatzungsmächte ins Leben gerufen worden. Zum Beispiel durch die Militärverordnung Nr. 118, wodurch der Vorläufer des NDR bzw. WDR, der NWDR entstand. Es versteht sich von selbst, dass es sich hierbei nicht um einen demokratischen Prozess handelte.

Anfänglich diente er vor allem der „Reeducation",[308] sprich der Umerziehung und „Entnazifizierung" des deutschen Volkes. Mit dem Aufkommen des Kalten Krieges bekam er jedoch recht schnell die Funktion, die Werte des „freien Westens" gegenüber dem Kommunismus anzupreisen.

Demzufolge ist es mehr als erstaunlich, dass mit dem Fall der Berliner Mauer 1989 der öffentlich-rechtliche Rundfunk seine Arbeit fortführte und nicht privatisiert wurde. Seine ursprüngliche Aufgabe hatte sich nämlich damit erledigt.[309] In diesem Zusammenhang ist auch der Zwei-plus-Vier-Vertrag von 1990 zu sehen, mit dem Deutschland angeblich seine Souveränität zurückerlangt hat.

Dennoch begann jetzt erst recht der große gesellschaftliche „Bildungsauftrag" des öffentlich-rechtlichen Rundfunks ganz im Interesse der USA. Dies konnte nur geschehen, da bei den Verhandlungen mit gezinkten Karten gespielt wurde. Mit einem Taschenspielertrick, genauer gesagt dem „Vertrag zum Übereinkommen zur Regelung bestimmter Fragen in Bezug auf Berlin vom 25. September 1990"[310] wurde die soeben durch den ‚Zwei-plus-Vier-Vertrag' angeblich gewährte Souveränität in vollem Umfang wieder zurückgenommen.

Im selben Moment wurde das Besatzungsrecht umfassend wiederhergestellt. Dessen Artikel 2 lautet: „Alle Rechte und Verpflichtungen, die durch gesetzgeberische, gerichtliche oder Verwaltungsmaßnahmen der alliierten Behörden in und in Bezug auf Berlin oder aufgrund solcher Maßnahmen begründet oder festgestellt sind, sind und bleiben in jeder Hinsicht nach deutschem Recht in Kraft, ohne Rücksicht darauf, ob sie in Übereinstimmung mit anderen Rechtsvorschriften begründet oder festgestellt worden sind."

Nach Artikel 4 dieses Vertrages sind zudem alle Urteile und Entscheidungen von alliierten Behörden in oder in Bezug auf Berlin in jeder Hinsicht nach deutschem Recht rechtskräftig und rechtswirksam. Was bedeuten würde, dass Deutschland immer noch ein besetztes Land ist.

Dies zeigt sich unter anderem an der traditionellen Einbindung in transatlantische Netzwerke wie die bereits beschriebene „**Atlantik-Brücke** ", die aus dem von der amerikanischen Besatzungsmacht geschaffenen „American Council on Germany" hervorging. ARD und ZDF sind allen voran diejenigen, welche die Aufgaben des Hochkommissariats im Sinne einer „Brücke zwischen dem Nachkriegsdeutschland und der Siegermacht USA" [311] weiter fortführen.

Die letzten Geschütze der GEZ-Inquisitoren

Man versucht immer verkrampfter den Eindruck zu erwecken, dass trotz 4,9 Millionen Nichtzahlern alles in Ordnung sei. Trotzdem fährt der sinkende GEZ-Dampfer die letzten Geschütze auf, indem das Drohgebaren zunimmt und immer mehr Beitragsschuldner mit Haft konfrontiert werden.

Auch in meinem Fall versuchte man, mich wegen nicht gezahlter GEZ-Beiträge mit Haftandrohung einzuschüchtern. Bei genauer Betrachtung kann man damit aber nur Unwissenden Angst einjagen, da dies auf die Masse der Millionen Beitragsschuldner gesehen, nicht durchsetzbar ist. Weder gibt es ausreichend Gefängnisse in Deutschland, noch stehen finanzieller Aufwand und Nutzen im Verhältnis, wenn man sich im Detail die Kosten dafür anschaut:

In meinem Fall standen 221,82 Euro Forderung den Kosten gegenüber, die für eine Inhaftierung anfallen würden:

    Circa 400 Euro Gebühren für den Gerichtsvollzieher,

    circa 600 Euro Lohnkosten für zwei Polizeibeamte und den Gerichtsvollzieher, circa 93 Euro pro Tag Inhaftierung, gerechnet auf 6 Monate macht 16.554 Euro.

Macht Gesamtkosten von 17.554 Euro![312]

Die Frage stellt sich also, was macht Fernsehen so ungeheuer wichtig für die Eliten, warum wird ein solch immenser Aufwand betrieben, die sinkendende GEZ-Titanic mit allen Mitteln über Wasser zu halten?

Warum aus dem Rundfunkbeitrag die Demokratieabgabe wurde

Die Meinungsmacher behaupten hartnäckig, dass ARD und ZDF unverzichtbar für unsere Demokratie sind. Obendrein vertreten sie die Meinung, dass der Bürger sich nur durch das Fernsehen objektiv und unabhängig politisch informieren kann.

So schreibt zum Beispiel der **Deutsche Gewerkschaftsbund (DGB)** in einer Presserklärung:

> *„Der öffentlich-rechtliche Rundfunk in Deutschland hat in den vergangenen Jahrzehnten entscheidend zur politischen Meinungsbildung, zur Festigung der Demokratie und zum gesellschaftlichen Leben in Deutschland beigetragen."[313]*

Wie eng die Zusammenarbeit zwischen den Landesrundfunkanstalten und dem DGB ist, veranschaulicht die gemeinsam verabschiedete „Kölner Resolution zum öffentlich-rechtlichen Rundfunk":

Dort trafen sich im Jahr 1999 Spitzenvertreter von ARD, ZDF sowie dem DGB und legten ihre gemeinsamen, medienpolitischen Positionen in einem Fünf-Punkte-Papier nieder. Darin fordern sie die Beibehaltung der Einheitsgebühr sowie der Mischfinanzierung des öffentlich-rechtlichen Rundfunks aus Gebühren, Werbung und Programmsponsoring.[314]

Spätestens seit dem Skandal um den gewerkschaftseigenen Wohnungsbau-konzern „Neue Heimat" Anfang der 1980er Jahre wurde klar, dass DGB-Vor-standsmitglieder sich mehr um ihre eigenen finanziellen Interessen kümmer-ten, als um die ihrer Gewerkschaftsmitglieder. Es ging sogar so weit, dass sie sich persönlich an den Mietern bereicherten, die in den gewerkschaftseige-nen Wohnungen lebten und dadurch dem Unternehmen einen dreistelligen Millionenschaden zufügten.[315] Neben den Gewerkschaften spielen aber auch die politischen Parteien eine entscheidende Rolle, wenn es um den öffent-lich-rechtlichen Rundfunk geht.

Das sieht man daran, dass alle in den Länderparlamenten vertretenen Par-teien über Grüne, Linke, SPD, FDP, CDU und CSU einstimmig den aktuellen Rundfunkbeitragsstaatsvertrag verabschiedet haben.[316] Die Gesetzesent-würfe der öffentlich-rechtlichen Sender wurden beinahe widerspruchslos übernommen, was ARD und ZDF natürlich begrüßten.[317]

Allen voran Jörg Schönenborn, Fernsehdirektor des WDR:

„Der Rundfunkbeitrag passt gut in dieses Land. Er ist genau genommen eine ‚Demokratie-Abgabe'. Ein Beitrag für die Funktionsfähigkeit unseres Staatswesens und unserer Gesellschaft. Demokratie fußt auf der Urteils- und Entscheidungsfähigkeit ihrer Bürgerinnen und Bürger. Und die ist in ei-nem 80-Millionen-Land nur mittelbar herzustellen, „medial", durch Medien eben."[318]

Um die Akzeptanz in der Gesellschaft zu erhöhen, führte man demzufolge das Wort „**Demokratieabgabe**"[319] statt Rundfunkbeitrag ein. Gebetsmühlen-artig wird von Seiten der Eliten immer wieder behauptet, ohne politische In-formation durch das Fernsehen könne die Demokratie nicht funktionieren. Mit der „Demokratieabgabe" haben die Initiatoren des Zwangsbeitrags gar nicht so Unrecht. Wie das Wort schon sagt, wurde damit gleichzeitig unsere **Demokratie abgegeben.**

Der Anschein soll erweckt werden, dass von den 17,50 Euro monatlich der Hauptteil in politische Information und Bildung fließe.

Bei genauer Betrachtung sieht es aber völlig anders aus. So kostet das große „Flaggschiff" der öffentlich-rechtlichen Sender, die „Tagesschau", „Tagesthemen" und zugehörige Internetseiten der ARD den Gebührenzahler von seinen 17,50 Euro gerade einmal **25 Cent im Monat.**[320]

Spätestens jetzt müsste es jedem offensichtlich werden, dass es den Verantwortlichen zwar auch um politisch-ideologische Berichterstattung geht, aber in erster Linie heißt ihr Mantra: „**Mehr, mehr Geld!"**

Der Medienexperte Hans-Peter Siebenhaar konstatierte schon 2012:

„Es ist ein opulentes und teures System entstanden, das seines Gleichen in Europa sucht. Im System von ARD und ZDF, das die Bürger jährlich mit über 7,5 Milliarden Euro an Rundfunkgebühren finanzieren, hat sich Ineffizienz und Intransparenz breit gemacht. Offenbar werden auf Grund der mangelnden Kontrollen in den Anstalten Vetternwirtschaft oder in Einzelfällen sogar Korruption begünstigt."[321]

Neben den gierigen Intendanten der Landesrundfunkanstalten und den abgehalfterten Politikern in den zahlreichen Gremien müssen die Jauchs, Klebers und Anne Wills ja alle bezahlt werden. So kostete die Talkshow mit Anne Will die Beitragszahler 3.164 Euro in der Minute.[322] Aber das ist noch längst nicht alles.

Tom Buhrow, der Intendant des Westdeutschen Rundfunks, verdient zum Beispiel stolze **399.000 Euro** im Jahr. Mit diesen hohen Summen steht er nicht alleine da, denn seine Vorgängerin Monica Piel kam auf 314.000 Euro.

Dazu kommen noch Nebeneinkünfte, die im Jahr 2012 bei 58.922 Euro la-
gen. Es folgen Lutz Marmor, Intendant des NDR, mit 348.000 Euro und Ulrich
Wilhelm, Intendant des BR mit 367.000 Euro Jahresgehalt.[323] Selbst dem Intendanten von Radio Bremen werden großzügig 237.000 Euro Jahresgehalt
hinterhergeschmissen. [324]

Spannend wird, wenn wir uns anschauen, was die „mächtigste" Frau Deutschlands, **Angela Merkel**, im Vergleich zu den gerade eben genannten Personen verdient. Es sind laut Wirtschaftswoche nur 16.800 Euro im Monat, was
im Jahr bescheidene 218.400 Euro ergibt.[325] Dieses Geschäftsgebaren stößt
mittlerweile sogar Richtern auf. Laut einem Urteil vom 16. September 2016
des Landgerichts Tübingen, bei dem es eigentlich um die Zwangsvollstre-
ckung gegen einen Rundfunkbeitragsverweigerer ging, heißt es:

*„Die Bezüge des Intendanten übersteigen diejenigen von sämtlichen Be-
hördenleitern, selbst diejenigen eines Ministerpräsidenten oder Kanz-
lers, erheblich."[326]*

Das Kuriose daran ist, dass die Beitragszahler die fürstlichen Gehälter und
Pensionen der Intendanten mit ihrem monatlichen Zwangsbeitrag mitbe-
zahlen, die Mehrzahl aber die Buhrows, Piels und Willes überhaupt gar nicht
kennt.

Das jedoch ist nur die Spitze des Eisbergs, denn am GEZ-Tropf hängen ganze
Heerscharen von parasitären Nutznießern, die keinerlei Interesse haben, dass
sich irgendetwas ändert. Ganz in deren Interesse sollen die Fernsehzuschauer weiter im Schlafmodus gehalten werden, damit ja keiner dieses System
durchschaut.

Deswegen behaupten auch Spötter, ARD und ZDF wären nicht mehr als ein
Selbstbereicherungsladen mit angeschlossenem Fernsehstudio, da von den
8,3 Milliarden Euro nur ein vergleichsweise bescheidener Teil dem Fernsehprogramm zugutekommt.

Die Kostenverschleierungstaktik

Wie wir gerade gesehen haben, leben die Intendanten, ausgemusterte Politiker, sowie die Darsteller auf der Fernsehbühne wie die Maden im Speck von den Zwangsbeiträgen. Ihre wirklichen Honorare werden dabei noch nicht einmal offengelegt. Speziell bei sogenannten „Top-Moderatoren" läuft im Hintergrund eine Verschleierungstaktik ab, die ihresgleichen sucht.

Ein gutes Beispiel dafür ist das Mitglied der Atlantik-Brücke und Kuratoriumsmitglied des Aspen Instituts[327] **Claus Kleber**. Er verdient mehr als sein Chef, der ZDF-Intendant Thomas Bellut, der nach offiziellen Angaben ein Jahresgehalt von 321.860 Euro[328] hat. Das wäre ein Traum für jeden normalen Angestellten oder freien Mitarbeiter, mehr zu verdienen als der eigene Chef, aber die Rundfunkanstalten machen Unmögliches möglich.

In der Rundfunkverweigerer-Szene kursiert die Zahl 700.000 Euro Jahresgehalt für Claus Kleber. Der GEZ-Experte Olaf Kretschmann hält diese Zahl für zu hoch. Seiner Einschätzung nach liegt Klebers Gehalt zwischen 400.000 – 600.000 Euro.[329]

So etwas läuft über einen Sonderhonorar-Vertrag, den nur der Verwaltungsrat kennt, so Kretschmann. Diesen leitet kein Geringerer als der SPD-Politiker **Kurt Beck**, der für diese „ehrenamtliche" Tätigkeit selbstverständlich auch eine fürstliche Aufwandsentschädigung erhält.

Schon als Kurt Beck Ministerpräsident des Landes Rheinland-Pfalz (1994-2013) war, saß das Geld der Steuer und Abgabenzahler sehr locker. Es wurde circa **eine halbe Milliarde Euro** unter Becks Amtsführung vom Land Rheinland-Pfalz in Freizeit- und Tourismusanlagen an der Rennstrecke des Nürburgrings investiert. Beck hatte damals versprochen, das Projekt werde den Steuerzahler keinen einzigen Euro kosten. Nach dem Motto erst versprochen, dann gebrochen, sah es aber ganz anders aus. Am 18. Juli 2012 musste er erklären, dass sein einstiges Prestigeobjekt, die Nürburgring GmbH in die

Insolvenz gehen werde. Trotz der halben Milliarde Investitionssumme wurde der Wert nur auf 120 Millionen Euro geschätzt.[330]

Der jetzige ZDF-Verwaltungsratsvorsitzende Beck gab im Jahr 2012 ein erstaunliches Interview zum Thema Bürgerbeteiligung, bei dem man seine wirkliche Einstellung zu Demokratie und Mitsprache erleben konnte. Ein Mann meldete sich zu Wort und rief: „Wir Bayern bezahlen den Nürburgring."

> *„Der Ministerpräsident drehte sich um – und stauchte den Mann zusammen: ‚Können Sie mal das Maul halten, wenn ich ein Interview gebe? Einfach das Maul halten.' Auf die Antwort des Störers, er sei nur ehrlich, antwortete Beck: ‚Sie sind nicht ehrlich, Sie sind dumm.'"[331]*

Und dieser Kurt Beck wacht wahrscheinlich höchstpersönlich über den Sonderhonorar-Vertrag mit Claus Kleber. Dieses Honorar wird aber nicht den Personalkosten zugeordnet, sondern den Sachkosten, die Technik, Studio und Strom umfassen. Damit muss es in der Statistik nicht extra aufgelistet werden.

Worüber es Statistiken gibt, aber so gut wie nicht berichtet wird, sind die Pensionsansprüche der Führungscliquen in den Landesrundfunkanstalten.

Pensionsansprüche – Ruhestand im Schlaraffenland

Wie wir bereits beschrieben haben, hat der Intendant Tom Buhrow ein Jahresgehalt von 399.000 Euro. Jetzt wird es aber erst richtig spannend, denn der WDR hat gegenüber seinem Intendanten mittlerweile Pensionsverpflichtungen in Höhe von sage und schreibe **3,149 Millionen** Euro, wie aus dem Geschäftsbericht 2014 hervorgeht.[332] Schön für Herrn Buhrow, aber schlecht für die Beitragszahler. Den meisten ist gar nicht bewusst, dass sie durch ihren Zwangsbeitrag die opulenten Pensionen mitfinanzieren.

Diese horrenden Summen sind jedoch kein Einzelfall, sondern die Regel. Tom Buhrows Vorgängerin, Monika Piel bekommt laut WDR-Geschäftsbericht eine Pension im Gesamtwert von 3,181 Millionen Euro. Hierzu zur Rede gestellt, antwortete sie: „Ich habe mein Soll für die Rentenkasse erfüllt."[333]

Wie kann jedoch Frau Piel ihr Soll für die Rentenkasse erfüllt haben, wenn sie eine Pension erhält, da doch Beamte keinen Rentenbeitrag zahlen müssen? Die Frage ist so brisant, dass, wenn man anfängt, hinter die Kulissen zu schauen, man vor einem großen Schild mit der Aufschrift landet: „Vorsicht, Gefahr! Weiterforschen verboten!". Dies ist auch der Grund, warum über diese Thematik Stillschweigen in den öffentlichen Medien herrscht.

Frau Piel, sowie alle anderen Intendanten, sind nämlich Angestellte des öffentlich-rechtlichen Rundfunks und erhalten ganz normal eine Rente. Diese Tatsache, dass sie einerseits die staatliche Höchstrente erhalten, sowie andererseits eine durch den Zwangsbeitrag finanzierte millionenschwere Pension bekommen, ist in ihrer Dreistigkeit kaum zu überbieten.

Bei der ARD sieht es nicht anders aus, dort sitzt gemütlich in der allerersten Reihe ihre Vorsitzende Karola Wille mit einem Jahresgehalt von 275.000 Euro. Laut einem Bericht der *Bild am Sonntag* kann sie sich ihren Altersruhestand mit 17.000 Euro Pension im Monat versüßen.[334] Was die *Bild* und auch alle anderen Medien nicht berichten, ist der Umstand, dass sie und ihre Berufskollegen zu den horrenden Pensionen aber noch zusätzlich die bereits erwähnte normale staatliche Rente erhalten.

Zum Vergleich, **Ex-Bundeskanzler Helmut Kohl**, der sich in seiner Amtszeit als Politiker (1969 bis 1998) beschimpfen und mit Eiern bewerfen lassen musste, erhielt als Verdienst für seine langjährige Tätigkeit bis zu seinem Tod im Jahr 2017 lediglich 12.800 Euro Pension im Monat.[335]

Der Wahnsinn geht aber noch weiter, während der Bankkunde derzeit nur noch 0,3 Prozent Zinsen pro Jahr erhält und man über Negativzinsen für die

Bürger nachdenkt, sieht es im Pensionsschlaraffenland von ARD und ZDF völlig anders aus. Beim öffentlich-rechtlichen Rundfunk wachsen die Pensionen automatisch mit den Gehältern. Allein im Jahr 2013 stiegen die Gehälter um 3,7 Prozent. Genauso stiegen auch die Pensionen.[336] Für Ex-Intendantin Karola Wille bedeutete dies, dass sie 7.548 Euro mehr im Jahr erhält.

Wir sprachen bisher nur von den Intendanten. Aber selbst die „ganz normalen Angestellten" sind Nutznießer des parasitären Systems:

> *„Alle ARD-Mitarbeiter kassieren auf ihre üppigen Tarifgehälter eine staatliche Rente.* **Oben drauf** *kommt aber das Sahnehäubchen. Eine Pension von durchschnittlich 1.658 Euro im Monat. Spitzenreiter beim Pensions-Bonbon ist das ZDF. Dort sind es 2.008 Euro, die zur monatlichen Rente dazu kommen."[337]*

In dem Schlaraffenland der Öffentlich-Rechtlichen kommt also selbst für den kleinen Angestellten zu seiner offiziellen Rente eine stattliche Pension dazu. Kein Wunder, warum also selbst aus diesen Reihen keiner ein Interesse daran hat, dass sich hier irgendetwas ändert. Wobei der Durchschnittsrentner, der im Schnitt 1.176 Euro erhält, bis zu seinem Tod den Zwangsbeitrag entrichten muss, um weiterhin die Pensionskassen von ARD und ZDF zu füllen.[338]

Neben der politischen Propaganda sind also die hohen **Pensionsansprüche** einer der Hauptgründe, warum auch möglichst weiterhin die Bürger zur Ader gelassen werden sollen.

Die Pensionszahlungen der Öffentlich-Rechtlichen erhalten eine zusätzliche Dynamik, wenn man sich die Anzahl der Mitarbeiter anschaut. Es sind circa 30.000 Menschen, die bei ARD und ZDF beschäftigt sind. Bei solchen Zahlen wird so mancher DAX-Konzern blass.

Richtig spannend wird es, wenn wir uns das Durchschnittsalter aller Mitarbeiter anschauen, das bei 49 Jahren liegt.[339] Spätestens jetzt müsste jedem vernünftig denkenden Menschen mit mathematischen Grundkenntnissen klar sein, dass es so nicht funktionieren kann. Wie wir festgestellt haben, steigen die Pensionen immer weiter und das bei den aktuellen Negativzinsen am Markt. Entweder explodiert spätestens 2030 die Pensionsbombe, oder die Bürger sind weiter bereit, diesen Wahnsinn zu finanzieren. Die Rede ist dann aber nicht mehr von 17,50 Euro im Monat, sondern von 50 Euro und mehr.

Mehr noch, der aufgeblähte Apparat der Landesrundfunkanstalten hat es mittlerweile sogar geschafft, dass die Pensionsrückstellungen fast so groß sind wie ihr Jahresbudget. 2012 waren beispielsweise **gut 6 Milliarden Euro** in der berühmt-berüchtigten Pensionskasse.[340] Diese ähnelt immer mehr einem Fass ohne Boden, da es immer mehr Pensionäre gibt und die Pensionsansprüche immer weiter steigen.

So wurden zwischen 2012 und 2014 unfassbare 621 Millionen Euro in die Pensionskasse reingeschaufelt.[341] Deswegen muss die Kasse, koste es, was es wolle, jedes Jahr um hunderte Millionen Euro wachsen, da sonst keine monatlichen Pensionen mehr sprudeln und das System zusammenbrechen würde.[342]

Schließlich wurde im Auftrag der KEF die Unternehmensberatung Mercer angeheuert, Licht in das Dunkel der öffentlich-rechtlichen Pensionszahlungen zu bringen. Vorsichtig spricht dieser Bericht von einer „attraktiven Versorgungslandschaft".[343] Der richtige Ausdruck wäre wohl eher Selbstbedienungsladen, klagt doch der 20. Bericht der KEF über eine **„Unterdeckung"** bei den Pensionsansprüchen von 2,2 Milliarden Euro.[344]

Beispiele für die Verstrickung von Politik und öffentlich-rechtlichen Medien

Die Verstrickung von Politik und öffentlich-rechtlichen Medien hat eine lange Tradition, da namhafte Journalisten und Publizisten ungehindert zwischen öffentlich-rechtlichen Rundfunkanstalten und der Politik hin und her wechseln können. Offiziell wird den Bürgern bis heute hartnäckig eingeredet, dass es sich hier um politisch unabhängige Medien handelt.

Hier eine kleine Auflistung derjenigen, die beim ZDF in den verantwortlichen Positionen sitzen und gleichzeitig einer Partei angehören:
(Weitere ausführliche Informationen im Buch „Die GEZ-Lüge")

ZDF

Verwaltungsrat (Geschäftsführung)

Vorsitzender Kurt Beck (SPD eh. Ministerpräsident Rheinland-Pfalz)

Dr. Reinhard Göhner (CDU Politiker)

Hildegund Holzheid (CSU Politikerin)

Hans Georg Koch (CDU Mitglied und ehemaliger Regierungssprecher)

Bernd Neumann (CDU Politiker)

Matthias Platzeck (SPD eh. Ministerpräsident Brandenburg)

Olaf Scholz (SPD Politiker, Hamburg)

Horst Seehofer (CSU Ministerpräsident Bayern)

Michael Sommer (SPD eh. DGB-Vorsitzende)

Stanislaw Tillich (CDU Ministerpräsident Sachsen)

Prof. Dr. Gerd Zimmermann (CDU)

Fernsehrat

Nicola Beer (FDP Landtagsabgeordnete, Hessen)

Dr. Christine Bergmann (SPD Politikerin, ehemalige Bundesministerin)

Prof. Dr. Maria Böhmer (CDU Politikerin, Staatsministerin Auswärtiges Amt)

Wolfgang Bosbach (CDU Politiker, Bundestagsfraktion)

Charlotte Britz (SPD Politikerin, Bürgermeisterin)

Dr. Carsten Brosda (SPD Politiker, Hamburg)

Klaus Brunsmeier (Grünen)

Katrin Budde (SPD Politikerin, Mitglied im Landtag Sachsen-Anhalt)

Eva Christiansen (CDU, leitende Mitarbeiterin und PR Beraterin Angela Merkels)

Hans Jörg Duppré (CDU Politiker, Landrat Rheinland-Pfalz)

Dr. Marc Jan Eumann (SPD Politiker, Staatssekretär)

Dr. Bernd Fabritius (CSU Politiker)

Yasmin Fahimi (SPD Politikerin, Staatssekretärin, Gewerkschafterin)

Cornelia Füllkrug-Weitzel (SPD)

Prof. Dr. Benjamin-Immanuel Hoff (Die Linke, Chef der Staatskanzlei u. Kulturminister Thüringen)

Eva Hubert (Grünen/Grün-Alternative, Politikerin, Hamburg)

Peter Jacoby (CDU Politiker, Saarland)

Dr. Fritz Jaeckel (CDU Politiker, Sachsen, Staatsminister)

Dr. Olaf Joachim (SPD Politiker, Staatsrat Bremen)

Dr. Franz Josef Jung (CDU Politiker)

Reinhard Klimmt (SPD Politiker, Saarland)

Kai Klose (Grünen Politiker, Landesvorsitzender Hessen)

Susanne Krause-Hinrichs (SPD Politikerin, Kleinmachnow)

Dr. Peter Kurz (SPD Politiker, Oberbürgermeister Mannheim)

Christian Lindner (FDP Parteivorsitzender)

Dr. Michael Lohse (CDU)

Lötzsch, Gesine, Dr. (Die Linke, Bundestagsabgeordnete)

Dr. Richard Meng (SPD Senatssprecher, Berlin)

Dr. Jörg Mielke (SPD Staatssekretär, Niedersachsen)

Dr. Angelika Niebler (CSU Politikerin, Frauen Union, Europäisches Parlament)

Thomas Oppermann (SPD Politiker, Bundestagsfraktion)

Oliver Passek (Grünen Politiker)

Dr. Simone Peter (Grünen Bundesvorsitzende)

Ruprecht Polenz (CDU Politiker)

Rainer Robra (CDU, Staatskanzlei u. Minister für Europa- und Medienangelegenheiten Sachsen-Anhalt)

Andreas Scheuer (CSU Generalsekretär)

Wilhelm Schmidt (SPD Politiker, Niedersachsen/Bundestag)

Dr. Eberhard Schmidt-Elsaeßer (SPD Staatssekretär Schleswig-Holstein)

Dr. Rudolf Seiters (CDU Politiker)

Dr. Markus Söder (CSU Politiker, Finanzminister Bayern)

Martin Stadelmaier (SPD Politiker)

Dr. Peter Tauber (CDU Generalsekretär)

Henry Tesch (CDU Politiker)

Erhard Thomas (SPD, Regierungssprecher Brandenburg)

Rainer Wieland (CDU Europaabgeordneter)

Holger Zastrow (FDP Landesvorsitzender Sachsen)

Dr. Pirko Kristin Zinnow (SPD Staatssekretärin, Bundesrat)

Intendant

Thomas Bellut

Diaprojektor

„Jeder Mensch erschafft sich seine Realität mit seinen Gedanken"

Siddhartha Gautama Buddha (Weisheitslehrer und Begründer des Buddhismus)
(563 v. Chr. – 483 v. Chr.)

Der Rummel, der in so kurzer Zeit um mein Buch „Die GEZ-Lüge" entstand, kostete mich eine Menge an Kraft, sodass ich mich Ende Dezember 2016 sehr ausgelaugt fühlte. Ich flog daraufhin allein, ohne meine Familie, auf die Kanarischen Inseln. Dort wollte ich meditieren, um Kraft für neue Projekte zu sammeln. Bewusst ließ ich Telefon und Laptop zuhause.

Was ich jedoch fand, war weitaus mehr, als ich mir erträumen konnte. Ich spürte, in dieser Welt ohne Nachrichten, Telefon, Internet und Fernsehen, war alles in Ordnung. Keine Meldungen über Anschläge, über die neuesten Opferzahlen und Skandale in der Politik. Es vergingen einige Tage, an denen ich nachts alleine am Meer unter dem Mond meditierte und sich auf einmal ein Gefühl tiefer Stille auftat.

Ich bemerkte, dass meine Gedankenflut langsam abebbte, gewann dort Abstand zu den Dingen und wurde auf einmal zum Beobachter meiner Gedanken.

Über 60.000 Gedanken schwirren uns Menschen tagtäglich durch den Kopf. Dabei sind wir davon überzeugt, dass all diese von uns selbst erschaffen werden. Mehr noch, wir sind so sehr von unserer Gedankenwelt eingenommen, dass wir anfangen, mit anderen darüber zu streiten, nach dem Motto: Mein Gedanke ist der richtige und deiner der falsche.

Mit der Vorstellung jedoch, dass die Mehrheit der Gedanken aus uns selbst kommt, sind wir einem riesigen Irrglauben aufgesessen und das zu unseren eigenen Schaden.

Bei näherer Betrachtung kann man sogar feststellen, dass die meisten Menschen ein Produkt der Gedanken sind, die andere für sie gedacht haben. In Wirklichkeit sind unsere Gedanken wie Dias, die von anderen in einen Projektor eingeschoben werden und die wir dann auf einer Art inneren Leinwand sehen. Diese Bilder lösen dann in uns Emotionen, wie beispielsweise Wut, Freude, Hass, Trauer usw. aus. Wir identifizieren uns mit diesen Bildern, die eigentlich nichts mit uns zu tun haben. Besonders an politischen Ereignissen, die mit Emotionen verbunden sind, wie Terroranschlägen, bei denen unschuldige Menschen ums Leben kommen, sieht man sehr schön die Funktionsweise.

Die Dias, die uns beispielsweise durch die Medien nach den Anschlägen von Charlie Hebdo eingeschoben wurden, waren:

- Wir alle sind Charlie.
- Trauerzug mit Millionen Teilnehmern wird (angeblich) von den Staatschefs angeführt.
- Um mit den Franzosen mitzutrauern, wurden Millionen Facebook-Profilfotos von den Nutzern mit der französischen Flagge unterlegt.

Nach dem blutigen Terroranschlag vom 19. Dezember 2016 in Berlin fragten sich manche Skeptiker:

- Warum gab es keine Rufe „Wir sind Berlin"?
- Warum gab es keinen Trauerzug mit den wichtigsten Staatschefs?
- Wo waren die Millionen Facebook-Nutzer, die mit unterlegter Deutschlandfahne ihre Trauer zeigten?

Ganz einfach: In diesem Fall wurden diese Dias nicht durch die Medien in uns als Projektor eingeschoben. Mit anderen Worten, diese Möglichkeiten wurden erst gar nicht auf unsere innere Leinwand projiziert. Das wiederum bedeutet, dass ein großer Teil der Menschen unbewusst die Gedankenmuster in Form von Dias in sich abspielt, die andere ihnen vorgegeben haben. Anders lässt sich das Verhalten wohl kaum erklären.

Die Dias, die uns beispielsweise über den ehemaligen US-Präsidenten Barack Obama eingegeben wurden, waren: Gleichstellung aller Menschen = Frieden = Friedensnobelpreis.

Eines der Dias, das nicht eingeschoben wurde und entsprechend nicht auf unserer inneren Bildfläche erschien:

– Obama ist der einzige US-Präsident, der während seiner gesamten Amtszeit ununterbrochen Krieg führte. Laut dem Historiker Dr. Daniele Ganser ließ er beispielsweise 2016 jede Stunde drei Bomben abwerfen. Dabei trat er mit dem Versprechen an, die Kriege seines Vorgängers George W. Bush zu beenden. Letztendlich hat er sogar noch neue Kriege angefangen, wie in Libyen, Syrien und dem Jemen. Ironisch fragte Daniele Ganser im Schweizer Sender SRF, ab wieviel Bomben pro Stunde ein Präsident den Friedensnobelpreis bekomme.[345]

Das ist nur ein Beispiel und es finden sich unzählige in unserem täglichen Denken über Dinge, Personen und Ereignisse.

Jetzt aber ist die Zeit gekommen, durch Achtsamkeit zum Beobachter der Gedanken zu werden. Dann werden wir feststellen, dass die meist angstvollen Gedanken durch die Medien verursacht wurden. Sie sind es, die uns ihre Dias in den Kopf einschieben, mit denen sie unser Denken bestimmen. Die Meisterschaft besteht jedoch darin, die Gedanken wie Wolken am Himmel anzusehen. Dabei ist es wichtig, die Leere zwischen den Wolken zu finden und nicht jedem neuen Gedanken (Dia) nachzuhängen. Was uns dann erwartet, ist das, was ich auf den Kanaren in meiner Auszeit fand: Innerer Frieden, der mit einer großen Zufriedenheit einhergeht.

„Es gibt einen Platz im Herzen,
worin das ganze Universum enthalten ist –
Himmel wie auch Erde, das Feuer, die Luft, Sonne,
Mond und das Leuchten der Sterne.
Alles ist darin enthalten.
Wenn wir über unseren Verstand mit seinen Möglichkeiten
des Messens und seinen Kategorien von Raum und Zeit hinausgehen,
finden wir den tiefsten Grund des Universums.
Dort gibt es keine tote Materie, wie uns die westliche Wissenschaft über
eine so lange Zeit hindurch gelehrt hat.
Dort sind Leben und Intelligenz.
Der westlich-orientierte Mensch hat sich seit Jahrhunderten der äußeren
Welt der Sinneserfahrung zugewandt und hat sich selbst darin verloren.
Nun ist die Zeit reif, sich nach innen zu wenden,
das innere Universum im Herzen zu erforschen lernen
und die lange und aufregende Reise in das Zentrum zu beginnen.
Damit verglichen ist die Erkundung des Mondes
und der Planeten ein Kinderspiel."

Bede Griffiths (einer der bekanntesten christlichen Mystiker des 20. Jahrhunderts)
(1906 – 1993)

Zeit zum Erwachen

Wir kommen nun zu dem aus meiner Sicht wichtigsten Teil des Buches. Jetzt ist der Zeitpunkt gekommen, an dem sich jeder die Frage stellen sollte, was er mit dem Wissen des ersten Teils anfangen möchte. Es läuft wie im Film Matrix, nehme ich die blaue Pille und lebe weiterhin in der Scheinwelt, dann bleibt alles beim Alten, oder ich entscheide mich für die rote Pille und damit für die Freiheit. Diese beginnt aber nicht im Außen, sondern in uns.

Die große Meisterschaft besteht dabei im Loslassen. Wie ein großer asiatischer Zen-Meister der Kampfkünste es schon vor Jahrhunderten an seine Schüler weitergab: **Sei wie ein Grashalm im Wald, wenn der Wind dort gewaltig hineinbläst.** Er nutzt die Energie des Windes und schwingt mit ihm. Die meisten verhalten sich aber eher wie starre Bäume, die sich gegen den Wind stemmen und daher zwangsläufig zerbrechen werden.

Wir leben in einer Zeit des großen Wandels, aber auch des Umbruchs, von dem wir alle betroffen sind. Auf der einen Seite zerfallen ganze Gesellschaftsstrukturen und auf der anderen Seite öffnen sich neue Perspektiven. Für alle, die an ihrem Job, an ihrem Geld und sonstigen materiellen Dingen festhalten, wird diese Zeit noch einige Überraschungen mit sich bringen. Jeder sollte sich selbst fragen, will ich eher der Baumstamm im stürmischen Wald sein oder lieber der Grashalm. Diejenigen, die meine Bücher oder Vorträge kennen, wissen, dass ich dort im zweiten Teil die gesellschaftliche Ebene verlasse und meine Leser und Zuhörer auf Seelenebene anspreche. So als ob ich mich mit einem mir nahstehenden guten Freund unterhalte. Diejenigen, die sich für die rote Pille entscheiden, lade ich ein, mit mir auf die im Vorwort angekündigte Entdeckungsreise zu gehen. Du wirst jemanden kennenlernen, dem Du sehr nahe stehst und der Dir doch so fremd ist. Dieser jemand ist das, was Dich wirklich ausmacht, abseits von äußeren Formen. Es ist Dein wahres Selbst.

Die Angst vor der Angst

„Einst saß ein alter, weiser Mann unter einem Baum,
als der Tod des Weges kam. Der Weise fragte ihn: „Wohin gehst Du?"
und der Tod antwortete ihm: „Ich gehe in die Stadt und werde dort
hundert Menschen töten."

Auf seiner Rückreise kam der Tod wieder bei dem Weisen vorbei.
Der Weise sprach zu ihm: „Du sagtest mir, dass Du hundert Menschen
töten wolltest. Reisende aber haben mir berichtet, es wären
zehntausend gestorben."

Der Tod aber sprach: „Ich tötete nur hundert,
die anderen hat die eigene Angst umgebracht."

Indische Weisheit

Als wir das Licht der Welt erblickten, hatten wir alles Mögliche: die Windeln voll, Hunger, Durst, den Drang nach Streicheleinheiten, Unbehagen, Unwohlsein, doch eines hatten wir nicht: Angst.

Da aber die Angst bei fast allen Menschen zum ständigen Begleiter geworden ist, sei die Frage erlaubt: woher stammt sie eigentlich? Vertrauen und Zuversicht sind das Gegenteil von Angst, daher hat es den Anschein, dass die meisten Menschen kein Vertrauen in ihr Leben haben. Die Liste der Ängste, mit denen wir uns befassen, ist schier unendlich. Da wären:

- die Angst vor Krankheiten, wie Krebs, Schlaganfall oder Herzinfarkt
- vor Unvorhersehbarem
- vor der Zukunft
- Seuchen (z. B. BSE, Schweinegrippe, Vogelgrippe, Ebola etc.)
- Eifersucht, Verlust des Partners
- Unfällen
- Tod
- Terror und Krieg
- Arbeitslosigkeit
- Inflation
- Armut
- keinen Partner zu finden
- Einbruch und Diebstahl etc.

Betrachten wir die Geschichte der Menschheit, dann sehen wir, dass seit jeher mit der Angst auch Geld verdient wurde. Im Mittelalter hatte die Kirche dieses Geschäft an sich gerissen, indem sie den Menschen die Möglichkeit gab, sich durch Ablassbriefe (Ablasshandel) von ihren Sünden freizukaufen. Die Bevölkerung der damaligen Zeit nahm diese Möglichkeit mit Begeisterung an und hat somit der Kirche viel Geld in ihre Kassen gespült. Heutzutage haben Politik und Medien die Rolle der Angstprediger übernommen. Jahr für Jahr geben die Regierungen in regelmäßigen Abständen Terrorwarnungen

heraus, die dann als dominierendes Thema von den Medien bei der Berichterstattung übernommen werden.

Dadurch lebt der größte Teil der Menschen in dem Gefühl, dass wir in einer
extrem unsicheren Zeit leben. Diese Sichtweise spiegelt sich in dem Aus-
spruch wieder: „Früher war alles besser…".

Die Furcht scheint mittlerweile so groß zu sein, dass die Medien das Jahr 2016
sogar als das Jahr der Ängste bezeichneten.[346] Solche Meldungen geben natürlich den Menschen in ihrer Annahme Recht, dass ihre Angst tatsächlich
begründet sei.

Statt mittelalterlicher Ablassbriefe bietet man heutzutage den Bürgern Sicherheit durch Überwachung an. Der Preis dafür ist, dass die Freiheitsrechte
jedes Einzelnen massiv eingeschränkt werden. Wie wir bereits im ersten Teil
des Buchs gesehen haben, gehören beispielsweise der Wegfall des Bankgeheimnisses, Vorratsdatenspeicherung, Überwachung der Kommunikation
sowie Videoaufzeichnungen jeglicher Art dazu. Mit anderen Worten, die
vermeintliche Sicherheit bringt die totale Überwachung in Perfektion. Dabei merken die meisten Menschen nicht, dass sich die Spirale aus Angst und
der erhofften Sicherheit immer schneller dreht. Das Resultat hieraus ist nicht
nur die Aufgabe des letzten Stücks Freiheit, sondern auch eine immer größer
werdende Unsicherheit.". Dabei ist der eigentliche Ursprung der Sorgen und
Ängste in unseren Gedanken zu finden, wie wir im Kapitel über den Diaprojektor gesehen haben.

Genauer betrachtet befinden wir uns nämlich mit unseren Gedanken meist
in der Zukunft. Mit anderen Worten, wir sind nicht in der Gegenwart. Die Zukunft existiert aber nur als gedankliche Form. Niemand hat sie je gesehen,
gerochen, gefühlt, gehört oder erfahren.

Dazu müssen wir erst einmal das Jetzt verlassen, um mit unserem Gedanken eine vermeidliche Bedrohung in der Zukunft zu erschaffen, woraus dann

Angst entsteht. Maßgeblichen Anteil an dieser Vorstellung einer bedrohlichen Zukunft haben die Medien, so wie Hollywood, mit ihren düsteren Visionen. Im Fernsehprogramm bekommt der Konsument mit den täglichen Meldungen über Mord, Terror, Raub, Seuchen usw. gleich frei Haus den Cocktail geliefert, aus dem seine Gedankenwelt zusammengemixt ist. Fast schon taumelnd, wie ein angeknockter Boxer, suchen die meisten Menschen dann Halt und Sicherheit im Außen. Es handelt sich dabei natürlich nur um eine Scheinsicherheit, da absolut nichts in unserem Leben sicher sein kann. Es ist letztendlich so, dass die Angst die Macht über uns hat, die wir ihr geben.

Bereits der russische Schriftsteller Anton Pawlowitsch Tschechow sagte: „Es gibt keine Sicherheit, nur verschiedene Grade der Unsicherheit."

Trotz alledem kann man die Bedeutung der Angst sehr schön an unserem Absicherungswahn erkennen, da man sich mittlerweile gegen alles und jedes „absichern" kann. Hierzu gehören geplatzte Hochzeiten, Unfälle bei der Monsterjagd mit „Pokémon Go" oder das Steckenbleiben im Fahrstuhl.[347]

Nach dem Gesetz der Resonanz jedoch zieht Angst noch mehr Angst an. Goethe schrieb dazu im Zauberlehrling: **„Die Geister, die ich rief, werd ich nicht mehr los."** Er meinte damit die Gedanken, die uns umkreisen und die Fähigkeit besitzen, Realität zu erschaffen. Demzufolge sollten wir wissen, dass unsere Gedanken wie ein Magnet wirken und selbst das anziehen, was wir eigentlich nicht wollen. Der Grund dafür ist, dass unser Unterbewusstsein keine Verneinungen versteht. Mit anderen Worten, wenn ich zum Beispiel denke: „Ich möchte nicht krank sein", „Ich möchte meinen Arbeitsplatz nicht verlieren", „Ich möchte von meinem Partner nicht betrogen werden" dann hört das Unterbewusstsein genau das Gegenteil. Aus „Ich möchte nicht krank sein" wird dann „Ich möchte krank sein" usw.

Diese Thematik findet sich auch schon in der Bibel: „Was ich befürchtet habe, ist über mich gekommen." (Hiob, 3,25) und so gibt es auch Menschen, die genau das, was sie nicht möchten, in ihrem Leben erfahren.

So erging es beispielsweise Donna Summer, der bekannten amerikanischen Sängerin. Sie wohnte während des Terroranschlags auf das World Trade Center in der Nähe des Ground Zero. Enge Vertraute aus ihrem Umfeld berichteten, dass sie Angst vor der verpesteten Luft hatte, die sie tagtäglich einatmete und regelrecht paranoid wurde. Sie befürchtete durch die Asbestspuren Lungenkrebs zu bekommen. Auch nach einigen Monaten und Jahren des schrecklichen Anschlags schwand ihre Angst nicht. Deney Terrio, Gastgeber der Show "Dance Fever" erklärte, die legendäre Disco-Queen hätte ihre Garderobe sogar mit Bettlaken eingehüllt, um das Eindringen von Staub zu verhindern. Schließlich wurde ihre Angst Wirklichkeit und sie verstarb am 17. Mai 2012 an einer schweren Lungenkrebs-Erkrankung.[348]

So wie Donna Summer leben viele Menschen in ständiger Unsicherheit und suchen Halt und Sicherheit im Außen. Sie merken dabei nicht, wie wir gerade gesehen haben, dass es unsere Gedanken selbst sind, welche ein Gefühl der Unsicherheit in uns erzeugen. Wir müssen erkennen, dass wir nicht nur Gedanken senden, sondern auch empfangen. Mit anderen Worten, wir sind Sender und Empfänger gleichermaßen.

Das gilt insbesondere für all unsere Gedanken, die wir täglich aussenden. Nach dem Gesetz der Resonanz kehren Deine Gedanken, nachdem sie sich manifestiert haben, vervielfacht und verstärkt wieder zu Dir zurück. Liebe zieht Liebe an – Hass zieht Hass an – Angst zieht Angst an. Da die Welt nur ein Spiegel unseres Selbst ist, sollte sich jeder die Frage stellen, was er bislang in seinem Leben angezogen hat. Nach dem Gesetz der Resonanz können wir nur das empfangen, was wir zuvor gesendet haben, nicht zufällig, sondern gesetzmäßig.

Das Gesetz funktioniert natürlich auch, wenn wir destruktive, disharmonische Schwingungen, wie Hass, Ärger, Wut, Kritik, Angst, Neid, Depression aussenden. Diese negativen Emotionen treffen aber zu allererst uns selbst. Jeder hat schon einmal festgestellt, dass man sich sehr erschöpft fühlt, wenn man zuvor wütend oder ärgerlich war. Das ist völlig normal, da der Energieaufwand immens ist.

Die Angst wiederum ist nur ein Produkt der Erinnerung, die in der Vergangenheit wurzelt. Ihre Energie ist so groß, dass Sie mit großer Macht eine Realität erzeugt, in der Angst als gerechtfertigt erscheint.

Eine chinesische Weisheit besagt: **„Die Angst klopfte an die Tür! Das Vertrauen öffnete und niemand war draußen."**

Angstgefühle entspringen im Grunde genommen nur einem Mangel an Vertrauen in das Leben. Wer jedoch aus Angst oder einem Mangelbewusstsein heraus handelt, wird diesen Mangel eher noch verstärken. So zieht er das, wovor er Angst hat, in sein Leben.

Es ist höchste Zeit, dass wir anfangen umzudenken und die Angst gegen das Vertrauen, das wir als Kinder hatten, einzutauschen. Jeder Moment ist einzigartig und ist Teil unserer Welt, sonst würden wir ihn gar nicht so wahrnehmen. Die Wertung und Einteilung in Gut oder Schlecht entsteht nur in unserem Kopf.

Unsere Meisterschaft besteht jedoch darin, dies als Teil unserer Welt anzunehmen und die Aufmerksamkeit nur auf die Dinge zu richten, die wir wirklich in unser Leben ziehen möchten.

Konzentriert euch auf eure innere Stimme und nicht auf das, worauf die Medien oder irgendwelche Politiker die Aufmerksamkeit richten wollen. Das Handeln dieser Menschen basiert meist auf Täuschung und Verfälschung des Lebenssinns. Einer der größten Weisheitslehrer des 20. Jahrhunderts Jiddu Krishnamurti lehrte bereits:

„Dein Verlangen nach Sicherheit erzeugt Angst, und es ist diese Angst, die sich der Unterdrückung durch Autoritäten beugt. Die Angst sagt dir nicht, wie du denken sollst, sondern was du denken sollst. Nur wenn du frei von Angst bist, kannst du die Wirklichkeit entdecken." [349]

Kritische Masse
– Warum der Einzelne doch viel bewirken kann

Sobald sich der Geist eines Menschen einen neuen Horizont erschlossen hat, kehrt er nie mehr in seinen vorherigen Zustand zurück."

Oliver Wendell Holmes Sr. (amerikanischer Arzt und Schriftsteller) (1809-1894)

Viele von uns kennen sicherlich den Spruch, „Was können wir schon ändern, denn die da oben machen doch sowieso, was sie wollen." Dahinter steckt der weit verbreitete Glaubenssatz, dass ein Einzelner sowieso nichts am Zustand der Gesellschaft verändern kann und das soll aus Sicht der Eliten auch zukünftig so bleiben. Jedoch ist mittlerweile bekannt, dass eine verhältnismäßig geringe Anzahl von nur 20 Prozent der Bevölkerung sogar in der Lage sein kann, eine Verhaltensänderung aller anderen bewirken zu können (Pareto Prinzip).

Jüngste Forschungen gehen sogar davon aus, dass der Prozentsatz noch geringer ist und bei etwa 10 Prozent liegt. Dies bedeutet, um eine Meinung oder ein neues Paradigma zu etablieren, reicht eine verhältnismäßig kleine Gruppe von Menschen aus. Diese wird auch als sogenannte „kritische Masse" bezeichnet.[350]

Besser kann man sich das anhand der Vorgänge vorstellen, die in einem Gartenteich ablaufen. Dort existieren nämlich drei Arten von Mikroben. Zum einen solche, die für lebensfreundliche Bedingungen im Teich sorgen und zum anderen gibt es Mikroben, die für das Kippen des Teiches zuständig sind. Ganz entscheidend bei diesem Prozess sind die sogenannten opportunistischen (Mitläufer-) Mikroben.

Diese passen sich nämlich immer der stärksten kleinen Gruppe an. Also entweder den lebensfreundlichen oder den lebensfeindlichen Mikroben. Wem sie hinterherlaufen, entscheidet darüber, ob der Teich kippt oder das Leben im Teich gedeiht und blüht.[351]

Diesen „**Mitläufern**" ist es sozusagen egal, ob sie ihr Leben als negative oder positive Kraft einbringen. Das brisante daran: Die opportunistischen Mikroben entsprechen etwa 80 Prozent der Gesamtpopulation. Daraus ergibt sich, dass die lebensfreundlichen und lebensfeindlichen Mikroben in etwa 10 Prozent entsprechen. Dieser geringe Prozentsatz reicht aus, um das ganze System zum Kippen zu bringen. Bezogen auf uns Menschen bedeutet dies, dass manchmal nur eine Stimme mehr genügt, um den Kipppunkt zu erreichen und einen gesellschaftlichen Umschwung einzuleiten.[352]

Der Kipppunkt

Wissenschaftler am Rensselaer Polytechnic Institute in New York verwendeten rechnerische und analytische Methoden, um den Kipppunkt zu bestimmen, wo eine Minderheits-Sichtweise zur Mehrheitsmeinung wurde. Sie haben in diesem Zusammenhang etwas Erstaunliches herausgefunden:

Die Wissenschaftler stellten fest, dass wenn nur 10 Prozent der Bevölkerung unerschütterlich an einer Vorstellung festhalten, diese Ansicht immer von der Mehrheit der Gesellschaft übernommen wird. Dies ist nicht irgendeine Erkenntnis, nein, sie ist absolut atemberaubend, da sie das vorhandene Glaubensmuster ad absurdum führt.

Die Forscher des RPI in New York, die an der Studie mitarbeiteten, gehören auch dem Social Cognitive Networks Academic Research Center (SCNARC) in Rensselaer an, dessen Direktor Boleslaw Szymanski die Ergebnisse wie folgt zusammenfasste:

„Wenn die Anzahl der engagierten Meinungsträger unter 10 Prozent bleibt, gibt es keine sichtbaren Fortschritte bei der Verbreitung von Ideen. Damit aus einer solch geringen Gruppengröße eine Mehrheit erreicht werden kann, würde es eine Zeitspanne brauchen, die buchstäblich vergleichbar ist mit dem Alter des Universums. […] Sobald aber der Anteil die 10 %-Schwelle übersteigt, verbreitet sich die Idee wie eine Flamme."[353]

Genau aus diesem Grund wird bewusst darauf geachtet, dass die Meinungen, die für das etablierte System gefährlich werden könnten (z. B. gegen EU, Euro, GEZ, Flüchtlingspolitik usw.) verteufelt werden. Diejenigen, die diese vertreten, gelten wie wir gesehen haben, als verrückte Randgruppen und werden als Verschwörungstheoretiker, Rechtspopulisten oder Reichsbürger „etikettiert". Daraus resultiert, dass die Mehrheit mit diesen Personen nichts zu tun haben will. Das Problem bei diesen Gruppen ist, dass bei ihnen das Gefühl aufkommt, sie werden nicht durch die Mehrheit wahrgenommen und seien dadurch unbedeutend. Was sie dabei aber verkennen ist, dass sie tatsächlich viel bewirken können, indem sie von ihrer Sache überzeugt sind und das Wissen mit immer mehr Menschen teilen. Auf unser jetziges System bezogen bedeutet das, dass wahrscheinlich die kritische Maße schon bei ca. 9 Prozent liegt.

In den letzten Jahren ist zu beobachten, dass immer mehr Menschen nicht mehr die vorgefertigte Mainstream-Meinung übernehmen und das System als Ganzes in Frage stellen.

Demzufolge ist es nur noch eine Frage der Zeit, bis die 10 Prozent Barriere durchbrochen wird. Dann folgen die restlichen Menschen wie die „opportunistischen Mikroben", von selbst. Stellt Euch vor, Ihr gehört zu den entscheidenden „menschlichen Mikroben", die ihren Beitrag beim Erwachen leisten. Dieser Gedanke ist das Samenkorn, aus dem die Veränderung erwächst. Achtet auf Eure Gedanken, denn „das, worauf du deine Aufmerksamkeit richtest, das wächst", sagte bereits Buddha. Jetzt könnt Ihr entscheiden, ob Ihr dem Körnchen regelmäßig Wasser und Aufmerksamkeit schenkt oder es ignoriert und denkt, alles nur Quatsch.

Jeder Gedanke hat ein messbares Schwingungsmuster. Ähnliche Gedanken haben ähnliche Schwingungen und ziehen sich deshalb an. Dies führt zu sogenannten Gedankenkörpern, die über ein viel größeres Energiepotential verfügen, als ein einzelner Gedanke. Die Berliner Mauer ist genau zu dem Zeitpunkt gefallen, als die Gedankenenergie der Freiheit größer war als die der Unfreiheit.

Das Morphogenetische Feld

„In der Natur ist alles mit allem verbunden;
alles durchkreuzt sich, alles wechselt mit allem,
alles ändert sich, eines in das andere."

Gotthold Ephraim Lessing (deutscher Dichter) (1729 – 1781)

Über lange Zeit gingen die Menschen davon aus, dass Gedanken einfach nur Gedanken sind.

Bei genauer Betrachtung sind sie aber viel mehr! Sie sind nichträumliche Erscheinungen und demzufolge nicht an den Raum gebunden. Kaum jemandem ist wirklich bewusst, dass sich Gedanken schneller bewegen als alles andere. Sogar das Licht ist nicht so schnell, da es Raum benötigt. Gedanken jedoch benötigen keine Zeit, da es für sie keinen Raum gibt. Somit sind sie tatsächlich das Schnellste, was es gibt.

Jeder Gedanke ist wie ein Samenkorn, das wir säen und hat sogar ein messbares Schwingungsmuster. Ähnliche Gedanken haben ähnliche Schwingungen und ziehen sich deshalb an. Dies führt zu sogenannten Gedankenkörpern, die über ein viel größeres Energiepotential verfügen, als ein einzelner Gedanke. Diese werden auch als morphogenetische Felder bezeichnet.

Eng damit verbunden sind die Forschungen des Biologen Professor Rupert Sheldrake, der diese Felder als Teil eines gigantischen Gedankenfeldes bezeichnete und ihnen den Namen Morphogenetisches Feld gab.

Nach seiner Theorie steuern feinstoffliche Felder die gesamte belebte und unbelebte Schöpfung. Sie wirken wie ein alles durchdringendes Feld, unabhängig von Raum und Zeit, in dem die Informationen des Universums gespeichert sind. Was auch immer ein Lebewesen tut, denkt oder fühlt, ist dort hinterlegt. Für uns, die in der westlichen Welt aufgewachsen sind, klingt das ziemlich ungewöhnlich. Anders sieht es bei den Arapaho Indianern aus. Dort wird schon seit Generationen gelehrt, dass alle Pflanzen unsere Brüder und Schwestern sind. Sie behaupten sogar, dass sie zu uns sprechen und wenn wir aufmerksam genug sind, können wir sie sogar hören. Das ist nur möglich, da sie, wie Sheldrake behauptet, Teil des Morphogenetischen Felds sind.

Bei seinen wissenschaftlichen Studien experimentierte Sheldrake mit Tieren, unter anderem mit Ratten, und stieß dabei auf ein erstaunliches Phänomen.

Im Rahmen dieser Forschungen stellte sich nämlich heraus, dass sobald ein Tier ein neues Verhaltensmuster erlernt hatte, nach einer gewissen Zeit ein anderes Tier dieser Art ebenfalls dieses neue Verhalten aufwies.

Er nannte dies „immaterielle Informationen", die aus dem morphogenetischen Feld stammen. Seiner Ansicht nach sind alle Lebewesen durch dieses unsichtbare Energiefeld miteinander verbunden. Er stand aber mit seiner Überzeugung nicht alleine da. Der bekannte Quantenphysiker David Bohm, der als junger Mann an der Princeton University eng mit Albert Einstein zusammengearbeitet hatte, ging ebenfalls davon aus, dass alles mit allem unsichtbar verbunden ist.

Besonders schön lässt sich das in der Tierwelt beobachten. Im Dezember 2004 erschütterte ein gewaltiger Tsunami Südostasien, bei dem zehntausende Menschen starben. Unter ihnen waren auch zahlreiche Touristen, die völlig unvorbereitet in den Tod gerissen wurden. Die Einzigen, die diese Todeswelle anscheinend gespürt hatten, waren die Tiere.[354]

Parallel wütete im Yala Nationalpark (Sri Lanka) ebenfalls der Tsunami. Danach war das größte Naturreservat Sri Lankas vollkommen verwüstet. Als die Helfer eintrafen, fanden sie die Leichen von rund 200 Menschen. Verwundert waren sie, dass sich darunter keine Tierkadaver befanden. In dem Reservat lebten Krokodile, Wildschweine, Wasserbüffel, Affen, Leoparden und circa 200 Elefanten. Sie alle schienen die Riesenwelle, die bis zu drei Kilometer tief in den Park vorgestoßen war, geahnt zu haben. Rechtzeitig noch vor Eintreffen der Welle brachten sie sich alle auf einem Hügel in Sicherheit.[355]

H. D. Ratnayake, der Vizedirektor der Naturschutzbehörde Sri Lankas, stellte damals fest: „Es gibt keine toten Elefanten, nicht einmal einen toten Hasen oder ein totes Kaninchen."[356] Ferner sagte er: „Ich glaube, die Tiere können Katastrophen spüren. Sie haben einen sechsten Sinn. Sie wissen, wenn diese Dinge passieren."[357]

Selbst Wale und Delphine spürten diese Bedrohung und schwammen in tiefere Gewässer, um sich so in Sicherheit zu bringen. In Thailand wurden Elefanten unruhig, kurz bevor der Tsunami ausbrach. Sie zerrissen ihre Ketten, rannten mitsamt den Touristen, die sich auf ihrem Rücken befanden, auf einen Hügel und retteten damit den Menschen das Leben.

Auch in China haben Erdbebenforscher etwas Spannendes entdeckt: Kurz vor Ausbruch eines schweren Erdbebens erwachten Schlangen aus ihrem Winterschlaf und verließen ihren Unterschlupf. Diese Beobachtungen sind nicht neu, sondern schon so alt wie die Menschheit.

Bereits der römische Schriftsteller Plinius der Ältere nannte unruhige Vögel als eines von vier Erdbeben-Vorzeichen. Auch Alexander von Humboldt berichtete im Jahr 1797, dass die Tiere verrücktspielten, kurz bevor in der Stadt Cumana in Venezuela die Erde bebte.[358]

Viele Menschen, die solche Geschichten hören, sind erstaunt und finden es auch interessant, aber trotzdem können sie es sich nicht vorstellen, dass auch sie über ähnliche Fähigkeiten verfügen. Die Vorstellung stammt aus dem begrenzten Verstand. Das hängt damit zusammen, dass wir Menschen nur ca. 10 % unseres geistigen Potentials nutzen und der Rest brachliegt.

Wie Sheldrake richtig erkannte, sind alle Lebewesen über das morphogenetische Feld miteinander verbunden. Nur dass sich, im Gegensatz zu den Tieren, die Mehrzahl der Menschen dem nicht bewusst ist.

Eng verbunden mit dem Morphogenetischen Feld ist die „Die Legende vom hundertsten Affen":

Im Jahre 1958 wurden durch Wissenschaftler auf der japanischen Insel Koshima erstaunliche Beobachtungen bei einer Gruppe Affen gemacht.

Eines Tages legte einer der Wissenschaftler den Affen Süßkartoffeln in den Sand. Für die Affen waren Süßkartoffeln eine Delikatesse, nur sie mochten den daran klebenden Sand nicht.

Ein kleiner Babyaffe, dem die Wissenschaftler den Namen „Imo" gegeben hatten, ging zum nahegelegenen Fluss, um die Kartoffel zu säubern. Dieses Verhalten wurde von den anderen Affen beobachtet und sie begannen ebenfalls nach und nach, die sandigen Süßkartoffeln zu waschen. Viele der erwachsenen Affen blieben bei ihrem bisherigen Verhalten und aßen die sandigen Süßkartoffeln, da es nicht üblich war, dass sie von ihren Kindern lernten.

Dann geschah etwas Überraschendes, was für die Wissenschaft zunächst unerklärlich war.

Nachdem eine gewisse Anzahl von Affen dieses neue Verhalten angenommen hatte, schlug dieses Wissen auch auf alle anderen Affen über. Mit einem Mal begannen alle Affen der Sippe ihre Süßkartoffeln vor dem Verzehr zu waschen.

Ken Keyes schrieb über diese Geschehnisse in seinem Buch „The Hundredth Monkey": „Die hinzugekommene Energie des 100. Affen hatte irgendwie einen ideologischen Durchbruch erzeugt."

Das wirklich Sensationelle aber war, dass noch am gleichen Tag das neue Wissen über das Meer zu anderen Inseln übersprang. Affenkolonien auf anderen Inseln, welche nachweislich nicht im direkten Kontakt mit der Insel Koshima standen, übernahmen im gleichen Moment die Angewohnheit, Süßkartoffeln zu waschen.

„Sogar die Affenpopulation von Takasakiyama auf dem Festland begannen ebenfalls, ihre Süßkartoffeln zu waschen," schrieb Ken Keyes.

Dieses Rätsel für die damalige Wissenschaft führt zu der Erkenntnis, dass wenn eine kritische Anzahl ein bestimmtes Bewusstsein erreicht hat, dieses neue Bewusstsein von Geist zu Geist kommuniziert werden kann.

Dabei stellt die Zahl 100 lediglich einen symbolischen Wert dar, der für eine zahlenmäßig nicht definierbare kritische Masse steht. Irgendwann ist diese kritische Masse erreicht, und neue Wege und Erkenntnisse gelten für alle.

Das Erkennen eines neuen Weges durch eine kleine Anzahl von Menschen kann auf deren Bewusstseinsfeld begrenzt bleiben. Es gibt aber den Punkt, an dem **ein Einzelner**, der hinzukommt, den nötigen Unterschied ausmachen kann. Es ist vergleichbar mit dem einen Tropfen, der das sprichwörtliche Fass zum Überlaufen bringt.

Das bedeutet, dass jeder von uns der hundertste Affe sein kann, oder wie Mahatma Gandhi es formulierte: „Sei du die Veränderung, die du in der Welt sehen möchtest."

Das Universum ist Klang

„Wenn du die Geheimnisse des Universums finden möchtest,
denke in Richtung Energie, Frequenzen und Vibrationen"

Nikola Tesla (Erfinder, Physiker und Elektroingenieur) (1856 – 1943)

Im Jahr 2012 war ich bei meinem Meditationslehrer eingeladen und er sagte bereits vorab, du kannst gespannt sein, auf das, was ich dir zeigen werde. Voller Neugier konnte ich unser Treffen kaum erwarten. Als ich unseren Meditationsraum betrat, fiel mir sofort die eigenartige Konstruktion inmitten des Raumes auf. Dort stand ein Metallständer, auf dem sich eine rechteckige Metallplatte mit circa einem halben Meter Durchmesser befand. Diese war gleichmäßig dünn mit Quarzsand bestreut. Daneben lag auf einem kleinen Tischchen der Bogen einer Geige.

Da ich noch auf den Meister warten musste, wuchs meine Neugierde in Anbetracht dieser Aufbauten noch mehr. Ich hörte auf einmal eine leise Stimme hinter mir, die sagte: „Ich spüre deine Anspannung, ich bin hier um sie dir zu nehmen."

Er ging zu dem Tischchen, nahm den Bogen und strich seitlich über die Plattenkante, so als ob er über die Saite einer Geige fuhr. Es entstand ein hörbar gleichmäßiger Ton. Wie von Zauberhand fingen auf einmal die Sandkörner an sich zu bewegen und ich wusste bis zu diesem Zeitpunkt eigentlich noch nicht, was er mir damit sagen wollte. Als sich aber die Sandkörner wie von selbst zu absolut symmetrischen Formen zusammenfügten, war ich über die Schönheit der Muster tief berührt.

Daraufhin flüsterte er mir nur ein Wort zu: **Nadabrahma**. Ich fragte ihn, was bedeutet das, woraufhin er erwiderte, das Universum ist Klang. Das Wort Nada bedeutet Klang oder Vibration.

Er sagte mir, dass in alten Traditionen des Ostens seit Jahrtausenden verstanden wird, dass alles Schwingung ist. Nichts ist wirklich fest. Das gilt auch für die Atome, die sich ständig in Bewegung befinden. Alles schwingt in einer bestimmten Frequenz. Das bedeutet zum Beispiel, dass sich Farben nur durch verschiedene Frequenzen unterscheiden. Letztendlich sind Farben auch nur Klang, den wir nur nicht wahrnehmen können. Menschen, die bewusstseinserweiternde Substanzen genommen haben, wie beispielsweise LSD oder

Meskalin, berichteten darüber, dass sie die Klänge der Farben gehört hätten. Diese Klänge wurden beispielsweise in dem Beatles Song: „Lucy in the Sky with Diamonds"[359] umgesetzt.

In meinem Fall sah ich immer noch fasziniert auf die sandbestreute Scheibe, die der Meister mit dem Bogen in Bewegung brachte. Ich erkannte, dass Farben nicht nur Klang sind, sondern dass Schwingung Materie in eine neue Formation bringt. Verblüfft war ich, als er mir sagte, dass der Klang selbst der Künstler ist, der Dinge erschafft! Er verglich es sogar mit einer Art Schöpfungsprozess. Jetzt verstand ich, was die großen Genies wie Mozart, Beethoven oder die Beatles ausmachte.

Bevor ich ihn wieder verließ, sagte er mir noch: „Junge, wenn du die Geheimnisse des Universums finden möchtest, dann denke in Richtung Energie, Frequenzen und Vibrationen und befasse dich mit Chladnischen Klangfiguren."

Kaum zuhause angekommen, fing ich an, mich der Sache zu widmen. Worauf ich stieß, war eines der spannendsten Themen, mit denen ich mich je auseinandergesetzt hatte. Ich fand heraus, dass der bekannte Johannes Kepler (1571-1630) wissenschaftlich beweisen konnte, dass im Verlauf der Planetenbahnen musikalische Gesetzmäßigkeiten existieren. Kepler meinte sogar, dass dies überall im Universum gilt.

Als ich dann weiter forschte, stieß ich auf den zur Goethezeit lebenden Naturforscher Ernst Florens Friedrich Chladni (1756 1827), nach dem die Chladnischen Klangfiguren benannt sind. Eines Tages hatte er die Idee, mit einem Geigenbogen eine mit feinem Sand bestreute Glasplatte zum Schwingen zu bringen. Zu seinem Erstaunen ordnete sich der Sand auf der Platte beim Erklingen des Tones zu harmonischen Mustern. Auf der vibrierenden Platte entstanden Ruhepunkte, an denen sich die Sandkörner sammelten. Mit jedem Geigenbogenstrich ordnete sich der Sand zu einem neuen, einzigartigen Muster. Das Revolutionäre daran war, dass es Chlandi gelang, Töne sichtbar werden zu lassen.

Mit diesen Erkenntnissen im Gepäck reiste er durch Europa, stellte seine Experimente vor und brachte die Leute zum Staunen. Selbst Napoleon Bonaparte war von den Klangformen tief beeindruckt.[360]

Seitdem mussten noch einige Jahrzehnte vergehen, bis in den 60er Jahren des 20. Jahrhunderts der Schweizer Arzt Hans Jenny (1904–1972) die Experimente von Chladni weiterentwickelte. Dank des technischen Fortschritts konnte er die zugeführten Schwingungen mit einem Frequenzgenerator genau kontrollieren. Dabei fand er heraus, dass allein der Frequenzbereich von 0 bis 20 kHz hunderte verschiedene Klangbilder hervorbringt.[361]

Neu war, dass er im Gegensatz zu Chladni die verschiedensten Töne auch im Wasser sichtbar machen konnte. Ganz gleich, ob er die Schwingungen von Beethoven, Bach oder Mozart auf das Wasser übertrug: Die unterschiedlichen Instrumente führten zu einer nahezu unerschöpflichen Fülle faszinierender Strukturen und Muster, die er dann unter dem Namen „Kymatik" (griech. „to kyma" = die Welle) zusammenfasste.

Noch erstaunlicher war, dass die Klangbilder Ähnlichkeiten mit Kristallen, Muscheln, Blüten und Tieren aufwiesen. Die Frage drängte sich ihm auf, inwieweit hier universelle Gesetzmäßigkeiten wirken. Er selber wusste, dass bereits alte Schöpfungsmythen die Entstehung der Welt aus einem schwingenden, sowie klingenden Urgrund schilderten.[362]

Wie auch immer, die chladnischen Klangfiguren demonstrieren eindrucksvoll, dass sich alles in der Materie nach Schwingungen ordnet. Nicht das Gehirn lässt den Geist entstehen, so wie es die modernen Neurophysiologen gerne hätten, sondern das Gehirn ist ein Organ des Geistes. Mehr noch, der Geist erschafft sich sein Gehirn durch Schwingungen.[363]

Einer der bedeutendsten Philosophen **Gottfried Wilhelm Leibniz**, auch bekannt als der universale Geist seiner Zeit, sagte bereits: „Es gibt gar keine Materie, sondern nur Geist". Damit sprach er das an, was die alten Weisen in

Indien schon immer sagten: "**Materie ist die unterste Stufe von Geist und Geist die höchste Stufe von Materie.**"[364]

Das bedeutet, jedem Gegenstand um uns herum lag irgendwann einmal ein Gedanke zu Grunde, sonst wäre er gar nicht vorhanden. Oder anders ausgedrückt: Allem, was jemals erschaffen wurde, gingen immer Gedanken voraus.

Was bedeutet das für unser Leben?

Auch wir können verschiedene Schwingung um uns herum "empfangen": Wenn wir unser Leben, uns selbst und die Menschen um uns herum wahrnehmen, dann nehmen wir zumeist unterbewusst verschiedene Schwingungen wahr.

Jeder von uns kennt Situationen, in denen man Räume betritt und sofort merkt, ob die Schwingung positiv oder negativ ist. Wir sagen dann in der Regel: „Hier fühle ich mich wohl".

Gleichzeitig spüren wir aber auch, wie belastend es ist, sich in Räumen mit negativer Schwingung aufzuhalten. Oftmals können wir die Ursache nicht orten, aber wir spüren latent, dass etwas uns herunterzieht. Wir fühlen uns matt, unwohl und energielos.

Das gleiche gilt nicht nur von Räumen, sondern auch für Menschen. Es gibt Menschen, die eine ungeheuer positive Schwingung haben. Man spricht in diesem Zusammenhang auch von der „guten Ausstrahlung" eines Menschen. Dies betrifft nur scheinbar das körperliche Aussehen, wie man denken könnte, sondern es ist die Schwingung, die diesen Menschen positiv wirken lässt.

Im Gegenzug gibt es aber auch Menschen, bei denen wir mitunter sogar schon aus großer Entfernung merken, dass sie „negativ aufgeladen" sind und geradezu vor Hass und Ablehnung sprühen. Von ihnen geht eine verzerrte, unharmonische Schwingung aus. Diese gehören zu den Energiedieben, von denen wir uns lieber fernhalten sollten.

Die neun Energievampire

„Halte dich von negativen Menschen fern.
Sie haben ein Problem für jede Lösung."

Albert Einstein (Nobelpreisträger der Physik) (1879 – 1955)

Jeder von uns verfügt über ausreichend Energie, doch nur die wenigsten nutzen diese auch auf positive Weise. Mehr noch: Die Mehrzahl hingegen verschwendet sie sinnlos. Jeder von uns kennt Gespräche und Begegnungen mit Personen, nach denen er sich regelrecht leer, müde und auch ausgelaugt fühlt.

Nicht umsonst spricht man in solchen Fällen von Energievampiren. Sie saugen zwar nicht wie der berühmt berüchtigte Dracula unser Blut, sondern stattdessen unsere Lebensenergie. Diese Menschen sind Meister der Manipulation und es ist sehr schwer, aus der Energiefalle dieser Menschen heraus zu gelangen.

Dazu kommt noch, dass in unserer Gesellschaft ein regelrechter Energiefeldzug gegen den unwissenden Teil der Bevölkerung stattfindet. Medien und Politik nehmen dort eine Vorreiterrolle ein, weil sie davon leben, dass andere sich klein und machtlos fühlen, um im Gegenzug die Aufmerksamkeit und die Energie zu erhalten. Dadurch dringen sie in unsere innere Welt ein und rauben Teile unserer Lebenskraft. Betrachten wir aber einmal genauer unser Umfeld, dann werden wir feststellen, dass auch dort Energievampire am Werk sind. Das Schlimme daran ist, dass diese uns nicht nur körperlich, sondern auch seelisch und geistig krank machen.

Man kann sich gegen sie schützen, hierfür ist aber meist ein längerer Entwicklungsprozess erforderlich, der verschiedene Phasen umfasst.

Phase 1:
Du spürst, dass dein Gesprächspartner dir Energie raubt und Du fühlst dich danach schlecht und erschöpft.

Phase 2:
Du distanzierst dich und fängst an, die Energiediebe zu meiden.

Phase 3:

Du wirst sensibler und feinfühliger für diese Energien und in den wenigen Fällen, bei denen es trotzdem noch vorkommt, erkennst du sofort den Energiedieb und nimmst Abstand.

Phase 4:

Auf Grund des Resonanzgesetzes zieht man solche Menschen gar nicht mehr in sein Leben, da diese Energieräuber nur diejenigen aufsuchen, bei denen sie einfach einen „**sicheren Landeplatz**" vorfinden.

In Zukunft solltet Ihr auf diese 9 Energiediebe achten:

1.) Meide negative Menschen

Achte zukünftig darauf, dass Du Personen meidest, die ihre Beschwerden, Probleme, Angst und Vorurteile mit Dir teilen möchten. Hier geht es nicht darum, dass man wahren Freunden, mit denen man sich auch energetisch in Resonanz befindet, nicht hilft, da beide wissen, dass in jedem Problem auch immer eine Lösung steckt. Sondern es geht um die Menschen, die wie Einstein bereits sagte, in jeder Lösung ein Problem sehen.

2.) Begleiche Deine Rechnungen pünktlich

Wenn Du Dich bislang gewundert hast, dass Deine Rechnungen zögerlich beglichen werden, dann stelle Dir doch einmal die Frage, ob Du bisher sofort oder auch erst verspätet die Rechnungen anderer beglichen hast.

Im Umkehrschluss bedeutet das aber auch, dass Du jene gehen lassen solltest, von denen Du weißt, dass sie Deine Rechnung nicht begleichen werden. In Gedanken klebst Du nämlich sonst wie ein Kaugummi an dem Problem fest und blockierst Dich damit. Deine Energie kann somit nicht fließen, da sie sich immer noch auf die Person richtet, die Dir Geld schuldet. Lässt du dein Problem los, hast Du beide Hände frei für etwas Neues.

3.) Vergiss nicht, Du kannst es nicht jedem recht machen

Wenn Du tyrannisiert oder beleidigt wirst, mache es nicht zu Deiner Aufgabe, diese Menschen zu überzeugen, Dich zu mögen, da Du ansonsten nur noch tiefer in dieses destruktive Energiefeld hineingesogen wirst. Es liegt in der Natur der Dinge, dass nicht jeder Dich mögen wird und versuche auch nicht andere zu verändern. Das zu erkennen, kann der erste Schritt zur Befreiung sein.

4.) Lerne „Nein" zu sagen

Tust Du Dich oft schwer damit, jemandem einen Wunsch abzuschlagen? Bleibst Du bei einer Einladung oft sitzen, obwohl Du längst gehen möchtest? Dann gehörst Du anscheinend zu den Menschen, die schwer **„Nein"** sagen können. Das birgt eine große Gefahr in sich: Das Herz sagt zu einer Sache nein, doch der Verstand bringt diverse Begründungen, warum Du es doch machen solltest. Dadurch entsteht ein innerer Konflikt, bei dem man sich schlecht fühlt.

Die einfachste Möglichkeit, unhaltbare Versprechen zu vermeiden, ist von Anfang an NEIN zu sagen, wenn Dir etwas nicht gefällt.

5.) Gehe nur der Arbeit nach, die Du magst

Beruf kommt von Berufung! Solltest Du einen Job ausüben und Dich nicht dazu berufen fühlen, dann gib ihn lieber auf. Du wirst vielleicht erwidern, ich mache es des Geldes wegen. Wenn das der Fall ist, dann höre auf zu klagen und arbeite weiter, da Du ansonsten dir und der Firma keinen Gefallen tust und es nur unnötig Energie kostet.

6.) Übertrage Aufgaben, die Du nicht machen möchtest

Übertrage die Aufgaben auf andere, die Dir nicht liegen, da sie nicht Deinem Talent entsprechen und verwende lieber Deine Zeit und Aufmerksamkeit für auf Dinge, die Dir Freude bereiten.

Es geht nicht darum, Verantwortungen auszuweichen, doch man sollte sich bewusst sein, dass es manchmal besser ist, die Arbeit jemand anderem zu überlassen, der diese besser kann.

Schon sehr früh bringt man uns bei, dass jeder unbedingt an seinen Schwächen arbeiten muss, um etwas im Leben zu erreichen. Das ist aber ein Irrtum und eher einer der Gründe dafür, warum in unserer Gesellschaft so viel „Mittelmäßigkeit" existiert. Wenn man seine Schwächen akzeptiert und im Gegenzug die Stärken und Talente ausbaut, ist man auch in der Lage, herausragende Leistungen zu erbringen!

7.) Aufräumen und organisieren

Nichts erfordert so viel Energie wie ein unordentlicher Raum voller Dinge, die aus der Vergangenheit, stammen, die Du nicht mehr benötigst. Unordnung im Außen geht oft einher mit einer Unordnung im Inneren. Räume auf und trenne Dich endlich von den Dingen, die nicht mehr zu Dir gehören und meist nur ein Relikt aus der Vergangenheit sind.

8.) Akzeptiere

Akzeptieren heißt Dinge anzunehmen, so wie sie sind. Aus der Physik wissen wir, dass auf jede Aktion eine Reaktion folgt. Nichts verbraucht so viel Energie, wie gegen eine Situation zu kämpfen, die nicht verändert werden kann. Wenn wir aber akzeptieren, dass die Situation so ist wie sie ist, haben wir auch die Möglichkeit, unsere Pläne neu auszurichten oder andere Gelegenheiten zu suchen.

9.) Stoppe Deine Energielecks

Einen Großteil unserer Lebenskraft verschwenden wir dadurch, dass wir uns ständig streiten oder über irgendetwas ärgern. Außerdem stecken wir oftmals im Sumpf der Vergangenheit fest und bereuen oft Dinge, die wir entweder getan oder nicht getan haben und merken dabei gar nicht, dass wir gerade dann ein besonders großes Energieleck reißen. Dabei entleert sich unser Akku blitzschnell und wir versäumen zudem noch das „Jetzt".

Dies zeigt sich besonders stark in einem Bereich, dem die Gesellschaft sehr große Aufmerksamkeit entgegenbringt. Die Rede ist von der Sexualität, in all ihren Formen.

Die Droge Porno

„Die Liebe gibt sich im Geist zu erkennen – nicht im Körper, so wie man den Wein genießt zur Inspiration und nicht zur Trunkenheit."

Khalil Gibran (libanesisch-amerikanischer Philosoph und Dichter) (1883 – 1931)

Spätestens seit der 68er Bewegung kam es auch in Deutschland zu massiven gesellschaftlichen Veränderungen. Eine davon war die vermeintliche sexuelle Befreiung. Damals wurde über die Medien, allen voran durch Hollywood, die freie Sexualität in allen Lebensbereichen propagiert. Die Umgestaltung der Gesellschaft verlief jedoch noch in kleinen Schritten. In den 1970er und 1980er Jahren liefen erotische Filme, wie beispielsweise „Emanuelle" erst im späten Abendprogramm. All diejenigen, denen das nicht ausreichte und die lieber einen Pornofilm sehen wollten, mussten damals noch umständlich eine Videothek aufsuchen.

Es folgten die 1990er Jahre, wo bereits in den Nachmittags-TV-Talkshows nicht nur den Arbeitslosen, sondern gleich passend nach Schulschluss den Jugendlichen verschiedenste Sexpraktiken offeriert wurden. Seitdem nahm das Tempo so rasant zu, dass heute jedes noch so intime Detail öffentlich gemacht wird und Pornographie überall und jederzeit verfügbar ist. Wo die Reise zukünftig hingehen soll, zeigte RTL II im Mai 2017 mit der Datingshow „Naked Attraction".[365] In verglasten Boxen standen sechs nackte Kandidaten, bei denen anfänglich nur die unteren Geschlechtsteile zu sehen waren. Nur aufgrund der Penisse suchte sich die Kandidatin ihren Partner für das erste Date aus. Erst danach wurde das Gesicht gezeigt.

Noch viel dramatischer verlief die Entwicklung im Internet. Heutzutage braucht keiner mehr mit einem roten Kopf in eine Videothek zu gehen, um sich einen Pornofilm auszuleihen, sondern via App kann er überall und jederzeit seiner Befriedigung nachkommen. Wenn man sich überlegt, dass mittlerweile 30 Prozent des Datenverkehrs im Internet von Porno-Seiten ausgeht, dann müsste jetzt spätestens jedem klar sein, dass wir in einer Gesellschaft von Pornosüchtigen leben.[366]

Diese Tatsache wird jedoch von den Medien verschwiegen und im Gegenteil als eine harmlose und amüsante Freizeitbeschäftigung gefördert. Es geht völlig unter, dass es sich dabei um eine schwere Sucht mit erheblichen Auswirkungen handelt. Was jetzt vielleicht etwas altmodisch klingt, hat aber ernstzunehmende Folgen für die Betroffenen, wie wir noch sehen werden. Diese Männer und einige Frauen hecheln von einem Dopamin-Adrenalin-Rausch zum nächsten. Nur das simple Anschauen von Pornobildern im Zusammenhang mit Selbstbefriedigung löst bei ihnen im Gehirn schon die Ausschüttung dieser körpereigenen Erregungs- und Glücksbotenstoffe aus. Das Kuriose ist, dass sich unser Gehirn von den Pornos tatsächlich vorgaukeln lässt, wir hätten eine Partnerin zur Fortpflanzung gefunden. Das Unterbewusstsein kann nämlich nicht zwischen einer realen Frau und einer Frau auf einem Computerbildschirm unterscheiden.

Na und, werden viele sagen, was ist denn schon dabei, Hauptsache es macht Spaß. Obendrein wird durch Hollywood Filme wie „The Wolf of Wall Street", in dem Leonardo DiCaprio die Rolle des Börsenspekulanten Jordan Belfort spielt, noch bestätigt, dass Selbstbefriedigung neben Kokain das non plus ultra im Leben ist. Belfort führte ein Jetsetleben auf Kosten der Anleger, die er um zig Millionen betrog und dafür ins Gefängnis musste. In einer Filmszene unterhält sich Jordan Belfort (Leonardo DiCaprio) mit einem anderen Börsenmakler: „Wie oft in der Woche holst du dir einen runter?"

Er antwortete „drei bis vier Mal, manchmal sogar fünf."

> „So selten machen es bei uns nur die Anfänger. Ich hole mir zweimal täglich einen runter. Der Unterleib bleibt so im Rhythmus. Das ist kein Tipp, sondern das bekommst du von mir verschrieben. Tust du es nicht, verlierst du die Balance. Als wahrer Meister denkst du dabei ans Geld, wenn du dich befriedigst".[367]

Jordan Belfort gilt heute noch als Galionsfigur für viele junge Männer, die gerne so sein wollen wir er, da er alles hatte, was die materielle Welt zu bieten hat: Frauen, Häuser, Boote und Autos. Was Hollywood den Männern aber verschweigt ist die Tatsache, dass die ständige Selbstbefriedigung einen Haken hat.

Pornosüchtige befriedigen sich nicht nur im Film mehrmals am Tag, sondern auch im realen Leben. Das Problem dabei ist nur, dass man sich nach der Selbstbefriedigung körperlich geschwächt fühlt. Zur Schwächung kommt jedoch noch die Wahrnehmung einer inneren Leere, Traurigkeit und Energielosigkeit dazu. Man fällt in eine Art **„sexuellen Kater"**. Um diesen Kater möglichst schnell wieder los zu werden, muss der nächste Kick her. Also ist für die meisten die schnellste Lösung, um ihrer Sucht zu frönen, sich erneut mit einem Porno selbst zu befriedigen. So entsteht der endlose Kreislauf der Sucht.

Genau aus diesem Grund ist Pornographie neben Alkohol und Nikotin inzwischen zu einer Volksdroge geworden, nur dass nicht offiziell darüber berichtet wird. Die Konsequenz daraus ist eine Schwächung des Geistes und auch der Seelensubstanz, die wir als die erwähnte innere Leere und Traurigkeit wahrnehmen.

Warum wir Lebensenergie verlieren

Mittlerweile ist bekannt, dass mit jedem Samenerguss der Körper Zink, Selen, B-Vitamine, Vitamin C, Kalzium, Kupfer, Magnesium, Schwefel, Proteine, Fettsäuren und andere Stoffe verliert. Zusätzlich zum Verlust dieser wichtigen Vitalstoffe kommt noch ein wesentlicher Punkt dazu. So glauben östliche Traditionen an einen Verlust von Lebensenergie – Prana, Qi oder Chi – durch Ejakulation.[368]

Auch die Druiden der kultischen und geistigen Elite in der keltischen Gesellschaft waren sich dieser Energien bewusst. Bei den Germanen hieß sie Od, abgewandelt vom germanischen Gott Odin.

Die Taoisten gehen noch ein Stück weiter und lehren, dass Sperma die wertvollste der Körperflüssigkeiten ist: Ein einziger Tropfen sei so wertvoll wie fünfzig Tropfen Blut. Aus diesem Grund warnen die Taoisten auch seit Jahrtausenden vor zu häufiger Ejakulation.[369]

Im Französischen nennt man den Orgasmus nicht umsonst »**Le Petit Mort**«, den kleinen Tod: Weil Männer nach dem Samenerguss ihre innere Spannung verlieren und im wahrsten Sinne entkräftet sind. Boxer und Profi-Sportler wissen, was ich meine, und entscheiden sich aus diesem Grund vor einem wichtigen Wettkampf oft mehrere Tage oder gar Wochen für Abstinenz. Muhammad Ali sagte in diesem Zusammenhang sogar: „Sex oder Selbstbefriedigung vor einem Kampf macht schlappe Beine."

Die Umwandlung der Sexualenergie in Kreativität

Nicht nur im Profisport kann man erkennen, dass Enthaltsamkeit die Energie freisetzt, die zu Spitzenleistung führt, sondern auch in anderen Bereichen. So schrieb beispielsweise Napoleon Hill schon in seinem Bestseller „Denke nach und werde reich", der in den 30er Jahren des letzten Jahrhunderts entstand, dass die bedeutendsten Leistungen von Menschen mit höchstentwickelter geschlechtlicher Potenz vollbracht werden, „welche die Kunstfertigkeit erworben haben, ihren Geschlechtstrieb umzuleiten."[370] Unter dem Einfluss des Geschlechtstriebs entfaltet der Mensch beinahe übermenschliche Energien, wenn es ihm gelingt, diesen zu sublimieren und in schöpferische Kraft zu verwandeln.

Diese Einsicht verdankte Napoleon Hill „dem sorgfältigen Studium von Biographien und historischen Quellen, die nicht selten weiter als 2000 Jahre zurückreichen. In allen Fällen gelang der Nachweis, dass außerordentliche Leistungsfähigkeit Hand in Hand geht mit überdurchschnittlicher sexueller Potenz."[371] Er war sogar der Meinung, die sublimierte Geschlechtskraft ist die schöpferische Kraft aller Genies.

Warum der Orgasmus der Schlüssel zu einer höheren Dimension sein kann

Liebe ist mittlerweile zu einem abgedroschenen Wort geworden und nicht mehr als eine Worthülse. In unserer Zeit ist die Sexualität jedoch oft nicht mehr als eine Ego-Befriedigung und beschränkt sich auf den Austausch von Körperflüssigkeiten. Dabei ist der Geschlechtsakt viel mehr als nur die Verschmelzung zweier physischer Körper. Es existiert auch ein feinstofflicher Bereich, der auch als Astralkörper bezeichnet wird. Diese feinstofflichen Körper schwingen und gehen ebenfalls ineinander über.

Aus diesem Grund haben seit jeher die spirituellen Meister darauf geachtet, mit wem sie Geschlechtsverkehr hatten und Kinder zeugten. Der Liebesakt galt als etwas Heiliges und wurde nur mit einem geeigneten Partner, der auf der gleichen geistigen Entwicklungsstufe stand, praktiziert.

Heutzutage macht sich niemand mehr darüber Gedanken, sondern Swinger-Clubs und Gangbang-Partys für jedermann gelten als hip. Der Fokus liegt dabei meist auf dem äußeren Erscheinungsbild, dabei dreht sich alles um große Brüste oder bei Männern um eine sportliche Figur.

Ein Geiger würde jedoch nie auf die Idee kommen, mit einer Cellistin ein Duett zu spielen, deren Cello zwar hübsch aussieht, aber total verstimmt ist. Tut er es doch, kommt dabei nicht nur kein harmonisches Stück heraus, sondern es frustriert ihn und kostet viel Energie. Bezogen auf die Geige kann diese sogar solche Schäden davontragen, dass sie ihren Klang komplett verliert. Der Star Geiger Pierre Amoyal sagte über die weltberühmte Stradivari:

„Da besteht tatsächlich so etwas wie eine Liebesbeziehung, mit einem gegenseitigen Geben und Nehmen. Eines muss man nämlich wissen: Wird eine Stradivari schlecht gespielt, oder nicht gut behandelt, dann verliert sie nach ein paar Monaten ihren Klang."[372]

Bezogen auf uns Menschen heißt das: Wenn wir nicht mit unserem Liebespartner auf einer Ebene schwingen, sondern der Partner wie das verstimmte Cello seine negative Energie auf uns überträgt, entsteht eine Sogwirkung. Dabei wird der höher schwingende Partner geschädigt, da seine Energie im wahrsten Sinne des Wortes abgesaugt wird.

Sexuelle Energie, gesammelt in Verbindung mit dem richtigen Partner, kann jedoch Enormes vollbringen. Man kann durch den Austausch an Energien während des Liebesaktes sogar den Partner von Krankheiten heilen. Im Tao und im Tantra Yoga lernen Männer, anfangs durch Muskelanspannung und später durch reine Gedankenkraft, einen Orgasmus zu erleben, ohne dabei zu ejakulieren. Die Energie, die dabei nicht freigesetzt wird, kann nun zum Beispiel zu Heilzwecken verwendet werden, doch bleibt sie im Körper des Mannes.

Auch bei uns in Europa gab es ähnliche Riten. So haben bei den Germanen und Kelten Mönche und Priester gezielt zur Sommersonnenwende die geschlechtliche Vereinigung gesucht. Über das Jahr wurde die Sexualenergie in Enthaltsamkeit gesammelt und so an einem Tag des Jahres unter Gebeten und Meditationen sich mit den Partnerinnen verbunden. Beide taten das in vollem Bewusstsein. Es war ein zutiefst spiritueller Akt, bei dem besonders begabte Kinder gezeugt wurden.

Besonders wichtig war dabei der Blickkontakt beim Erleben des Orgasmus. Dieser Moment ist wirklich magisch, da nicht nur ein Verschmelzen der Körper, sondern auch der Seelen vollzogen wird. Nicht umsonst sagt man, die Augen sind das Tor zur Seele.

Beim Orgasmus wird automatisch der Verstand ausgeschaltet, und wir sind im Hier und Jetzt, ohne zu urteilen, zu werten oder zu vergleichen. Dieser Moment ist einzigartig, da wir sonst, im normalen Alltagsleben, genau das Gegenteil machen. Dieser Zustand ist aber nur als kurzer Moment spürbar, obwohl er doch ein Teil der Ewigkeit ist. Aus diesem Grund ist die Sexualität auch ein bestimmendes Thema in unserer Gesellschaft, da alle Menschen im tiefsten Inneren nach diesem transzendentalen Moment suchen.

Die Verschmelzung der feinstofflichen Seelenkörper ist im wahrsten Sinne des Wortes nicht von dieser Welt und unbeschreiblich. Es kommt dem Zustand nahe, den alle Religionen als ultimatives Ziel anstreben: Die „**Einheit**" oder das „**Paradies**".

Das Wunderwerk Zirbeldrüse

„Es gibt eine kleine Drüse im Gehirn, in der die Seele ihre Funktion spezieller ausübt als in jedem anderen Teil des Körpers."

René Descartes (französischer Philosoph, Mathematiker und Naturwissenschaftler)
(1596 – 1650)

In unserer Welt, die sich voll und ganz auf die materiellen Dinge im Außen konzentriert, ist einer der größten Schätze der Menschheit in Vergessenheit geraten. Hier geht nicht um Gold, Silber oder Diamanten, sondern um einen verborgenen Schatz, den jeder in sich trägt. Die Rede ist von unserem dritten Auge, besser bekannt als Zirbeldrüse, das nicht irgendwo in der Außenwelt zu finden ist, sondern in uns selbst.

René Descartes, einer der berühmten Philosophen des 17. Jahrhunderts, der einen Großteil seines Lebens dem Studium der Zirbeldrüse widmete, sah in ihr sogar den „Hauptsitz der Seele". Er glaubte nämlich, dass sie die Verbindung zwischen dem physischen Körper und unserer Seele ist. Aber auch in den prominenten Schriften von Pythagoras, Platon sowie in den ägyptischen, tibetanischen und denen der römisch-katholischen Kirche findet sie Erwähnung.

Es handelt sich um eine kleine Drüse im Zentrum des Gehirns. Auf den ersten Blick scheint sie weitaus weniger bedeutsam, als sie in Wirklichkeit ist. Die kiefernzapfenförmige Zirbeldrüse ist zwar winzig klein, aber dennoch ist sie außerordentlich wichtig für unsere körperliche, geistige und auch für unsere spirituelle Gesundheit. Sie steuert u. a. die innere Uhr, reguliert den Schlaf und erhöht unsere Intuition. Außerdem produziert sie Serotonin und Melatonin, Hormone, die die Stimmung beeinflussen. Diese regulieren unseren Wach-und Schlafrhythmus.

Nur leider wissen in der heutigen Zeit die wenigsten, wie sie diesen Schatz nutzen können.

Einige Eigenschaften, die durch ein geöffnetes drittes Auge hervortreten können

- starke Intuition
- gute Menschenkenntnis (insbesondere Lügen anderer Menschen erkennen)

- erhöhte geistige Fähigkeiten (z. B. Konzentration, Gedächtnis, Klarheit)
- starke Visualisierungsfähigkeit
- Gedankenkraft
- übersinnliche Wahrnehmungen
- globale/universelle Sichtweise
- Verbundenheit mit allen Lebewesen

Wie wir festgestellt haben, ist die Zirbeldrüse seit jeher unsere Verbindung zur geistigen Welt und wenn sie geöffnet ist, kann die Energie frei in unser Leben fließen.

So schön das auch klingen mag, Tatsache ist, dass sich die Zirbeldrüse im Laufe der Zeit massiv zurückgebildet hat. Von ihrer ursprünglichen Größe von ca. 3 Zentimetern ist so gut wie nichts mehr übrig. Mittlerweile ist sie auf nur wenige Millimeter zusammengeschrumpft. Wie konnte es dazu kommen?

Das hat verschiedenste Ursachen: Die Mächtigen dieser Welt ziehen nämlich alle Register über Ernährung, Wasser, Pharmazie, Kosmetik und vieles mehr, um die Menschen im wahrsten Sinne des Wortes zu vergiften. Sie wissen, dass die Kraft der Zirbeldrüse immens ist und von Menschen wie Buddha, Jesus, Krishna, Gandhi, Konfuzius, Laotse, Sokrates und vielen mehr genutzt wurde. Jeder, der diese Kraft in sich trägt, befindet sich voll und ganz in seiner Mitte und ist damit immun gegen äußere, negative Einflüsse. Dies ist beim Prozess des Erwachens aus dem Traum der Unkenntnis und der Manipulation unabdingbar.

Aus diesem Grund, haben die „Eliten" auch gar kein Interesse daran, dass die Menschen von diesem Wunderwerk der Natur etwas erfahren. Ihre Macht basiert auf der Unwissenheit der Menschen, was der Garant für Kontrolle und Beeinflussung ist.

Man kann sogar sagen, dass von Seiten der Industrie ein regelrechter Angriffskrieg gegen dieses kleine Organ im Gange ist, um es komplett auszuschalten.

Die Zirbeldrüse ist dadurch zahlreichen chemischen Angriffen ausgesetzt, die zum größten Teil über den Blutkreislauf kommen. Dies kann sogar dazu führen, dass sie die Produktion notwendig gebrauchter Hormone einstellt, die für einen gesunden Schlaf, geistige Klarheit und Intuition mit erforderlich sind.

Zu den Giftstoffen, die die Zirbeldrüse schädigen, gehören u. a. Schwermetalle wie Quecksilber und Aluminium, die in verschiedenen Impfstoffen vorkommen. Unter diesem Gesichtspunkt sollte man auch den von der Pharmalobby vorangetriebenen Impfzwang von Kleinkindern sehen. Kleinkinder sind buchstäblich noch kleine Engel und fühlen sich als Teil eines größeren Ganzen. Ihr Handeln ist weitestgehend intuitiv. Das hängt damit zusammen, dass sie noch aus der Kraft ihrer Zirbeldrüsen schöpfen.

Neben den Schwermetallen fördern aber auch Hormone, Tabak, Alkohol, raffinierter Zucker, sowie Mobilfunkstrahlen die Verkalkung der Zirbeldrüse.[373] Von all diesen Dingen sind wir umgeben und nutzen sie teilweise sogar täglich.

Der allergrößte Feind für dieses so bedeutende Organ ist **Fluorid,** was sich im Gewebe ansammelt und es schließlich verhärten lässt. Es kommt im Speisesalz, in Mineralwässern, in vielen konventionell angebauten und verarbeiteten Nahrungsmitteln, sowie in Zahncremes vor. Mehr noch, Fluor schaltet langsam aber kontinuierlich sogar den freien Willen des Menschen aus.[374]

(Da ich die Fluorproblematik als sehr wichtig erachte, habe ich diesem Thema in meinem Buch „Die Jahrhundertlüge, die nur Insider kennen 2" ein ganzes Kapitel gewidmet.[375])

Mittlerweile kann man sogar davon sprechen, dass über Fluorid eine schleichende Vergiftung der Bevölkerung stattfindet, so wird beispielsweise in den USA in vielen Wasserversorgungssystemen Natriumfluorid zugesetzt.[376]

Durch die daraus resultierende Verkalkung der Zirbeldrüse wird die Steuerung der Melatonin- und DMT-Produktion massiv erschwert. Diese beeinflusst die Schlafdauer und somit die Träume, aber auch unseren emotionalen Zustand sowie das Zusammenspiel von Herz und Gehirn.

Es wird sogar vermutet, dass ein direkter Zusammenhang von Demenz, Schlafstörungen, Parkinson-Krankheit, Lernbehinderungen, Depressionen und Angstzuständen sowie dem Gefühl von Isolation in unserer Gesellschaft existiert.[377]

Wenn wir aber den Weg des Erwachens gehen wollen, kommen wir nicht drum herum, unser Blut zu reinigen, uns zu entgiften und unsere Zirbeldrüse zu entkalken, um so das Bewusstsein zu erneuern. Quasi den Weg aus der Dunkelheit ins Licht zu gehen.

Tipps zur Aktivierung der Zirbeldrüse

- Konsequente Meidung von Fluoriden
- Regelmäßige Einnahme von Mineralerde mit einer starken Bindefähigkeit für Toxine. Die gebundenen Gifte können so schnellstmöglich über den Darm ausgeschieden werden.
- Darmreinigung. Dies ist eine ausgezeichnete Maßnahme, um möglichst viele Toxine auszuleiten und somit die Leber wirkungsvoll zu entlasten.
- Mindestens zwei Fastenkuren im Jahr
- Als Nahrungsergänzung eignet sich die Chlorella-Alge. Sie ist hervorragend zur Ausleitung von Schwermetallen geeignet.
- Täglich 2 bis 2,5 Liter gutes Quellwasser trinken, damit ein großer Teil der gelösten Toxine auch über die Nieren ausgeschieden werden kann.
- Das Einatmen von ätherischem Neroliöl regt die Zirbeldrüsenfunktion an.

- Möglichst täglich für 15 Minuten in die Sonne, denn das Sonnenlicht aktiviert die Zirbeldrüse.

- Singen so oft es geht, da die so erzeugten Schwingungen die Zirbeldrüse stimulieren.

- Tiefes Atmen während der Meditation und dabei auf den Bereich der Stirn, der zwischen beiden Augen liegt – das sogenannte dritte Auge – konzentrieren[378]

Mit dem Erwachen des dritten Auges wächst auch die Fähigkeit, Ereignisse in Dein Leben zu ziehen. Eine sehr alte Weisheit besagt: „Nicht du kommst zu den Dingen, sondern die Dinge kommen zu dir". Was nichts anderes bedeutet, als dass hinter dem sogenannten „**Zufall**" größere Zusammenhänge stehen.

Es gibt keinen Zufall

„Zufall ist ein Wort ohne Sinn; nichts kann ohne Ursachen existieren."

Voltaire (französischer Philosoph und Schriftsteller) (1694 – 1778)

Was Voltaire sehr treffend formulierte, war auch für die Menschen in den vorhergehenden Jahrhunderten selbstverständlich. Die Mehrzahl glaubte nämlich nicht an Zufälle, sondern sah hinter allem einen größeren Plan. Mit der Industrialisierung und dem damit verbundenen technischen Fortschritt wurde aber den Menschen das Unerklärliche erklärt und der nicht erklärbare Rest als Zufall abgetan. Diese Denkweise hält sich immer noch hartnäckig bis heute und zieht sich quer durch fast alle Gesellschaftsschichten. Das gilt sowohl für positive als auch für negative Ereignisse.

Wir denken beispielsweise an jemanden ganz intensiv und auf einmal klingelt das Telefon und wir sagen dann: „Was für ein Zufall, ich habe gerade an dich gedacht".

Sollten wir aber unsere Arbeit verlieren, einen Unfall erleiden oder uns eine schwere Krankheit heimsuchen, dann gehen wir davon aus, dass auch das zufällig passiert. Sogar bei ganz schrecklichen Ereignissen, so wie es einem Bekannten von mir ergangen ist, reden wir von Zufall.

Er war im September 2010 mit seinem Auto und zwei Pferden im Anhänger unterwegs zu einem Reitturnier, als sich auf seiner geplanten Strecke ein schwerer Unfall ereignete. Die damit verbundene Straßensperrung zwang ihn, eine andere Straße zu benutzen. Die Märkische Allgemeine Zeitung hat es damals wie folgt formuliert: „Eine Verkettung schrecklicher Zufälle hat am Mittwochmorgen gegen neun Uhr auf einer Landstraße zwischen den Havelberger Ortschaften Kuhlhausen und Jederitz (Sachsen-Anhalt) zu einem tragischen Unfall geführt. Ausgerechnet in dem Augenblick, als ein Geländewagen mit Pferdeanhänger die Straße passierte, brach eine etwa 15 Meter hohe Pappel auseinander. Ein Teil des Baumes krachte mit voller Wucht auf die Fahrerseite des Jeeps und erschlug dabei den Fahrer. Durch den Aufprall wurden Auto und Anhänger voneinander getrennt. Der Wagen fuhr weiter und kam nach etwa hundert Metern auf einer Wiese zum Stehen. Der Anhänger wurde von der umstürzenden Pappel zerquetscht. Die beiden Pferde konnten nur noch tot geborgen werden."[379]

Ich gebe zu, dass es einem bei solch tragischen Geschichten schwerfällt, nicht von Zufall zu sprechen. Wenn wir aber aufmerksam die Natur betrachten, dann werden wir feststellen, dass hinter allem eine ganz klare Gesetzmäßigkeit steht.

Jedem von uns ist bewusst, dass wir in einem Kosmos leben. Die Bedeutung des Wortes „Kosmos" stammt aus dem Griechischen und heißt so viel wie „Ordnung". Anders ausgedrückt, wir sind also Teil dieser Ordnung, die wiederum universellen Gesetzmäßigkeiten unterliegt. Dass diese im Makro- wie im Mikrokosmos herrschen, hat die Physik uns in den letzten hundert Jahren bewiesen.

Wir Menschen zählen auch zur Materie und sind demzufolge denselben Gesetzen unterworfen.

Alles geschieht gesetzmäßig, nichts ereignet sich durch Zufall!

Thorwald Dethlefsen schrieb dazu in seinem Kultbuch „Schicksal als Chance":

„Die Analogie »wie oben, so unten« hat nur dann eine Berechtigung, wenn wir bereit sind, dieses Universum als einen Kosmos (griechisch: Kosmos = Ordnung) anzuerkennen. Ein Kosmos wird jedoch von Gesetzen beherrscht und hat keinen Platz für Zufälle. Der Zufall als ein nicht berechenbares und nicht gesetzmäßiges Geschehen, würde jeden Kosmos in ein Chaos (griech.: Unordnung) verwandeln. Bauen wir einen Computer, so stellt dieser in sich einen kleinen Kosmos dar. Er ist gesetzmäßig konstruiert, sein Funktionieren ist von der Einhaltung dieser Gesetze abhängig.

Lötet man in dessen Schaltkreise willkürlich ein paar Transistoren, Kondensatoren und Widerstände ein, die nicht zum gesetzmäßigen Schaltplan gehören, so verwandeln diese eingebauten Repräsentanten des »Zufalls« den gesamten Kosmos in ein Chaos und der Computer arbeitet nicht mehr bestimmungsgemäß. Das gleiche gilt auch für unsere Welt. Bereits beim ersten zufälligen Ereignis würde unsere Welt aufhören zu existieren.

Beispiel: Lässt man einen Stein aus einer gewissen Höhe fallen, so fällt dieser nicht zufällig, sondern gesetzmäßig nach unten. Trifft dieser Stein dabei Herrn X auf den Kopf, so wird Herr X nicht zufällig, sondern ebenso gesetzmäßig von einem Stein getroffen. Weder die Tatsache, dass Herrn X der Stein auf den Kopf fällt, noch der Zeitpunkt, an dem dies geschieht, ist zufällig".[380]

Keine Sommerpflanze wird zufällig im Winter blühen, kein Stern wird zufällig aus seiner Umlaufbahn fallen und es gibt auch keine Blutzelle, die zufällig gegen den Strom schwimmt – ebenso wenig wird ein Elektron bei der Umkreisung des Atomkerns ganz zufällig „einen Haken schlagen".

Es wird aber noch viel spannender: Unser Körper führt in 24 Stunden nicht Millionen, Milliarden oder Trillionen verschiedene Prozesse durch, sondern Quadrillionen! Alle für den Stoffwechsel und die Erhaltung unserer Existenz lebensnotwendigen Prozesse werden nicht etwa wahllos, sondern mit äußerster Präzision durchgeführt. Wenn wir uns das ungeheure Ausmaß der Fähigkeit unseres Körpers anschauen und uns die darin ablaufenden Prozesse vergegenwärtigen, bleibt auch hier kein Platz für den Zufall![381]

Trotz alledem wird durch die sogenannte „Seriöse Wissenschaft" der Zufall weiterhin als Erklärung für Nichtverstandenes herangeführt. Der Zufall an sich bleibt aber nur ein bloßer Erklärungsversuch.

Dass es ein Irrglaube der Wissenschaft ist, illustriert sehr schön dieses Beispiel:

Wie lange würde es beispielsweise dauern, wenn ein Affe auf einer Schreibmaschine jede Sekunde eine Taste tippen würde, solange, bis durch „Zufall" ein deutsches Wort mit zwölf Buchstaben heraus käme? Die Antwort lautet 17 Millionen Jahre. Und wie lange bräuchte der Affe, um einen inhaltsreichen deutschen Satz mit nur 100 Buchstaben zu tippen? Die Wahrscheinlichkeit ist so gering, dass die Zahl der gegenteiligen Chancen größer ist als die Gesamtsumme aller Atome im Universum.[382]

Der Astronaut Fred Hoyle schrieb einmal zu diesem Thema: „Das zufällige Entstehen höherer Lebensformen gleiche der Chance, dass ein durch einen Schrottplatz tobender Tornado eine Boeing 747 zusammensetzten könnte."[383]

Zu der Erkenntnis, dass es im Kosmos keinen Zufall gibt, sind auch zahlreiche Naturwissenschaftler gekommen. Zur Herstellung des lebenswichtigen Enzyms Cytochrom c, ein aus 104 Aminosäuren zusammengesetztes Kettenmolekül, hätte es 10^{130} Würfelmöglichkeiten benötigt. Dieses Enzym hat also beim besten Willen nicht **„zufällig"** entstehen können. Die Wissenschaftler haben nämlich berechnet, dass seit dem Urknall, der Entstehung des Universums also, erst 10^{17} Sekunden verstrichen sind. Selbst wenn seit dem Urknall jede Sekunde einmal gewürfelt worden wäre, hätte dieses Enzym niemals zufällig entstehen können – die Zeit dazu hätte ganz einfach nicht ausgereicht![384] Somit können wir den bekannten Spruch von Einstein **„Gott würfelt nicht!"** auch besser verstehen. Wie das Wort Zu-Fall schon sagt: Es fällt einem zu, was fällig ist! Mit anderen Worten: Es ist für uns bestimmt!

Der Schweizer Psychologe Karl Gustav Jung nannte Zufälle **„Synchronizitäten"**. Ereignisse, die man auch als Fügungen bezeichnen kann, weil sich eins zum anderen fügt.

Aber wie sieht es nun in der Realität aus? Dort geben wir gerne anderen die Schuld und bezeichnen Ereignisse, die oft nicht vorteilhaft für uns sind, als Zufall.

Auch mit unserem Leben spielt niemand Zufall – außer wir selbst. Was immer in unserem Leben geschieht, ist kein Zufall und würde den universellen Gesetzmäßigkeiten widersprechen. Zu Ende gedacht bedeutet das, entweder gibt es einen Zufall oder es gibt keinen Zufall.

Wir können aber nicht nach Lust und Laune entscheiden, wann wir etwas als Zufall bezeichnen und wann nicht. Wenn es, wie wir festgestellt haben, keinen Zufall geben kann, dann bedeutet das auch, dass auch wir nicht rein zufällig geboren wurden. Das wiederum heißt, dass wir uns genau die Eltern, Geschwister und auch das Land, in dem wir leben, von einer höheren Ebene betrachtet ausgesucht haben.

So schön, wie das hier auch alles klingen mag, es gibt aber eine große Angst, die uns daran hindert, diese Erkenntnisse tatsächlich auch umzusetzen. Das ist die Angst vor dem Tod.

Die Angst vor dem Tod

„Ich starb als Stein und wurde Pflanze;
Ich starb als Pflanze und wurde Tier;
Ich starb als Tier und wurde zum Menschen.
Warum sollte ich mich also fürchten?
Wurde ich jemals geringer durch den Tod?

Einstmals werde ich als Mensch sterben, und
Werde ein Wesen aus Licht, ein Engel des Traums.

Aber mein Weg führt weiter –
Alles außer Gott verschwindet.

Ich werde, was niemand gesehen oder gehört hat;
Ich werde Stern über allen Sternen
Und strahle über Geburt und Tod."

Djelad ed-din Rumi (persischer Sufi-Mystiker) (1207 – 1273)

Es gibt zwei Dinge, die in dem Moment, wo wir das Licht der Welt erblicken, sicher sind: Das sind die Steuer und der Tod! Im Falle der Steuer unternehmen wir alles Menschenmögliche, um so wenig wie möglich zahlen zu müssen. Der Tod aber wird komplett ausgeblendet, als ob er überhaupt nicht existieren würde.

Es gibt jedoch Ereignisse oder Situationen, in denen wir mit diesem für uns unangenehmen Thema in Berührung kommen. So geschehen im Jahr 2016, dem man ohnehin nachsagt, dass dort mehr Menschen als üblich starben, da es ein Schaltjahr war. Unter ihnen waren überdurchschnittlich viele Prominente.

Zu ihnen gehörten u. a.: David Bowie, George Michael, Prince, Bud Spencer, Muhammad Ali, Fidel Castro

Roger Cicero, Guido Westerwelle, Götz George und viele mehr.

Der Moment, in dem wir eine Todesnachricht erhalten, ist für viele ein Augenblick, an dem sie kurz innehalten, um über ihr eigenes Leben nachzudenken. So erging es mir bei der Nachricht über den Tod von Götz George. Bei der Wahl des Hörbuchsprechers für dieses Buch stand er nämlich ganz oben auf meiner Wunschliste. Die Nachricht von seinem Tod hatte für mich etwas ganz Endgültiges, da es niemals mehr dazu kommen wird. Es war aber auch ein wichtiges Zeichen, über das eigene Leben sowie die Vergänglichkeit nachzudenken. Wie immer in solchen Situationen kamen Fragen auf, wie z. B. **„wer bin ich?"**, **„bin ich glücklich und zufrieden?"**, **„was ist eigentlich der Sinn des Lebens?"**

Leider ist es aber oftmals so, dass man sich erst dann diese Fragen stellt, wenn man selbst kurz „vor dem Abgrund" steht. Oder anders formuliert: Erst, wenn schwerwiegende Ereignisse das Leben ins Wanken bringen, wie beispielsweise eine unheilbare Krankheit, ist man bereit, alles Mögliche zu tun, um am Leben zu bleiben.

In unserer westlichen Welt ängstigt uns nur die Vorstellung, dass wir alles, woran wir hängen, auch unsere Identität, durch den Tod verlieren. Diese Idee stammt aus unserem begrenzten Ego-Verstand, der ständig in Angst vor jeglichen Verlusten ist. Wir versuchen mit allen Mitteln diese zu verhindern und übersehen dabei, dass Verlust nur ein anderes Wort für Veränderung ist.

Nicht umsonst sagten die Weisen Asiens, dass es kein Zufall sei, dass mit der Kunst des Sterbens auch die Kunst des Lebens verloren ging.

Alle alten Kulturen, angefangen von den Ägyptern über die Griechen, Mayas, Inkas, selbst unsere Urahnen, die Germanen oder die Kelten, gaben dem Tod eine große Bedeutung.

So sah beispielsweise der große Philosoph der Antike Sokrates den Tod als Befreiung der Seele von den Fesseln des Leibes an und war deshalb auch bereit, den „Schierlingsbecher" frohlockend zu trinken. Er sagte: „Der wirkliche Philosoph übt sich im Sterben." Sein berühmt gewordener Schüler Platon formulierte es sogar so: **„Nicht der Körper, sondern die Seele macht den eigentlichen Menschen aus."**

Der Glaube an die Wiedergeburt wurde nicht nur im alten Griechenland und in Asien gelebt, sondern fand auch in Deutschland viele Anhänger. Leider ist es ist mittlerweile in Vergessenheit geraten, dass namenhafte Persönlichkeiten an die Wiedergeburt glaubten, wozu unter anderem Goethe, Schiller, Lessing u.v.m gehörten.

Der Philosoph Arthur Schopenhauer, der auch zu den Anhängern der Reinkarnationslehre gehörte, schrieb 1851 die folgende Passage in „Parerga und Paralipomena":

„Wenn mich ein Asiate früge, was Europa ist, so müsste ich ihm antworten: Es ist der Weltteil, der gänzlich von dem unerhörten und unglaublichen Wahn besessen ist, dass die Geburt des Menschen sein absoluter Anfang, und er aus dem Nichts hervorgegangen sei."

Er wusste, dass in Asien seit mehr als zehntausend Jahren die Lehre von der Wiedergeburt fester Bestandteil der östlichen Religionen ist. Dabei ist das Ziel eines Buddhisten, das Rad der Wiedergeburten zu durchbrechen, um nicht mehr auf dieser materiellen Ebene geboren zu werden.

Für sie alle war klar, dass der Tod nur einen Übergang in eine andere Seins-Welt darstellt. Vergleichbar mit einer Pause zwischen zwei Atemzügen. Oder so formuliert, man geht auf diese Weise von einem Haus in das andere.

Einer der bedeutendsten deutschen Schriftsteller, **Ernst Jünger**, wurde einmal gefragt: „Glauben Sie, dass das Leben nach dem Tod weitergeht?" und er antwortete: „Nein, ich weiß es!" Und das kann man auch als Naturwissenschaftler verstehen: Nichts kann aus Nichts entstehen, und aus etwas was ist, kann nicht Nichts werden – es gibt nur Umwandlungen.

Daher stellt sich die Frage: Woher stammt eigentlich die Angst vor dem Tod? Dazu müssen wir in die Geschichte des Christentums eintauchen. Dann werden wir feststellen, dass die Idee der Wiedergeburt fester Bestandteil vieler früherer christlicher Theologen war. Einer der bedeutendsten unter ihnen war der griechische Gelehrte und Theologe Origenes, der im Jahre 254 n.Chr. verstarb. Er vertrat die Ansicht, dass die Seele nach dem Tod zahlreiche weitere aufsteigende Existenzformen erlebt. Diese Lehre hielt so lange, bis der römische Kaiser Justinian die zweite Synode von Konstantinopel im Jahre 553 n.Chr. einberief. Als Folge daraus wurde ein Edikt erlassen, das die Lehre von früheren Leben (der Reinkarnation) verwarf. Er soll gesagt haben: „Wer eine fabulöse Präexistenz der Seele und eine monströse Restauration lehrt, der sei verflucht."

Die Nachwehen dieses Urteils sehen wir heute immer noch in der westlichen Welt, die den Tod ausblendet und stattdessen einen Jugendkult propagiert.

Es ist aber auch zu beobachten, dass in den letzten Jahren über das Thema: „Was passiert nach dem Tod?" immer häufiger berichtet wird. Mittlerweile wird dieses Thema selbst in Wissenschaftskreisen heiß diskutiert. Grundlage der Forschung auf diesem Gebiet sind u. a. die unzähligen Berichte über Nahtoderfahrungen.

Nahtoderfahrung

„Wenn Du geboren wirst, weinst du und alle um dich herum lachen.
Wenn du stirbst lachst du und alle um dich herum weinen."

Indische Weisheit

Für diejenigen, die sich bislang nicht mit diesem Thema auseinandergesetzt haben, dürfte die Umfrage des Gallup-Instituts von 1991 interessant sein. Es sind nämlich nicht irgendwelche Einzelfälle, die über eine Nahtoderfahrung berichten, sondern es sind **13 Millionen Amerikaner** (das entsprach damals 5% der Bevölkerung) die persönlich schon einmal so eine Erfahrung hatten.[385]

Einer der bekanntesten Forscher, der sich mit diesem Gebiet intensiv auseinandergesetzt hat, ist Dr. med. Raymond A. Moody. In unzähligen Publikationen berichtete er über seine Erkenntnisse.

Bereits in den sechziger und siebziger Jahren, zu einer Zeit, als es noch keine Forschungen zu diesem Thema gab, hat er sich intensiv mit diesem Thema auseinandergesetzt.

Bei den Menschen mit todesnahen Erlebnissen konnte er viele Gemeinsamkeiten feststellen. Dazu gehören u. a.:

- Innerer Frieden und Schmerzfreiheit selbst bei körperlichen Schmerzen
- Loslösen vom Körper
- Eintritt in einen Tunnel
- Allmählich verschwindet die physische Welt und viele Betroffene berichten, dass sie sich selbst von oben gesehen haben
- Zusammentreffen mit bereits Verstorbenen
- Begegnung mit einem höheren Wesen
- Rückschau auf das eigene Leben, in der sie sich am Ende des Lebens als Sender und Empfänger mit all ihren Handlungen auseinandersetzen müssen
- Widerstreben, in die Welt der Lebenden zurückzukehren
- Der Sterbende fühlt sich leichter und plötzlich frei von allen Begrenzungen

Mit diesen Erkenntnissen steht Moody aber nicht alleine da, sondern es gibt unzählige andere Ärzte und Wissenschaftler, die zu gleichen oder ähnlichen Forschungsergebnissen kommen. Einer von ihnen ist der niederländische Arzt und Wissenschaftler Dr. Pim van Lommel. Als Herzspezialist führte er eine umfassende Studie zum Thema Nahtoderlebnisse durch.

Internationale Beachtung fand insbesondere seine im Jahr 2001 in der medizinischen Fachzeitschrift „The Lancet" veröffentlichte prospektive Studie über die Nahtod-Erfahrungen von Überlebenden, die einen Herzstillstand erlitten hatten und reanimiert werden mussten.
Er zog aus dieser Studie den Schluss, dass die bis zu diesem Zeitpunkt bestehenden Interpretationen zur Entstehung von Nahtod-Erfahrungen und Bewusstsein einer tiefgreifenden Neubewertung unterzogen werden müssen.[386]

Ferner berichtete er voller Erstaunen, dass es Patienten gab, die intensive Nahtoderfahrungen machten, obwohl ihr Gehirn keinerlei Tätigkeit mehr aufwies und alle medizinischen Messinstrumente nur noch eine gerade Linie anzeigten, bis sie wiederbelebt wurden. Er untersuchte damals 344 Patienten und stellte fest, dass sie extrem klar denken konnten und Erinnerungen hatten, die weit in die früheste Kindheit zurückgingen. Sie erlebten eine innige Verbundenheit mit allem und jedem um sie herum. Diese Erkenntnisse deckten sich wiederum mit denen von Moody, der feststellte, dass alle Menschen mit Nahtoderfahrung sich nach diesem Erlebnis tiefgehend und zum Positiven verändert haben. Mehr noch: Sie kehrten mit einem Gefühl zurück, dass auf der **Welt alles mit allem verbunden ist**. Die meisten von ihnen empfanden sogar eine früher nicht gekannte Ehrfurcht vor der Natur und der Umwelt. Viele sprachen davon, dass dies mit dem Seelenfrieden zusammenhänge, der aus dem Glauben entstanden ist, dass es ein Leben nach dem Tod gibt.

Die Erkenntnisse von Moody und Pim van Lommel kann ich nur bestätigen, da ich selbst im Jahr 2012 ein Nahtoderlebnis hatte. Ich wurde von hier auf gleich durch eine körperliche Extremsituation notoperiert. Die behandelnden Ärzte meinten damals, nachdem ich aus dem Koma erwachte, dass es sich um eine lebensbedrohliche Situation gehandelt hat. Mein Astralkörper löste sich von meinem physischen Körper und ich konnte mich so von oben auf dem OP Tisch sehen. Als Folge der Notsituation war ich mehrere Wochen ans Bett gefesselt. Danach verarbeitete ich u. a. die Ereignisse im spirituellen Teil meines ersten Buches „Die Jahrhundertlüge, die nur Insider kennen".

Durch mein Erlebnis habe ich u. a. den Energieerhaltungssatz nicht mehr intellektuell wahrgenommen, sondern vielmehr gespürt.

Die vorherrschende Meinung, dass das Gehirn die Quelle des Geistes sein müsse, da das Gehirn ein sichtbares Objekt ist, sah ich nun mit eigenen, ganz anderen Augen. Ich empfinde es im Nachhinein so, als ob wir sagen würden, dass ein Radio die Quelle von Musik sein müsse, weil es das sichtbare Objekt ist, aus dem die Musik hervorkommt.

Wir alle kennen noch aus der Schulzeit den Energieerhaltungssatz, der besagt, dass Energie sich niemals auflösen oder verschwinden kann, sondern sich nur in andere Formen umwandelt.

Passend dazu die Geschichte von Olivia Harrison, der Frau von Ex-Beatle Georg Harrison: Sie stand an seinem Totenbett und sprach später in einem Interview über ihren Eindruck im Moment des Todes von ihrem Mann. Sie sagte:„Es gab eine bemerkenswerte Erscheinung als er seinen Körper verließ, eine sichtbare! Man hätte kein Licht gebraucht, wenn man es hätte filmen wollen".[387]

Um so etwas zu erkennen, bedarf es zwei bewusster Menschen, so wie es bei ihm und seiner Frau der Fall war. Wenigen ist bekannt, dass Georg Harrison der spirituellste der Beatles war. Er hat lange in Indien im Ashram von Maharishi tiefe Meditationstechniken erlernt und diese gemeinsam mit seiner Frau praktiziert.

Trotz der vielen Beispiele aus der Praxis ist es schon interessant zu sehen, wie hartnäckig immer noch große Teile der Wissenschaft propagieren, dass die Gesetzmäßigkeiten des Energieerhaltungssatzes angeblich bei uns Menschen eine Ausnahme machen.

In meinem ersten Buch schrieb ich:

„Hast du dir schon einmal die Frage gestellt, wer derjenige ist, der durch deine Augen schaut? Oder anders ausgedrückt, wen nimmst du eigentlich wahr, wenn du dich im Spiegel betrachtest?

Die meisten Menschen würden antworten: ICH. Und wer ist denn nun dieses Ich? Denke für einen kurzen Moment mal darüber nach.

Du bist nicht dein Körper, denn der Körper kann sich ja nicht selbst gehören. Du bist auch nicht dein Name, der dir gegeben wurde.

Wenn es dir schwerfallen sollte, über dein Ich nachzudenken, dann stelle dir beispielsweise einmal einen guten Freund vor, den du magst. Was magst du eigentlich an ihm? Ist es sein Blutdruck oder seinen Cholesterinspiegel? Oder magst du seinen Taillenumfang oder die Haarfarbe?

Oder sagst du eher über ihn, er sei geistreich, zuverlässig, ehrlich, einfühlsam – einfach ein feiner Kerl. Solltest du jetzt versuchen, diese Eigenschaften im physischen Körper deines Freundes zu lokalisieren, dann wird es dir schwerfallen.

Wo sitzen denn die Ehrlichkeit und wo die Zuverlässigkeit im Körper?

Deutlicher lässt es sich noch erkennen, wenn ein geliebter Freund stirbt und wir sagen: „Er fehlt mir!". Was fehlt uns denn eigentlich? Was hat ihn denn ausgemacht? Denn rein physisch gesehen, ist noch kurz nach dem Tod alles vorhanden, es fehlt nichts.

Und doch wirst du sagen, ja aber, er ist nicht derselbe. Das, was ihn wirklich ausgemacht hat, die Gesamtheit seiner Charaktereigenschaften, die wiederum Teil seines Bewusstseins waren, sind verschwunden.

Übrig geblieben ist nur noch die leere Hülle namens Körper. Da wir wiederum dieses Bewusstsein auf physischer Ebene nicht nachweisen können, ist unser so geliebtes Bewusstsein, das Teil unseres Körpers war, somit nicht materieller Natur."[388]

Das Universalgenie Walter Russell sagte dazu:

"Der Körper ist eine Maschine, gemacht, um die Gedanken, die sie durchströmen, zum Ausdruck zu bringen. Er ist nur ein Instrument für Sie, um Ihre Vorstellung umzusetzen, genau wie ein Klavier ein Instrument für den Musiker ist, um seine Vorstellungen auszudrücken. Genauso, wie das Klavier nicht der Musiker ist, ist Ihr Körper nicht Sie."[389]

Die meisten unter uns werden aber erst nach dem Tod wirklich wahrnehmen, dass wir spirituelle Wesen sind, die eine menschliche Erfahrung machten und nicht, wie wir in unserem Leben dachten, dass wir ein menschliches Wesen sind, welches eine spirituelle Erfahrung macht. Seit jeher bezeichnen die spirituellen Lehrer Asiens den Tod schon immer als Geburt und die Geburt als Tod. Wenn die Angst vor dem Tod verschwindet, dann ist das der Anfang des spirituellen Erwachens, denn der Tod ist nichts anderes als ein Übergang in eine andere Form des Seins.

Wie Goethe bereits sagte:

„Mich lässt der Gedanke an den Tod in völliger Ruhe, denn ich habe die feste Überzeugung, dass unser Geist ein Wesen ist ganz unzerstörbarer Natur, es ist ein Fortwirkendes von Ewigkeit zu Ewigkeit, es ist der Sonne ähnlich, die bloß unsere irdischen Augen unterzugehen scheint, die aber eigentlich nie untergeht, sondern unaufhörlich fortleuchtet."[390]

Goethe war aber nicht der einzige der von der Wiedergeburt überzeugt war.

Berühmte Persönlichkeiten, die an die Wiedergeburt glaubten

- Philosoph, Mathematiker und Astronom Pythagoras (ca. 582 – 496 vor Christus)
- Sokrates (469 – 399 vor Christus)
- Platon (427 – 347 vor Christus), Schüler des Sokrates
- Der englische Dichter und Philosoph Henry More (1614 – 1687)
- Voltaire (1694 – 1778)
- Friedrich II. der Große (1712 – 1786)
- Gotthold Ephraim Lessing (1729 – 1781)
- Johann Gottfried Herder (1744 – 1803)
- Johann Wolfgang von Goethe (1749 – 1832)
- Friedrich Schiller (1759 – 1805)
- Friedrich Hölderlin (1770 – 1843)
- Heinrich von Kleist (1777 – 1811)
- Arthur Schopenhauer (1788 – 1860)
- Søren Kierkegaard (1813 – 1855)
- Wilhelm Busch (1832 – 1908)
- Thomas Henry Huxley (1825 – 1895)
- Leo Tolstoi (1828 – 1910)
- Paul Gauguin (1848 – 1903)
- „Mahatma" Gandhi (1869 – 1948)
- Christian Morgenstern (1871 – 1914)
- Rainer Maria Rilke (1875 – 1926)
- Carl Gustav Jung (1875 – 1961)
- Hermann Hesse (1877 – 1962)

Die Einsicht:
Wahrhaftigkeit, Barmherzigkeit und Nachsicht

Des Fischers Frieden

Ein Fischer sitzt am Bootssteg, seine Beine baumeln und er blickt aufs Meer hinaus.

Ein wohlhabender Tourist tritt zu ihm hin und fragt: „Waren Sie heute schon auf Fischfang?"

Der Fischer nickt.

„Fahren Sie noch einmal aus?"

Der Fischer schüttelt den Kopf.

„Aber es ist doch gutes Wetter und Sie können, wenn Sie noch zwei- oder dreimal ausfahren, viel mehr Fische fangen!"

Der Fischer blickte ihn nur groß an. Der Tourist, offensichtlich ein erfolgreicher Geschäftsmann, fährt fort:

„Sie können mit den Einnahmen der weiteren Ausfahrten zusätzliche Fischkutter kaufen und Fischer aufnehmen, die die Ausbeute und die Gewinne weiter steigern. Sie können bald eine eigene Fischfabrik aufbauen und ....." *Begeistert redete der Geschäftsmann weiter, machte den armen Fischer in Gedanken zu einem reichen Fischerei-Unternehmer. Er schloss mit den Worten: „Und wenn Sie das alles erreicht haben, guter Mann, dann – dann können Sie hier sitzen, den Tag genießen und aufs Meer hinausschauen!"*

Der Fischer sah ihn wieder an, blickte eine Minute aufs Meer hinaus und sagte: „Aber das habe ich doch gerade getan, bis Sie mich dabei gestört haben!"[391]

Wie wir gesehen haben, tritt häufig bei Menschen mit Nahtoderfahrung eine grundlegende Änderung ihres Verhaltens auf. Diese ist nicht selten geprägt von Wahrhaftigkeit, Barmherzigkeit und Nachsicht. Aber es gibt auch andere Erfahrungen, die Menschen zu ähnlichen Veränderungen im Leben führen. Oftmals ist hierfür die Ursache eine schwere Krankheit, wie z. B. Krebs im Endstadion.

So erging es dem an Leukämie erkrankten ehemaligen deutschen Außenminister **Guido Westerwelle**. Kurz vor seinem Tod gab er ein bewegendes Interview bei Markus Lanz, das bei vielen Zuschauern Gänsehaut erzeugte.

Markus Lanz: „Was habe ich gemacht aus meinem Leben, habe ich das alles richtig gemacht, was würde ich anders machen? Das ist doch die große Frage die sich jeder Mensch stellt, der plötzlich in solch einer Situation steht."

Guido Westerwelle: „Eigentlich sollte sich jeder Mensch diese Frage stellen. Ich meine, man regt sich über Kleinigkeiten auf, verwirft sich mit Menschen, die man eigentlich sehr lieb hat, wundert sich wie dieser Streit jemals entstehen konnte und dann sagt man sich später: „Wie dumm warst Du?". – Dann hat man sich gestritten und hat das Schöne einfach übersehen.

Das ist natürlich etwas, was man in so einem Moment besonders lernt. Man lernt, die einfachen Dinge zu schätzen. Das hört sich jetzt etwas kitschig an, aber ich sage es so:

Sonnenaufgang, Sonnenuntergang, ein schönes Gespräch mit besten Freunden, dass man die Freundschaften weiter pflegt, ein Leben lang, nicht nur dann, wenn man mal eben Zeit hat.

Das sind Konsequenzen, die man zieht. Natürlich viel, viel mehr. Ich frage mich heutzutage auch, warum ich mich manchmal aufgeregt habe. Dann fragt man sich, wem hast Du Unrecht getan, ist da noch etwas glatt zu rücken. Und jetzt hofft man, dass man im zweiten Leben die Fehler des ersten Lebens nicht wiederholt."[392]

Solche Worte aus dem Mund eines Menschen, der bisher alles für seine Karriere geopfert hatte, sind mehr als erstaunlich. Diese Einsichten hängen damit zusammen, dass der nahstehende Tod uns all das nimmt, was wir nicht sind. Wenn alle Äußerlichkeiten wegfallen, spätestens dann kommt unser wahres Selbst zum Vorschein. Dieses Selbst ist meist durch Barmherzigkeit und Liebe geprägt.

Einer, der im Vergleich zu Guido Westerwelle tatsächlich alles besaß, was die materielle Welt zu bieten hat, Macht, Geld und Einfluss, war der Erfinder und Gründer von Apple, **Steve Jobs**. Er erkrankte schwer an Bauchspeicheldrüsenkrebs und erkannte ebenfalls kurz vor seinem Tod, dass es noch viel Bedeutsameres gibt.

Unter der Überschrift „Seine letzten Worte rühren zu Tränen", veröffentlichte die Zeitung Bunte im November 2015 einen bewegenden Text, der im Internet kursierte und sein Abschiedsbrief sein soll:

„Ich habe den Gipfel des Erfolgs in der Geschäftswelt erreicht.
In den Augen der Menschen gilt mein gesamtes Leben als eine Verkörperung
des Erfolgs. Jedoch abgesehen von meiner Arbeit, habe ich wenig Freude in
meinem Leben. Letztendlich gilt mein Reichtum nur als Fakt des Lebens, an
den ich gewohnt bin. In diesem Augenblick, wo ich in einem Krankenbett
liege und auf mein ganzes Leben zurückblicke, verstehe ich, dass all die An-
erkennung und all der Reichtum, worauf ich so stolz war, an Wert verloren
haben vor dem Gesicht des kommenden Todes. In der Dunkelheit, wenn ich
die grünen Lämpchen der Lebenserhaltungsmaschinen beobachte und mir
das mechanische Brummen dieser Maschinen anhöre, fühle ich den Atem
des Todes immer näher auf mich zukommen.

Jetzt weiß ich, dass wir uns komplett andere Fragen im Leben stellen
müssen, die mit Reichtum nichts gemein haben…

Es muss dort noch etwas sein, das sich viel wichtiger im Leben erweist. […]

Non-Stop im Erreichen des Reichtums macht einen Menschen zu einer Marionette, was auch mir passiert ist. Gott hat uns solche Eigenschaften wie Gefühle für das Leben mitgegeben, damit wir in jedes Herz das Gefühl der Liebe überbringen können. Es darf keine Illusion bestehen, bezüglich des Reichtums.

Den Reichtum, den ich im Verlaufe meines Lebens angehäuft habe, kann ich jetzt nicht mitnehmen. Was ich jetzt noch mitnehmen kann, sind Erinnerungen, die auf der Liebe basieren und mit Liebe erschaffen worden sind. Das ist der wahre Reichtum, der euch jedes Mal folgen muss, euch begleiten muss, der euch Kraft und Licht gibt, weiterzugehen. Die Liebe kann wandern und reisen, wohin sie will. Denn genau, wie das Leben, kennt auch die Liebe keine Grenzen.

Geht dorthin, wo ihr hingehen wollt. Erreicht Höhepunkte in eurem Leben, die ihr erreichen wollt. Die ganze Kraft dafür liegt in euren Herzen und euren Händen. „Welches Bett gilt als das reichste Bett der Welt?" – „Es ist das Bett eines Kranken".

Ihr könnt euch vielleicht einen Chauffeur leisten, der für euch das Auto lenken wird. Oder ihr könnt euch Mitarbeiter leisten, die für euch das Geld verdienen würden. Niemand aber wird für euch all eure Krankheiten mittragen können. Das müsst ihr ganz alleine. Materielle Werte und Sachen, die wir mal verloren haben, können wiedergefunden werden. [...]

Es ist nicht wichtig, in welcher Lebensetappe wir uns gerade befinden. Jeder von uns wird früher oder später zu diesem Moment kommen, wo der Vorhang für ihn fallen wird.

Dein Reichtum – das ist die Liebe zu deiner Familie, das ist die Liebe zu deiner Frau und deinem Mann, das ist die Liebe zu deinen Nächsten.

Passt auf euch auf und sorgt euch um die anderen."[393]

Wir sollten jetzt für einen Moment innehalten und unseren Lesefluss unterbrechen, um die geschrieben Worte von Steve Jobs zu verinnerlichen. Die Einsichten von Guido Westerwelle und Steve Jobs sind so tiefgreifend und wichtig, dass wir jetzt schon die Chance ergreifen sollten, unsere Einstellungen zu überdenken und unser Handeln hiernach zu richten.

Das ewige Kämpfen hat uns müde gemacht und ausgelaugt. Es ist an der Zeit zu erkennen, dass wir wesentlich mehr sind als das, was uns die Gesellschaft eingeredet hat.

Wir befinden uns in einer Zeit der großen Transformation, in der jeder die Veränderung spüren wird.

Wassermannzeitalter
– Die Zeit des Erwachens beginnt

Wenn der Mond im 7. Hause steht
und Jupiter auf Mars zugeht
herrscht Frieden unter den Planeten
lenkt Liebe ihre Bahn

Genau ab dann regiert die Erde der Wassermann
regiert sie der Wassermann
der Wassermann, der Wassermann!

Harmonie und Recht und Klarheit
Sympathie und Licht und Wahrheit
niemand will die Freiheit knebeln
niemand mehr den Geist umnebeln
Mystik wird uns Einsicht schenken
und der Mensch lernt wieder Denken
dank dem Wassermann

Wenn Saturn mit Venus tanzen geht
und Orion sein Licht andreht
herrscht Frieden unter den Planeten
lenkt Liebe ihre Bahn[394]

The Age of Aquarius
deutsche Übersetzung des Nummer 1 Hits aus dem Jahre 1969

In der Hoch-Zeit der Hippie Bewegung, genauer gesagt 1969, wurde bereits im Song „The Age of Aquarius" mit dem Refrain „This is the dawning of the Age of Aquarius" das Wassermannzeitalter besungen.

Damals war ein großer Teil der jungen Generation absolut fasziniert von dieser Idee und geprägt von spirituellen und transzendentalen Erfahrungen. Das Paradoxe daran ist, dass von der Euphorie zu dieser Thematik so gut wie nichts mehr übriggeblieben ist. Wer heute auf YouTube zum Thema Wassermannzeitalter sucht, wird nicht viel finden, da die Einträge dort unter ferner liefen laufen. Das hängt zum größten Teil damit zusammen, dass sich die heutige Smartphone-Generation, im Gegensatz zur damaligen Jugend, voll und ganz dem Konsum verschrieben hat und ihr Glück verzweifelt im Außen sucht.[395]

Dabei haben mehr und mehr Menschen das Gefühl, dass die Zeit immer schneller vergeht. Die Wochen, Monate und Jahre ihres Lebens verfliegen dabei im Nu.

Im Außen nehmen die Konflikte rasant zu, aber auch die Zahl derer, die sich zerrissen und leer fühlen. Die Folgeerscheinungen daraus sind Burnout, Depressionen und eine enorme Zunahme an Suiziden.[396]

Aufgrund dieser massiven Ablenkung nehmen die meisten aber gar nicht wahr, in welch einer äußerst bedeutsamen Zeit wir uns befinden. Um das jedoch zu erkennen, müssen wir etwas in der Zeit zurückgehen.

Astrologisch betrachtet stehen wir am Ende des Fische-Zeitalters und am Anfang des Wassermann-Zeitalters (auch Bewusstseins-Zeitalter genannt). Das prägende Ereignis des Fische-Zeitalters war die Geburt von Jesus und die Kurzformel lautete „Ich glaube". Im Wassermannszeitalter lautet sie: „Ich weiß".

Was wir derzeit wahrnehmen, ist, dass die Schwingungen des Alten Zeitalters allmählich ab- und die des Neuen Zeitalters kontinuierlich zunehmen. Mit anderen Worten, es ist nicht die Zeit, die sich verändert, sondern es ist die Schwingung, die sich zunehmend erhöht.

Durch die Erdrotation und den Mondumlauf um die Erde sowie den Erdumlauf um die Sonne wird das Leben auf unserem Planeten verschiedenen Zyklen unterworfen. Die Erdrotation beschert uns Tag und Nacht und der Mondumlauf die Unterteilung des Jahres in zwölf Monate. Der Erdumlauf um die Sonne wiederum schenkt uns das Jahr mit seinen 365 Tagen.

Alles läuft nach einer naturgesetzlichen, kosmischen Ordnung ab, die ihre Entsprechung hat: „Wie oben, so unten – wie im Großen, so im Kleinen – wie im Makrokosmos, so auch im Mikrokosmos".

Dass die oben genannten Zyklen (Sonne, Mond) unser Leben beeinflussen, ist kein Geheimnis, sondern allgemein bekannt.

Was für den kleinen Jahreszyklus gilt, das gilt naturgesetzlich auch für die großen Zyklen im Universum. Die großen Weisen wussten bereits vor Tausenden von Jahren darüber Bescheid und haben ihr Handeln danach ausgerichtet. Es kommt aber nicht darauf an, genau bis ins kleinste Detail zu analysieren, wie die Dinge zusammenhängen, sondern viel wichtiger ist es, zu wissen, welche Wirkung sie auf uns haben. Es wäre ansonsten so, als ob wir vor einem Lichtschalter stehen würden und unbedingt wissen wollten, wie der Strom in die Leitung kommt, bevor wir ihn anschalten. Effektiver ist es, den Schalter einfach zu betätigen, um so die Lampe zum Leuchten zu bringen. Jetzt ist es höchste Zeit, unsere eigene Lampe (uns selbst) zum Leuchten zu bringen.

Es ist zu beobachten, dass sich immer mehr Menschen mit der neuen Energie verbunden fühlen, während gleichzeitig noch ein großer Teil in der alten Welt gefangen ist.

Unsere Gesellschaft ist momentan gespalten, wie nie zuvor. Auf der einen Seite nimmt die Anzahl derjenigen zu, die erkennen, dass sie Teil eines Ganzen sind.

Sie fangen an, Fragen zu stellen und nehmen die durch Politik, Wissenschaft und Medien vorgefertigte Meinung nicht mehr einfach so hin und erkennen die wahren Zusammenhänge. Auf der anderen Seite existieren aber immer noch, wie erwähnt, die Menschen, die sich völlig an die Materie klammern.

Demzufolge hat die derzeitige Schwingungserhöhung unterschiedliche Auswirkungen auf jeden Einzelnen. Sie beeinflusst unsere eigene Frequenz, je nachdem, auf welcher Bewusstseinsstufe wir uns befinden. Wir sind hier, um zu lernen, vergleichbar wie Schüler. Die Klassenstufe, in der wir uns befinden, entspricht auf der Seinsebene dem jeweiligen Bewusstseinstand. Unsere Schule ist das Leben mit all seinen Ausdrucksformen.

Dieser erhöhte Schwingungszustand wird in der New Age Bewegung häufig mit der 5. Dimension gleichgesetzt. Damit ist aber kein bestimmter Ort gemeint, wie einige meinen, sondern vielmehr ein Bewusstseinszustand.

Auch für die Nichtanhänger der New Age Bewegung ist es mehr als offensichtlich, dass in den vergangenen Jahrhunderten Mord und Totschlag auf der Erde dominierten. Allein im 20sten Jahrhundert ließen Millionen Menschen auf den Schlachtfeldern ihr Leben. Der tiefere Grund dafür war, dass ein niedriger Schwingungszustand auf der Erde herrschte, weswegen es sehr viel Raum für Leid, Ängste, negative Gedanken, Lügen und Desinformationen gab.

Viele Weisheitslehrer sind der Meinung, dass mit dem Tag der Wintersonnenwende am 21. Dezember 2012 das Wassermannzeitalter begann. Seitdem erfährt unser Planet eine kontinuierliche Schwingungserhöhung, was automatisch einen Quantensprung ins Erwachen einleitete.

Bei den kommenden Veränderungen wird es drei Typenmuster von Menschen geben:
  – Die ersten werden an sich arbeiten und versuchen, die hier beschriebenen geistigen Gesetzmäßigkeiten in die Tat umzusetzen. Dabei

gehen sie unerschrocken ihren Weg und bemerken, dass sich auch bei ihnen destruktive Prägungen und Muster im Laufe des Lebens angesammelt haben. Sie suchen jetzt aber nicht mehr irgendwelche Schuldige für ihre Lebensumstände, sondern erkennen, sie sind nicht Opfer, sondern Schöpfer ihres eigenen Lebens.

- Die zweite Gruppe sucht zunehmend Zuflucht in allen Arten von legalen und illegalen Drogen. Ob nun Alkohol, Schlaf- und Beruhigungstabletten, sie alle sollen dazu dienen, mit dem täglichen Wahnsinn fertigzuwerden. Zusätzlich gehen sie ungezügelt ihren Trieben nach, indem sie eine auf das Ego aufgebaute Scheinwelt aus Statussymbolen erschaffen.

Aus der zweiten Gruppe werden es einige schaffen, ihre Opferrolle zu verlassen und sie werden sich dann der ersten Gruppe anschließen.

- Der dritten Gruppe gehören die Menschen an, die hasserfüllte Gedanken haben, an ihrer Macht und Gier festhalten und sich unbewusst gegen den Evolutionsschritt entschieden haben. Es sind diejenigen, die gegenüber ihren Mitmenschen sprichwörtlich über Leichen gehen.

Diese Gruppe ist in der Politik, in der Wirtschaft und in anderen Institutionen noch an führender Stelle. Sie werden es am schwersten haben, da sich alles im Außen potenziert und dadurch ihr Verhalten noch hasserfüllter und destruktiver wird. Frage Dich, zu welcher Gruppe Du gehören möchtest.

Parallel dazu setzen sich aber auch die Mitglieder der ersten und zweiten Gruppe mit den wahren Hintergründen der politischen Ereignisse auseinander. Sie fangen an, Kriege und Terroranschläge sowie das Bankensystem zu hinterfragen. So erkennen immer mehr Menschen, dass es mächtige Hintermänner gibt, die das gesamte Finanzsystem kontrollieren, mit dem Ziel, eine Weltregierung zu schaffen. Zum Erreichen ihrer Pläne hätte es schon längst einen dritten Weltkrieg geben sollen.

Was noch vor Jahrzehnten funktioniert hätte, läuft nun ins Leere. Aufgrund des neu angebrochenen Wassermannzeitalters begann eine weltweite Entschleierung, die unaufhaltsam voranschreitet. Seitdem verbreitet sich die Wahrheit über unsere Welt wie ein Lauffeuer, was zur Folge hat, dass Jahr für Jahr immer mehr Menschen erwachen. Diese durchblicken die teuflischen Pläne der Eliten, lassen sich nicht mehr aufhetzen und setzen sich für den Frieden in der Welt ein. So geschehen im Juni 2016 in Thailand auf eine mehr als beeindruckende Weise: 5000 Schulen taten sich zusammen, sodass ca. 1 Million Kinder für den Weltfrieden am Phra-Shammakaya-Tempel meditierten.[397] Diese Meldung hatte natürlich zwischen den täglichen Terror- und Kriegsnachrichten kein Platz in unseren Medien.

Die Erwachten der oben beschriebenen ersten Gruppe wissen, dass nach dem Gesetz von Ursache und Wirkung alles auf uns zurückkommt. Das Besondere am Wassermannzeitalter ist, dass dies noch viel schneller erfolgen wird.

Diejenigen, die den Film „Sphere" mit Dustin Hoffman und Sharon Stone gesehen haben, können sich das sicherlich noch besser vorstellen. In der Schlüsselszene des Filmes erkennen die Akteure, dass ihre Gedanken sofort Realität werden. Das bedeutet, man denkt an einen roten Porsche und schon steht er vor der Tür. Aber es würde auch im Umkehrschluss bedeuten, wenn man denkt, „Meinen Chef würde ich am liebsten töten", dann ist er im selben Moment tot. Wenn wir ehrlich sind, dann hat fast jeder von uns schon einmal in Gedanken jemand anderes getötet. Sollten sich unsere derzeitigen Gedanken materialisieren, dann wäre die Erde innerhalb von wenigen Tagen entvölkert. Aus diesem Grund gelangen die Hauptdarsteller in dem Film „Sphere" am Ende zur Überzeugung, dass die Menschen **für dieses Wissen noch nicht reif** sind.

Tatsache ist aber, dass bis vor einigen Jahren das gute alte karmische Gesetz noch sehr viel langsamer ablief, was konkret bedeutete, dass derjenige, der andere betrogen, geschlagen oder sonst geschädigt hatte, den Ausgleich seiner Handlungen erst in zukünftigen Leben erfahren musste. Dem ist nicht mehr so, denn die zeitlichen Abstände zwischen Ursache und Wirkung werden in den kommenden Jahren immer kürzer.

Das nennt man Instant Karma. So wie das gleichnamige, bekannte Lied von John Lennon (We All Shine On) (dt.: Sofortiges Karma! – Wir alle leuchten).

In diesem Entwicklungsprozess, in dem sich die Menschheit befindet, wird sich dementsprechend das Bewusstsein erhöhen. Das bedeutet für die Außenwelt, dass Institutionen, wie die Kirchen, Parteien, politische Systeme und Großkonzerne, die in alten Gedankenmustern und Formen festhalten, zerfallen werden.

Das ist einer der Gründe, warum auch bei diesem Punkt die Mächtigen dieser Welt nicht wollen, dass die Menschen über die Möglichkeiten, die ihnen das Wassermannzeitalter bietet, Bescheid wissen. Deswegen werden auch alle Geschütze aufgefahren, um uns im Außen abzulenken und in Angst und machtlosem Denken zu halten und gleichzeitig Gier, Hass, Neid und Unwissenheit zu fördern.

Darum ist es wichtiger denn je, dass wir alle auf unsere Gedanken achten, mit anderen Worten bewusst Realität erschaffen. Wir sind somit selbst Schöpfer und nicht mehr nur machtlose Wesen, wie uns Jahrhunderte lang eingeredet wurde. In dieser Zeit ist es wichtiger denn je, den Geist des Songs „The Age of Aquarius" wiederaufzunehmen, in sich hineinzuhören und so seinem inneren Ruf zu folgen.

Die Berufung

„Finde die Arbeit, die dich beseelt,
und du wirst dich nie mehr anstrengen müssen.“

Konfuzius (chinesischer Philosoph) (551 v. Chr. – 479 v. Chr.)

In einer der größten spirituellen Blütezeiten der Menschheit, in der die sogenannten drei großen spirituellen Lehrer Asiens lebten, Laotse, Buddha
und Konfuzius, wurden Lehren aufgestellt, die bis heute noch ihre Gültigkeit
besitzen. Konfuzius hatte bereits vor circa 2500 Jahren die Einsicht, dass die
Lebensaufgabe einer der wichtigsten Garanten für *Glück und Zufriedenheit im
Leben eines jeden Menschen* ist. Seine Worte sind aber in der heutigen Zeit so
gut wie in Vergessenheit geraten, da Lärm, Stress und Hektik unseren Alltag
bestimmen.

Die Arbeit ist mittlerweile *für viele Menschen nur noch zu einem notwendigen
Übel geworden, mit dem sie ihr Geld verdienen.* Viele stöhnen während ihrer Arbeitszeit und stellen sich die Frage: „Wann ist Feierabend?" In der Wochenmit-
te bestätigt der Radiomoderator noch ihre Sehnsucht, indem er sagt: „Hurra
es ist Mittwoch – Bergfest, nur noch zwei Tage, dann ist endlich Wochenende." Für viele ist die Woche sogar nur noch eine Unterbrechung zwischen
zwei Wochenenden.

Zum Glück gibt es in gewissen Abständen einige Etappenziele, die neben
dem Urlaub fester Bestandteil der Jahresplanung sind. Dazu gehören die
Feier- und Brückentage, die für viele unheimlich wichtig sind, was man an
den Megastaus zu Ostern und Pfingsten sehr schön erkennen kann. Monate-
lang vorher werden Reisekataloge studiert, damit der gebuchte Jahresurlaub
auch so angenehm wie möglich wird. Es ist keine Kritik, nur die Frage sei erlaubt, ob die meisten sich auch so akribisch Gedanken über ihre Lebensaufgabe machen? Die mediale Beeinflussung ist heutzutage so immens, dass
ein Großteil der Menschen nicht merkt, dass ihre verbrachte Zeit vor dem
Fernseher ungefähr einem Drittel ihres Lebens entspricht: Ihr Traum heißt in
Wirklichkeit **Ablenkung.**

Wieder andere sagen sich: „Wenn ich Rentner bin, dann werde ich richtig leben und das machen, wozu ich Lust habe." Oft bleibt der Wunsch nur eine
Illusion, da sie vorher sterben. Ihr Traum heißt **Sehnsucht.**

Das ist auch einer der Gründe, warum die spirituellen Meister Asiens schon immer sagten: „Die meisten Menschen träumen ihr Leben, aber die wenigsten schaffen es, zu erwachen."

Wenn wir aber wirklich inneren Frieden, Glück und Zufriedenheit finden wollen, dann sollten wir anfangen uns folgende Fragen zu stellen:

- **Wer bin ich?**
- **Was ist der Sinn des Lebens?**
- **Warum bin ich hier?**
- **Was ist meine Berufung?**
- **Was ist meine Lebensaufgabe?**

Selbst die alten Griechen stellten sich schon die Frage nach dem Sinn des Lebens. Zu dieser Zeit galt Delphi als Mittelpunkt der Welt und über dem Eingang des Tempels zu Delphi stand zu lesen: „**Erkenne dich selbst!**"

Habt Ihr euch schon einmal das Wort „Beruf" genauer angeschaut? Dann werdet ihr feststellen, dass es von „Berufung", kommt. Es ist nämlich der innere Ruf, der in jedem von uns steckt, sich zu verwirklichen.

Das heißt, beginne dort zu suchen wo Deine Gaben liegen, dann bist Du schon auf dem halben Weg zu Deiner Berufung. Die Begabungen, die Du in Deiner Kindheit hattest, sind oftmals die wahren Talente.

Erinnere Dich an Momente, in dem Du voller Begeisterung und Tatendrang warst. Du standst im wahrsten Sinne des Wortes unter Strom und die Zeit verflog dabei wie im Nu. Achte auf diese Zeichen, denn das sind Deine Schicksalsboten. Das Wort Inspiration leitet sich im Übrigen von „in" und „spirare" ab und heißt eigentlich: hineinhauchen, mit Geist erfüllen. Was inspiriert Dich?

Schaue Dir Deine jetzige Tätigkeit an und frage Dich: Liebst Du das, was Du tust? Oder sagst Du Ja zu Deinem Job, obwohl Dein Herz Nein sagt? Fang an, auf Dein Herz zu hören. Jobs kommen und gehen, was bleibt ist Dein Herz. Es ist nicht irgendeine Pumpe, sondern neueste wissenschaftliche Erkenntnisse haben ergeben, dass mehr Nervenkanäle vom Herzen zum Gehirn gehen, als umgekehrt.[398] Das bedeutet, dass jede Veränderung im Gehirn gleichzeitig auch im Herzen stattfindet. Sie bilden somit eine Einheit. Wenn wir uns in Disharmonie zu unserem Gehirn und Herz befinden, dann signalisiert der Körper es uns in Form von Herzinfarkten, Schlaganfällen oder Depressionen. Das ist auch einer der Gründe, warum immer mehr Menschen davon betroffen sind. Wenn Du nicht zufrieden mit Deiner momentanen Situation bist, dann fange ab sofort an, nicht mehr zwischen Arbeit und Leben zu trennen. Beobachte Dich, wenn Du diesen Satz liest. Kommen dort Gedanken hoch, wie **„Ich kann doch nicht nur arbeiten"**; dann nehme diese in Dankbarkeit an. Denn was ist, möchte wahrgenommen werden. Erinnere Dich an das Kapitel mit dem Diaprojektor: Du bist nicht deine Gedanken. Stelle Dir viel mehr die Frage, leben wir nicht auch, während wir arbeiten? Schaue Dir die Karrieren von Musikern, Malern oder Profisportlern an, beginne, Dich mit ihrem Geheimnis zu befassen. Dann wirst Du feststellen, dass diese Menschen in erster Linie Spaß an dem haben, was sie tun und ihrer Berufung folgen.

Dabei sehen sie ihre Tätigkeit noch nicht einmal als Arbeit an. Bob Dylan hat es einmal so formuliert: „Ein Mensch ist erfolgreich, wenn er zwischen Aufstehen und Schlafengehen das tut, was ihm gefällt." Picasso schuf beispielsweise einige seiner wichtigsten Werke, als er fast 60 Jahre alt war. Ein Alter, in dem sich bei uns die Menschen auf ihre Rente vorbereiten. Noch im Alter von 66 Jahren begann Pablo Picasso sich mit Keramik zu beschäftigen. Mit 70 Jahren schuf er das ausdrucksstarke Gemälde Massaker von Korea. Sogar im Alter von 87 Jahren erstellte er seine Serie von Radierungen „Maler und Modell" mit 347 Blättern, bevor er im Alter von 91 Jahren verstarb.[399]

Was meinst Du treibt einen Paul McCartney an, mit 75 Jahren und 900 Millionen Euro auf dem Konto auf Tournee zu gehen?[400] Der 2016 verstorbene David Bowie sagte in einem Interview:

„Ich will arbeiten, weil ich von dem, was mich gerade beschäftigt, begeistert bin. In diesem Moment. Im Hier und Jetzt. Und die beste Art sicherzustellen, dass ich ein wacher Künstler bleibe, ist nun mal, diesen Überhang loszuwerden. Andernfalls malst du nur noch dasselbe Bild. Immer und immer wieder dasselbe Bild. Das will ich nicht. Wenn ein Maler anfängt, seine älteren populären Bilder zu kopieren, ist er nicht mehr interessant. Dann ist es vorbei mit dir. Dann bist du nicht länger kreativ oder innovativ."[401]

Ich kann das nur bestätigen. Bei mir liegen überall Notizblöcke im Haus verteilt. Wenn ich nachts, wie so häufig, Einfälle habe, dann stehe ich auf und schreibe. Der Titel dieses Buches ist mir beispielsweise 3 Uhr nachts eingefallen. Wenn die Inspiration da ist, dann kann ich ja nicht sagen, jetzt nicht, morgen um 8 Uhr fängt erst meine Arbeitszeit an. Viele werden sicherlich auch schon festgestellt haben, dass sie gerade, wenn sie vor dem Einschlafen sind oder sich unter der Dusche befinden, die besten Einfälle haben. Das hängt damit zusammen, dass diese Handlungen einen Automatismus entwickelt haben, der dazu führt, dass der Geist aus der Stille heraus neue Gedanken entwickeln kann. Gönne Dir täglich Momente, wo Du mindestens eine Stunde (nur mit Dir) alleine bist. Die deutsche Sprache ist sehr präzise, das sehen wir auch an dem Wort **„All-ein-Sein"**. Jedes der drei Wörter hat in sich schon solch eine Kraft. In der Stille, mit Dir All-ein, dort sind die Momente, in denen Du Deine innere Stimme hören kannst. Sie wird Dir bei der Suche Deiner Lebensaufgabe behilflich sein.

Finde Deine Bestimmung und Dein Leben wird erfüllter, glücklicher, und zufriedener sein. Man kann es auch einfach so ausdrücken: Arbeit ist sichtbar gemachte Liebe. Schön wäre es, wenn wir an dem Tag, an dem wir die Bühne des Lebens verlassen werden, auch so empfinden wie der französische Schriftsteller Jules Renard, der sagte:

„Wenn ich mein Leben noch einmal von vorn beginnen könnte, würde ich es mir genauso wünschen, wie es war, nur würde ich die Augen etwas weiter aufmachen".[402]

Nachwort

Wir sollten nie vergessen, dass sogar im grausamsten Menschen ein Körnchen Liebe wohnt, das ihn eines Tages zum Buddha werden lässt, sagte der Dalai Lama. Mit anderen Worten, jeder Mensch hat auch gute Seiten, man muss die schlechten einfach nur umschlagen.

Die eine Botschaft für unser Leben lautet daher, denen, die uns Leid zugefügt haben, zu vergeben. Denn wie Mahatma Gandhi schon sagte: „Auge um Auge, Zahn um Zahn, davon wird die Welt nur blind."

Die andere Botschaft ist die, Danke dem Leben gegenüber zu sagen und denen zu geben, die weniger haben, als wir. Mein Zen-Meister sagte mir schon vor Jahren: **„Derjenige, der gibt, hat dem Nehmenden Danke zu sagen, dass er geben darf."** Oder wie Jesus es formulierte: „Geben ist seliger denn nehmen."

Ich bitte Dich, wenn Du mit diesem Buch fertig bist, reiche es an jemanden weiter. Solltest Du in Deinem Umfeld keinen kennen, der von dem Inhalt aus Deiner Sicht profitieren würde, dann lass es einfach an einer Bushaltestelle oder in einem Zug liegen. Denn wenn Du das Buch freigibst, wird es seinen Weg zur rechten Zeit zur richtigen Person finden. Sollte es Dir gefallen, erzähle bitte Deinen Freunden und Bekannten davon, denn besonders wichtig sind Menschen wie Du, die das Wissen mit anderen teilen und so beim Prozess des Erwachens ihren Teil beitragen.

Schön wäre es noch, wenn Du eine kurze Rezension auf Amazon abgeben könntest, auch wenn Du dort nicht kaufen möchtest, da sich viele daran orientieren.

In Liebe, Euer
Heiko Schrang

AUCH ALS E-BOOK ERHÄLTLICH!

Bei uns im Shop unter: www.macht-steuert-wissen.de
Über diese und andere Themen schreibe ich regelmäßig in meinem kostenlosen Newsletter. Anmeldung unter: https://www.macht-steuert-wissen.de/newsletteranmeldung/
Die neuesten Videos und Interviews findet ihr unter SchrangTV bei Youtube: https://www.youtube.com/user/SchrangTV/

Rede von Charlie Chaplin (16.04.1959)

Als ich mich selbst zu lieben begann,
habe ich verstanden, dass ich immer und bei jeder Gelegenheit,
zur richtigen Zeit am richtigen Ort bin
und dass alles, was geschieht, richtig ist –
von da an konnte ich ruhig sein.
Heute weiß ich: Das nennt man **VERTRAUEN.**

Als ich mich selbst zu lieben begann,
konnte ich erkennen, dass emotionaler Schmerz und Leid
nur Warnungen für mich sind, gegen meine eigene Wahrheit zu leben.
Heute weiß ich: Das nennt man **AUTHENTISCH SEIN.**

Als ich mich selbst zu lieben begann,
habe ich aufgehört, mich nach einem anderen Leben zu sehnen
und konnte sehen, dass alles um mich herum eine Aufforderung zum
Wachsen war.
Heute weiß ich, das nennt man „**REIFE**".

Als ich mich selbst zu lieben begann,
habe ich aufgehört, mich meiner freien Zeit zu berauben,
und ich habe aufgehört, weiter grandiose Projekte für die Zukunft zu
entwerfen.
Heute mache ich nur das, was mir Spaß und Freude macht,
was ich liebe und was mein Herz zum Lachen bringt,
auf meine eigene Art und Weise und in meinem Tempo.
Heute weiß ich, das nennt man **EHRLICHKEIT.**

Als ich mich selbst zu lieben begann,
habe ich mich von allem befreit, was nicht gesund für mich war,
von Speisen, Menschen, Dingen, Situationen
und von Allem, das mich immer wieder hinunterzog, weg von mir selbst.
Anfangs nannte ich das „Gesunden Egoismus",
aber heute weiß ich, das ist „**SELBSTLIEBE**".

Als ich mich selbst zu lieben begann,
habe ich aufgehört, immer recht haben zu wollen,
so habe ich mich weniger geirrt.
Heute habe ich erkannt: das nennt man **DEMUT**.

Als ich mich selbst zu lieben begann,
habe ich mich geweigert, weiter in der Vergangenheit zu leben
und mich um meine Zukunft zu sorgen.
Jetzt lebe ich nur noch in diesem Augenblick, wo ALLES stattfindet,
so lebe ich heute jeden Tag und nenne es „**BEWUSSTHEIT**".

Als ich mich zu lieben begann,
da erkannte ich, dass mich mein Denken
armselig und krank machen kann.
Als ich jedoch meine Herzenskräfte anforderte,
bekam der Verstand einen wichtigen Partner.
Diese Verbindung nenne ich heute „**HERZENSWEISHEIT**".

Wir brauchen uns nicht weiter vor Auseinandersetzungen,
Konflikten und Problemen mit uns selbst und anderen fürchten,
denn sogar Sterne knallen manchmal aufeinander
und es entstehen neue Welten.
Heute weiß ich: **DAS IST DAS LEBEN**!

Charlie Chaplin an seinem 70. Geburtstag am 16. April 1959

Die Jahrhundertlüge, die nur Insider kennen

Der Bestseller, der mittlerweile zum Kultbuch einer neuen Generation wurde, ist aktueller denn je.

Hardcover   **24,90 €**
ISBN: 978-3-9815839-0-8

Ebook   **18,99 €**
epub ISBN: 978-3-9815839-1-5
PDF ISBN: 978-3-9815839-7-7

Das Hörbuch
Gesprochen vom bekannten deutschen Schauspieler Horst Janson. Er gibt dem Hörbuch mit seiner markanten Stimme eine besondere Tiefe.

6-CD-Set   **29,99 €**
ISBN: 978-3-9815839-6-0

MP3 Download   **19,99 €**
ISBN: 978-3-9815839-5-3

Die Jahrhundertlüge, die nur Insider kennen – 2

Nach dem Erfolg des ersten Buches „Die Jahrhundertlüge, die nur Insider kennen" setzt dieses Buch ganz neue Akzente. Wie bereits beim ersten Buch verbindet der Autor auch wieder gekonnt komplexe politische mit spirituellen Themen und bietet praktische Tipps und Lösungen an, die Ihr Leben verändern können.

Hardcover	**24,90 €**

ISBN: 978-3-9815839-9-1

Ebook	**12,99 €**

epub ISBN: 978-3-945780-03-9

PDF ISBN: 978-3-945780-04-6

Das Hörbuch

Gesprochen vom Schauspieler Reiner Schöne. Er gilt als einer der bekanntesten Synchronsprecher Deutschlands.

6-CD-Set	**29,99 €**

ISBN: 978-3-945780-90-9

MP3 Download	**19,99 €**

ISBN: 978-3-945780-06-0

Die Souveränitätslüge

Dieses Buch ist in seiner Brisanz kaum zu überbieten:
- Existiert ein geheimer Staatsvertrag – Kanzlerakte?
- Ist Deutschland eine Firma?
- Ist Deutschland überhaupt souverän? u.v.m.

Broschüre (64 Seiten)   **7,99 €**

ISBN: 978-3-9815839-8-4

Auch als Hörbuch erhältlich mit dem bekannten Schauspieler Reiner Schöne als Sprecher.

Hörbuch – 1CD   **9,99 €**

ISBN: 978-3-945780-91-6

MP3 Download   **6,99 €**

ISBN: 978-3-945780-07-7

DIE GEZ-LÜGE

Stellt euch vor, es gibt einen Rundfunkbeitrag
und keiner zahlt ihn.

Dem Erfolgsautor Heiko Schrang wurde mit Gefängnis gedroht, da er sich aus Gewissensgründen weigerte, den Rundfunkbeitrag zu entrichten. Die Geschichte sorgte für große mediale Aufmerksamkeit. Dieses Buch ist ein Befreiungsschlag aus Gewissensgründen, die uns auferlegten Ketten aus Lügen, Manipulation und Kriegshetze abzureißen.

Hardcover (176 Seiten)   **12,90 €**
ISBN: 978-3-945780-84-8

Diese DVD kann deine Weltsicht verändern – Das GEZ-Skandalbuch jetzt als DVD!

DVD (170 Min.)   **18,90 €**
EAN: 4280000242648

Quellen

1 https://www.youtube.com/watch?v=qfFHu9IM29A (Aufgerufen am 30.10.2017)

2 https://youtu.be/MzYTxO2r2nQ (Aufgerufen am 30.10.2017)

3 http://www.tagesspiegel.de/wirtschaft/europaeische-zentralbank-dem-500-euro-schein-droht-das-aus/13538230.html (Aufgerufen am 21.7.2016)

4 http://www.handelsblatt.com/finanzen/steuern-recht/recht/schaeuble-zum-500-euro-schein-da-sehen-sie-wie-schlecht-deutsche-finanzminister-bezahlt-werden/13016208.html (Aufgerufen am 21.7.2016)

5 http://www.rp-online.de/politik/kohl-soll-cdu-vorsitzenden-zur-aussage-gedraengt-haben-aid-1.2264014 (Aufgerufen am 21.7.2016)

6 https://www.youtube.com/watch?v=m7THWOIJh-E (Aufgerufen am 15.7.2016)

7 Dirk Koch: Die Brüsseler Republik, in: DER SPIEGEL 52/1999

8 http://stop-bargeldverbot.de/2016/04/den-buergern-das-instrument-der-freiheit-unbedingt-erhalten/ (Aufgerufen am 21.7.2016)

9 http://www.bild.de/ratgeber/gesundheit/medizin/9-implantate-die-wir-bald-im-koerper-tragen-38222252.bild.html (Aufgerufen am 14.7.2016)

10 http://www.faz.net/aktuell/beruf-chance/arbeitswelt/rfid-chip-bueroangestellte-schweden-13438675.html (Aufgerufen am 14.7.2016)

11 https://www.tagesschau.de/multimedia/sendung/tt-4333.html (Aufgerufen am 14.7.2016)

12 http://www.kika.de/erde-an-zukunft/sendungen/videos/video7568.html (Aufgerufen am 14.7.2016)

13 https://www.galileo.tv/sendungsinfo/themen-der-sendung-vom-26-09-2017/ (Aufgerufen am 9.10.2017)

14 https://www.youtube.com/watch?v=mEdGF7P_QMU (Aufgerufen am 9.10.2017)

15 http://www.augsburger-allgemeine.de/bayern/Chip-fuer-Ueberwachung-und-Toetung-von-Menschen-id5775181.html (Aufgerufen am 1.9.2017)

16 http://www.augsburger-allgemeine.de/bayern/Chip-fuer-Ueberwachung-und-Toetung-von-Menschen-id5775181.html (Aufgerufen am 14.7.2016)

17 http://www.augsburger-allgemeine.de/bayern/Chip-fuer-Ueberwachung-und-Toetung-von-Menschen-id5775181.html (Aufgerufen am 14.7.2016)

18 https://de.wikipedia.org/wiki/Malaysia-Airlines-Flug_370 (Aufgerufen am 9.10.2017)

19 http://www.epochtimes.de/politik/welt/flug-mh370-jacob-rothschild-erhaelt-alle-patente-fuer-implantierbare-microchips-a1155306.html (Aufgerufen am 9.10.2017)

20 https://actualidad.rt.com/actualidad/view/123046-rothschild-hereda-patente-semiconductores-avion-malasio (Aufgerufen am 9.10.2017)

21 https://actualidad.rt.com/actualidad/view/123046-rothschild-hereda-patente-semiconductores-avion-malasio (Aufgerufen am 9.10.2017)

22 https://actualidad.rt.com/actualidad/view/123046-rothschild-hereda-patente-semicon-ductores-avion-malasio (Aufgerufen am 9.10.2017)

23 http://www.mmnews.de/vermischtes/14614-mh370-absturz-oder-entfuehrung-we-gen-patente (Aufgerufen am 1.9.2017)

24 Vgl.: http://www.nnettle.com/news/2655-mh370-investigator-shot-dead-deliver-ing-new-evidence-

http://www.dailymail.co.uk/news/article-4844348/Conspiracy-theory-diplomat-pro-bing-MH370-shot-dead.html (Aufgerufen am 11.10.2017)

25 https://de.wikipedia.org/wiki/Freescale_Semiconductor (Aufgerufen am 9.10.2017)

26 https://de.wikipedia.org/wiki/NXP_Semiconductors#Aktivit.C3.A4ten_in_Deutschland (Aufgerufen am 9.10.2017)

27 https://de.wikipedia.org/wiki/NXP_Semiconductors (Aufgerufen am 9.10.2017)

28 https://www.golem.de/1008/77334.html (Aufgerufen am 1.9.2017)

29 http://dipbt.bundestag.de/dip21/brd/2016/0787-16.pdf (Aufgerufen am 13.3.2017)

30 http://dipbt.bundestag.de/dip21/brd/2016/0787-16.pdf (Aufgerufen am 13.3.2017)

31 http://www.epochtimes.de/wissen/der-staat-will-wissen-wo-die-deutschen-sind-elek-tronische-aenderungen-im-personalausweisgesetz-a2068388.html (Aufgerufen am 13.3.2017)

32 https://wiki.piratenpartei.de/Elektronischer_Personalausweis (Aufgerufen am 13.3.2017)

33 http://update.hanser-fachbuch.de/2016/01/sicherheit-in-sozialen-netzwerken-staatli-che-ueberwachung/ (Aufgerufen am 17.3.2017)

34 http://www.spiegel.de/netzwelt/web/ueberwachungsideen-apple-paten-tiert-das-spy-phone-a-713258.html (Aufgerufen am 1.9.2017)

35 http://www.tagesschau.de/inland/bnd-sozialenetzwerke100.html (abgerufen am 27.10.2014)

36 http://www.bundespraesident.de/SharedDocs/Reden/DE/Joachim-Gauck/Interviews/2013/130630-ZDF.html (Aufgerufen am 27.10.2017)

37 http://www.gegenfrage.com/studie-nsa-hat-fast-keinen-einfluss-auf-terrorbekaemp-fung/ (Aufgerufen am 27.10.2017)

38 http://einstieg-informatik.de/index.php?article_id=466 (Aufgerufen am 17.3.2017)

39 https://de.wikipedia.org/wiki/INDECT (Aufgerufen am 17.3.2017)

40 http://www.taz.de/!5081312/ (Aufgerufen am 17.3.2017)

41 https://de.wikipedia.org/wiki/INDECT (Aufgerufen am 17.3.2017)

42 http://www.epochtimes.de/politik/deutschland/neue-frage-zum-netzdurchsetzungsge-setz-war-der-bundestag-mit-60-abgeordneten-ueberhaupt-beschlussfaehig-a2158086.html (Aufgerufen am 11.10.2017)

43 http://www.epochtimes.de/politik/deutschland/neue-frage-zum-netzdurchsetzungsge-setz-war-der-bundestag-mit-60-abgeordneten-ueberhaupt-beschlussfaehig-a2158086.html (Aufgerufen am 11.10.2017)

44 http://de.wikimannia.org/Marxismus (Aufgerufen am 23.10.2017)

45 https://www.heise.de/tp/features/Maas-will-sich-ins-Programmieren-einmi-schen-3761301.html (Aufgerufen am 11.10.2017)

46 http://www.spiegel.de/netzwelt/netzpolitik/heiko-maas-will-regulierung-von-inter-net-konzernen-mit-algorithmen-a-1155570.html (Aufgerufen am 11.10.2017)

47 http://www.stern.de/familie/leben/familienhaeuser-ade--immer-mehr-europaeer-le-ben-allein-7609616.html (Aufgerufen am 11.10.2017)

48 Vgl.: Manfred Spitzer: Digitale Demenz: Wie wir uns und unsere Kinder um den Verstand bringen. München 2012.

49 https://www.welt.de/vermischtes/kurioses/article112781187/Navi-leitet-Belgier-in-1400-Kilometer-in-die-Irre.html (Aufgerufen am 11.10.2017)

50 http://futurezone.at/games/pokemon-go-sorgt-fuer-leichenfund-und-unfall-mit-polizei-auto/210.817.598 (Aufgerufen am 21.7.2016)

51 http://www.welt.de/vermischtes/article157057466/Pokemon-Go-das-gefaehrlichste-Spiel-der-Welt.html (Aufgerufen am 21.7.2016)

52 http://info.kopp-verlag.de/hintergruende/enthuellungen/mike-adams/die-zombie-apo-kalypse-der-pok-mon-rattenfaenger-beginnt.html (Aufgerufen am 21.7.2016)

53 http://info.kopp-verlag.de/hintergruende/enthuellungen/mike-adams/die-zombie-apo-kalypse-der-pok-mon-rattenfaenger-beginnt.html (Aufgerufen am 21.7.2016)

54 http://www.gamespilot.de/news/pokemon-go-zwei-schwerverlezte-nach-sturz-von-der-klippe-175290 (Aufgerufen am 21.7.2016)

55 http://www.gamespilot.de/news/pokemon-go-zwei-schwerverlezte-nach-sturz-von-der-klippe-175290 (Aufgerufen am 21.7.2016)

56 Julitta Rössler: Raus aus Hamsterrad und Tretmühle. Erkenntnisse der Hirnforschung für den Job. Freiburg 2012.

57 Julitta Rössler: Raus aus Hamsterrad und Tretmühle. Erkenntnisse der Hirnforschung für den Job. Freiburg 2012, S. 41

58 http://www.message-online.com/archiv/message-1-2007/leseproben/funkstille-ue-ber-strahlungsschaeden/

59 http://www.message-online.com/archiv/message-1-2007/leseproben/funkstille-ue-ber-strahlungsschaeden/
http://www.elektrosmognews.de/news/russland2.htm

60 Paul Weiß, Bernd Gutheil, Dirk Gust, Peter Leiß: EMVU-Messtechnik: Messverfahren und -konzeption im Bereich der elektromagnetischen Umweltverträglichkeit. Braunschweig / Wiesbaden 2000.

61 http://www.icnirp.org/en/legal-notice.html (Aufgerufen am 11.10.2017)

62 http://www.zeitenschrift.com/artikel/quasseln-bis-zum-bitteren-ende#.Vop0KfnhCUk

63 http://www.message-online.com/archiv/message-1-2007/leseproben/funkstille-ue-ber-strahlungsschaeden/

64 ZDF-Sendung „Risiko Elektrosmog" mit Sperrvermerk

65 http://xn--stverstuuv-fcb.de/gesundheit.html

66 http://www.politaia.org/umwelt-und-gesundheit/niemand-will-ueber-mobilfunk-berichten

67 http://www.zentrum-der-gesundheit.de/studien-handystrahlung-ia.html

68 http://www.handystrahlung24.de/333

69 http://z-e-i-t-e-n-w-e-n-d-e.blogspot.de/2013/02/eine-millionen-dollar-schwere.html

70 http://www.handystrahlung24.de/333

71 http://www.der-mast-muss-weg.de/pdf/Lobby/KruegerMessageMobil.pdf

72 https://www.heise.de/newsticker/meldung/ZDF-beendet-Kooperation-mit-T-On-line-bei-heute-Nachrichten-104727.html (Aufgerufen am 1.9.2017)

73 http://www.message-online.com/archiv/message-1-2007/leseproben/funkstille-ue-ber-strahlungsschaeden/

74 http://www.politaia.org/umwelt-und-gesundheit/niemand-will-ueber-mobilfunk-berich-ten/

75 http://www.taz.de/1/archiv/?dig=2007/01/30/a0131

76 http://www.taz.de/1/archiv/?dig=2007/01/30/a0131

77 http://www.taz.de/1/archiv/?dig=2007/01/30/a0131

78 http://www.derwesten.de/panorama/krebs-durch-handynutzung-id4717203.html?do-ply=true

79 http://www.handelszeitung.ch/unternehmen/technologie/gericht-bestaetigt-han-dys-koennen-hirntumore-ausloesen

Weitere Quellen:

Thomas Grasberger/Franz Kotteder: Mobilfunk – Ein Freilandversuch am Menschen. Kunstmann-Verlag, München 2003.

http://www.agb-antigenozidbewegung.de/images/documents/mobilfunkbroschuere.pdf (Aufgerufen am 1.9.2017)

https://repository.publisso.de/resource/frl:5154751-1/data (Aufgerufen am 1.9.2017)

80 http://www.rp-online.de/leben/gesundheit/medizin/krebs/gehirntumor-durch-han-dy-strahlung-als-berufskrankheit-anerkannt-aid-1.6769642 (Aufgerufen am 1.9.2017)

81 http://www.mobilfunkstudien.de/studienreport/index.php (Aufgerufen am 1.9.2017)

82 http://www.spiegel.de/wissenschaft/natur/donald-trump-verkuendet-ausstieg-der-usa-aus-klima-abkommen-von-paris-a-1149832.html (Aufgerufen am 30.8.2017)

83 https://www.heise.de/tp/features/Trump-ist-nicht-aus-dem-Pariser-Abkommen-ausge-treten-die-USA-waren-nie-dabei-3733617.html (Aufgerufen am 30.8.2017)

84 https://www.youtube.com/watch?v=S57gffaSRJw (Aufgerufen am 30.8.2017)

85 http://www.zeit.de/1992/25/vertane-gelegenheit (Aufgerufen am 4.9.2017)

86 Vgl.: EpressZeitung 11.9.2017

87 https://www.welt.de/print-wams/article97167/Als-Groenland-noch-gruen-war.html (Aufgerufen am 30.8.2017)

88 https://www.welt.de/wissenschaft/umwelt/article5528858/Ein-Physiker-erschuet-tert-die-Klimatheorie.html (Aufgerufen am 16.10.2017)

89 https://www.welt.de/wissenschaft/umwelt/article5528858/Ein-Physiker-erschuet-tert-die-Klimatheorie.html (Aufgerufen am 16.10.2017)

90 https://de.wikipedia.org/wiki/Hackerzwischenfall_am_Klimaforschungszentrum_der_University_of_East_Anglia (Aufgerufen am 16.10.2017)

91 https://www.welt.de/wissenschaft/umwelt/article5528858/Ein-Physiker-erschuet-tert-die-Klimatheorie.html (Aufgerufen am 16.10.2017)

92 http://archive.boston.com/news/globe/editorial_opinion/oped/articles/2007/02/09/no_change_in_political_climate/ (Aufgerufen am 30.8.2017)

93 http://www.epochtimes.de/politik/deutschland/kohlendioxid-anstieg-ist-folge-der-er-derwaermung-nicht-umgekehrt-physiker-bei-spiegel-doku-der-klimaschwin-del-a2137358.html (Aufgerufen am 30.8.2017)

94 https://www.welt.de/print-wams/article97167/Als-Groenland-noch-gruen-war.html (Aufgerufen am 30.8.2017)

95 http://www.fr.de/wissen/klimawandel-weinanbau-im-norden-a-1064262 (Aufgerufen am 30.8.2017)

96 https://www.welt.de/wissenschaft/umwelt/article5489379/Als-uns-vor-30-Jahren-eine-neue-Eiszeit-drohte.html (Aufgerufen am 30.8.2017)

97 http://www.n-tv.de/wirtschaft/Der-Skandal-beim-Klimaschutz-article18932511.html (Aufgerufen am 30.8.2017)

98 http://www.epochtimes.de/politik/welt/der-co2-schwindel-teil-ii-a104825.html (Aufge-rufen am 30.8.2017)

99 http://www.epochtimes.de/politik/welt/der-co2-schwindel-teil-ii-a104825.html (Aufge-rufen am 30.8.2017)

100 https://www.nzz.ch/erdfieber-1.531509 (Aufgerufen am 30.8.2017)

101 https://swprs.org/der-propaganda-multiplikator/ (Aufgerufen am 1.9.2017)

102 Schulten-Jaspers, Yasmin (2013): Zukunft der Nachrichtenagenturen. Situation, Entwick-lung, Prognosen. Nomos, Baden-Baden.

103 https://swprs.org/der-propaganda-multiplikator/ (Aufgerufen am 1.9.2017)

104 https://swisspropaganda.wordpress.com/der-propaganda-multiplikator/ (Aufgerufen am 1.9.2017)

105 http://www.faz.net/aktuell/politik/ausland/europa/russlands-praesident-putin-kuen-digt-konsequenzen-fuer-nato-an-14302140.html (Aufgerufen am 1.9.2017)

106 Bild Schlagzeile vom 21.7.2014 unter http://www.nachdenkseiten.de/?p=22546 (Aufge-rufen am 30.10.2017)

107 https://www.tichyseinblick.de/kolumnen/der-sonntagsleser/der-spiegel-nr-6-die-has-sprediger-frauke-petry-und-die-afd/ (Aufgerufen am 30.10.2017)

108 https://swisspropaganda.files.wordpress.com/2016/06/studie-der-propaganda-multipli-kator-2016-mz.pdf

109 https://swisspropaganda.files.wordpress.com/2016/06/studie-der-propaganda-multipli-kator-2016-mz.pdf S. 10

110 https://swisspropaganda.files.wordpress.com/2016/06/studie-der-propaganda-multipli-kator-2016-mz.pdf

111 Manfred Bissinger: „Bundesnachrichtendienst. Warum so viele Journalisten für den Geheimdienst arbeiten." In: Ekkehard Jürgens und Eckhart Spoo (Hrsg.): Unheimlich zu Diensten. Medienmißbrauch durch Geheimdienste Göttingen 1987, S. 64

112 Ebd., S. 45

113 Erich Schmidt-Eenboom: Undercover – Der BND und die deutschen Journalisten …. Jahrhundertlüge 2

114 Udo Ulfkotte: Gekaufte Journalisten. Wie

115 Heiko Schrang: Die Jahrhundertlüge, die nur Insider kennen 2, Mühlenbecker Land 2014, S. 119

116 Ebd. S. 119

117 http://www.zeit.de/politik/deutschland/2010-06/gauck-lafontaine-ddr (Aufgerufen am 1.7.2016)

118 https://www.freitag.de/autoren/der-freitag/auf-wiedersehen-herr-gauck (Aufgerufen am 1.7.2016)

119 Bundespräsident Joachim Gauck anlässlich der Verleihung des Europäischen CIVIS Me-dienpreises am 12.5.2016 im WDR https://www.youtube.com/watch?v=0lDdpFag1zc (Aufgerufen am 1.7.2016)

120 http://www.berliner-zeitung.de/ein-whos-who-der-politik-und-wirtschaft-16036258 (Aufgerufen am 13.10.2017)

121 Caspar v. Schrenck-Notzing, Charakterwäsche. Die amerikanische Besatzung in Deutsch-land und ihre Folgen, Stuttgart 1965, Seite 134

122 https://de.wikipedia.org/wiki/Liste_von_Mitgliedern_der_Atlantik-Br%C3%BCcke

123 https://de.wikipedia.org/wiki/Atlantik-Br%C3%BCcke (Aufgerufen am 7.7.2016)

124 https://www.heise.de/tp/features/Gruene-und-Linke-auf-der-Atlantik-Bruecke-3364927.html (Aufgerufen am 28.9.2017)

125 http://www.ag-friedensforschung.de/regionen/Deutschland/walters.html (Aufgerufen am 13.10.2017) https://www.heise.de/tp/features/Gruene-und-Linke-auf-der-Atlan-tik-Bruecke-3364927.html (Aufgerufen am 28.9.2017)

126 https://de.wikipedia.org/wlkl/Liste_von_Mitgliedern_der_Atlantik-Brücke (Aufgerufen am 4.7.2016)

127 http://www.welt.de/wirtschaft/article156890958/Mathias-Doepfner-wird-Praesi-dent-der-Zeitungsverleger.html (Aufgerufen am 25.7.2016)

128 https://de.wikipedia.org/wiki/Atlantik-Br%C3%BCcke (Aufgerufen am 7.7.2016)

129 https://jungefreiheit.de/politik/deutschland/2012/im-dienst-der-vereinigten-staaten/ (Aufgerufen am 2.9.2016)

130 https://www.atlantik-bruecke.org/ueber-uns/gremien/ (Aufgerufen am 28.9.2017)

131 https://de.wikiquote.org/wiki/Henry_Kissinger (Aufgerufen am 28.9.2017)

132 https://www.macht-steuert-wissen.de/2092/rothschild-soros-und-rockefeller-teilneh-merliste-muenchener-sicherheitskonferenz/ (Aufgerufen am 27.2.2017)

133 https://www.securityconference.de/fileadmin/MSC_/2017/Sonstiges/170223_MSC2017_ListParticipants.pdf (Aufgerufen am 4.9.2017)

134 https://www.welt.de/politik/ausland/article163731525/Ungarn-vermutet-US-Milli-ardaer-Soros-hinter-illegaler-Migration.html (Aufgerufen am 4.9.2017)

135 Vgl.: http://www.spiegel.de/spiegel/print/d-43103188.html (Aufgerufen am 4.9.2017)

136 http://www.huffingtonpost.de/2016/11/25/sloterdijk-trump-erschoss_n_13233148.html (Aufgerufen am 27.2.2017)

137 https://www.youtube.com/watch?v=WmA6C3qH380 (Aufgerufen am 27.2.2017)

138 http://www.epochtimes.de/politik/europa/buergerkrieg-in-5-pariser-vororten-ausbrei-tung-befuerchtet-anwohner-sollen-zu-hause-bleiben-a2048399.html (Aufgerufen am 27.2.2017) und http://www.spiegel.de/panorama/justiz/schweden-unruhen-in-stock-holm-jugendliche-bewerfen-polizei-mit-steinen-a-1135681.html (Aufgerufen am 27.2.2017)

139 https://www.securityconference.de/fileadmin/MSC_/2017/Sonstiges/170223_MSC2017_ListParticipants.pdf (Aufgerufen am 13.10.2017)

140 „Jurys out" on future of Europe, EU doyen says, EU Observer, 16.3.2009: http://euobser-ver.com/843/27778 (abgerufen am 28.12.2012)

141 http://de.wikipedia.org/wiki/Bilderberg-Konferenz_(abgerufen 28.12.2012)

142 http://unser-mitteleuropa.com/2016/05/04/vizeprasident-der-eu-kommission-monokul-turelle-staaten-ausradieren/ (Aufgerufen am 13.10.2017)

143 http://unser-mitteleuropa.com/2016/05/04/vizeprasident-der-eu-kommission-monokul-turelle-staaten-ausradieren/ (Aufgerufen am 13.10.2017)

144 http://de.wikipedia.org/wiki/Liste_von_Teilnehmern_an_Bilderberg-Konferenzen (abge-rufen 28.12.2012)

145 https://de.wikipedia.org/wiki/Krieg_gegen_den_Terror (Zuletzt aufgerufen am 3.6.2016)

146 https://www.dhs.gov/ (Zuletzt aufgerufen am 17.6.2016)

147 https://www.contra-magazin.com/2015/10/seit-1945-usa-toeteten-ueber-30-millio-nen-menschen/ (Zuletzt aufgerufen am 17.6.2016)

148 https://en.wikipedia.org/wiki/United_States_Department_of_War (Zuletzt aufgerufen am 30.5.2016)

149 http://www.gegenfrage.com/95-aller-auslandsstuetzpunkte-der-welt-gehoe-ren-den-usa/ (Aufgerufen am 13.10.2017)

150 https://youtu.be/t9_VSp3_564 (Aufgerufen am 30.10.2017)

151 https://www.stern.de/tv/der-fall-adrian-ursache--wie-aus-einem--mister-germany--ein-reichsbuerger-wurde--7238062.html (Aufgerufen am 30.10.2017)

152 http://www.gala.de/lifestyle/galaxy/adrian-ursache-drama-um-ehemaligen-mister-ger-many_1513539.html (Aufgerufen am 30.8.2016)

153 Heiko Schrang: Die Souveränitätslüge, Mühlenbecker Land 2014.

154 http://www.spiegel.de/kultur/gesellschaft/xavier-naidoo-aufmontagsdemos-ue-ber-deutschland-und-paedophile-a-987539.html (zuletzt abgerufen am 27.10.2014),

sowie: Xavier Naidoo im ZDF-Morgenmagazin vom 25.05.2011 http://www.youtube.com/watch?v=SUzMWVP-K2s (zuletzt abgerufen am 27.10.2014)

155 https://de.wikipedia.org/wiki/Politische_Parteien_in_Deutsch-land_1848%E2%80%931850 (Aufgerufen am 13.10.2017)

156 http://www.duden.de/rechtschreibung/rechts_rechtsseitig_rechterseits (Aufgerufen am 11.7.2016)

157 Vgl. die entsprechenden Einträge in: Friedrich Kluge (Hrsg.): Etymologisches Wörterbuch der deutschen Sprache, Berlin, New York 1999.

158 Ebd.

159 Vgl.: „Populismus" in: Günther Drosdowski u.a.: „Duden Rechtschreibung der deutschen Sprache und der Fremdwörter, 18., neu bearbeitete und erweiterte Auflage, Mannheim, Wien, Zürich 1980.

160 http://www.medien-in-die-schule.de/wp-content/uploads/Meinung_im_Netz_gestal-ten_Modul3.pdf (Ab Seite 94) (Aufgerufen am 29.9.2017)

161 https://www.welt.de/finanzen/article135044739/Geheime-Maechte-steuern-die-Welt-Echt-Wahnsinn.html (Aufgerufen am 13.10.2017)

162 https://www.youtube.com/watch?v=djX4OlYWnW0 (Aufgerufen am 18.10.2017)

163 https://de.wikipedia.org/wiki/Attentat_auf_John_F._Kennedy (Aufgerufen am 1.6.2016)

164 http://thewebfairy.com/masonic/cia_document.htm (Aufgerufen am 1.5.2016)

165 Ebd.

166 https://de.wikipedia.org/wiki/Verschw%C3%B6rung (Aufgerufen am 1.6.2016)

167 http://www.muslim-markt.de/interview/2005/ganser.htm (Aufgerufen am 1.6.2016)

168 https://diefreiheitsliebe.de/gesellschaft/iran-1953-der-demokrat-aus-teheran/ (Aufgeru-fen am 1.6.2017)

169 https://diefreiheitsliebe.de/gesellschaft/iran-1953-der-demokrat-aus-teheran/ (Aufgeru-fen am 1.6.2017)

170 https://www.heise.de/tp/news/60-Jahre-CIA-Operation-Ajax-2000102.html (Aufgerufen am 8.9.2017)

171 http://www.whatreallyhappened.com/WRIIARTICLES/northwoods.html (zuletzt aufgeru-fen am 17.6.2016)

172 Originaltitel: Body of Secrets: Anatomy of the Ultra-Secret National Security Agency

173 James Bamford, NSA. Die Anatomie des mächtigsten Geheimdienstes der Welt, Mün-chen, 2001, S. 89

174 https://www.radio-utopie.de/2014/09/12/der-11-september-duplikat-drone-plan/ (ab-gerufen 23.10.2014)

175 James Bamford, NSA. Die Anatomie des mächtigsten Geheimdienstes der Welt, München, 2001, S. 92

176 https://de.wikipedia.org/wiki/Operation_Northwoods (Aufgerufen am 2.6.2016)

177 https://de.wikipedia.org/wiki/Tonkin-Zwischenfall (Aufgerufen am 2.6.2016)

178 https://de.wikipedia.org/wiki/Tonkin-Resolution (zuletzt aufgerufen am 17.6.2016)

179 Heiko Schrang: „Die Jahrhundertlüge, die nur Insider kennen", Mühlenbecker Land 2013, S. 70f.

180 https://de.wikipedia.org/wiki/Tonkin-Zwischenfall (Aufgerufen am 2.6.2016)

181 Heiko Schrang: Die Jahrhundertlüge, die nur Insider kennen. S. 72

182 https://www.heise.de/tp/news/Reagan-tolerierte-Saddam-Husseins-Giftgaseinsatz-im-Iran-Irak-Krieg-2030879.html (Aufgerufen am 20.10.2017)

183 http://www.focus.de/politik/ausland/die-sieben-groessten-politskandale-iran-contra-affaere_id_4048138.html (Aufgerufen am 3.6.2016)

184 http://nsarchive.gwu.edu/NSAEBB/NSAEBB365/index.htm (Aufgerufen am 17.6.2016)

185 https://en.wikipedia.org/wiki/Vicente_Zambada_Niebla (aufgerufen am 17.6.2016)

186 https://de.wikipedia.org/wiki/Drogenhandel (Aufgerufen am 13.10.2017)

187 http://circumspectnews.com/wp-content/uploads/2013/11/4-CIA-Drugs-Webbs-DARK-ALLIANCE.pdf (aufgerufen am 17.6.2016)

188 https://de.wikipedia.org/wiki/Gary_Webb_(Journalist) (Aufgerufen am 13.10.2017)

189 https://de.wikipedia.org/wiki/Gary_Webb_(Journalist) (Aufgerufen am 13.10.2017)

190 https://de.wikipedia.org/wiki/Brutkastenl%C3%BCge (Aufgerufen am 13.10.2017)

191 http://de.wikipedia.org/wiki/Brutkastenl%C3%BCge (Aufgerufen am 23.11.2012)

192 http://www.wahrheitssuche.org/kriegspropaganda.html (Aufgerufen am 23.11.2012)

193 http://www.wahrheitssuche.org/kriegspropaganda.html (Aufgerufen am 23.11.2012)

194 „Deception on Capitol Hill", The New York Times, 15.01.1992

195 http://www.upi-institut.de/irakkrieg.htm (Aufgerufen am 23.11.2012)

196 http://www.spiegel.de/politik/ausland/uno-sicherheitsrat-powell-bedauert-irak-rede-a-373779.html (Aufgerufen am 30.10.2017)

197 „Lügen im Irakkrieg-Die langen Nasen von Powell & Co. Süddeutsche.de, 18.03.2008 http://www.sueddeutsche.de/politik/luegen-im-irakkrieg-die-langen-nasen-von-powell-amp-co-1.264076 (Aufgerufen am 23.11.2012)

198 http://www.faz.net/aktuell/politik/ausland/naher-osten/terrorist-moussaoui-sagt-aus-saudische-herrscherfamilie-als-geldgeber-von-al-qaida-13408095.html (Aufgerufen am 8.9.2017)

199 http://news.bbc.co.uk/2/hi/393075.stm (Aufgerufen am 3.6.2016)

200 Ebd.

201 http://www.welt.de/finanzen/article135044739/Geheime-Maechte-steuern-die-Welt-Echt-Wahnsinn.html (Aufgerufen am 10.6.2016)

202 http://jungefreiheit.de/wissen/geschichte/2011/lebensluege-der-bundesrepublik/ (ab-gerufen 24.09.2014)

203 http://www.n24.de/n24/Wissen/History/d/1619260/deutschland-fuer-un-noch--feind-staat-.html (Aufgerufen am 10.6.2016)

204 http://rt.com/news/us-nsa-spying-germany-443/ (abgerufen am 27.10.2014)

205 http://www.n24.de/n24/Wissen/History/d/1619260/deutschland-fuer-un-noch--feind-staat-.html (Aufgerufen am 10.6.2016)

206 https://www.theguardian.com/world/2014/jul/18/-sp-edward-snowden-nsa-whistleblo-wer-interview-transcript (zuletzt aufgerufen am 17.6.2016)

207 Ebd.

208 https://www.macht-steuert-wissen.de/2155/lisa-fitz-die-ganze-geschichte-ist-eine-ein-zige-kette-von-verschwoerungen/ (Aufgerufen am 13.10.2017)

209 https://www.youtube.com/watch?v=TpMYb9rUx30 (Aufgerufen am 29.5.2017)

210 https://steemit.com/deutsch/@saamychristen/zitate-023-aldous-leonard-huxley (Aufge-rufen am 24.5.2017)

211 https://en.wikipedia.org/wiki/Larry_McDonald (Aufgerufen am 30.10.2017)

212 Zitiert nach ExpressZeitung, 6.4.2017, S.6 ff.

213 Ebd.

214 Ebd.

215 Ebd.

216 Ebd.

217 Ebd.

218 http://www.quotez.net/german/winston_churchill.htm (Aufgerufen am 13.10.2017)

219 http://www.wahrheitssuche.org/neueweltordnung.html (Aufgerufen am 05.12.2012)

220 http://de.wikipedia.org/wiki/Neue_Weltordnung (Aufgerufen am 28.12.2012)

221 http://www.politonline.ch/index.cfm?content=news&newsid=10 (Aufgerufen am 05.12.2012)

222 David Rockefeller: Memoirs. London 2003, S. 405.

223 http://www.maebrussell.com/Disappearing%20Witnesses/Disappearing%20Witnesses.html (Aufgerufen am 29.12.2012)

224 http://www.wahrheitssuche.org/neueweltordnung.html (Aufgerufen am 05.12.2012)

225 http://www.wahrheitssuche.org/neueweltordnung.html (Aufgerufen am 05.12.2012)

226 http://www.spiegel.de/spiegel/print/d-9585614.html (Aufgerufen am 20.10.2017)

227 http://www.spiegel.de/wirtschaft/mister-euro-wim-duisenberg-ist-tot-a-367688.html (Aufgerufen am 20.10.2017)

228 https://de.wikipedia.org/wiki/Wim_Duisenberg (Aufgerufen am 23.10.2017)

229 http://www.medizin-unwahrheiten.de/zitate_weltgeschehen.html (Aufgerufen am 07.11.2014)

230 Detaillierte Erläuterungen dazu im Buch „ Die Jahrhundertlüge, die nur Insider kennen" Teil 2

231 http://www.epochtimes.de/politik/welt/das-mysterioese-sterben-von-top-bankern-und-staatsfeinden-setzt-sich-fort-a1221801.html (Aufgerufen am 20.10.2017)

232 http://www.faz.net/aktuell/feuilleton/medien/der-fernsehfilm-der-fall-barschel-im-ersten-14054447.html (Aufgerufen am 4.10.2017)

233 https://www.welt.de/vermischtes/article118529685/Verkaterter-Bodyguard-soll-JFK-erschossen-haben.html (Aufgerufen am 4.10.2017)

234 http://www.zeit.de/politik/deutschland/2016-02/uwe-barschel-polit-affaere-gerichtsmedizin-suizid (Aufgerufen am 6.10.2017)

235 http://www.faz.net/aktuell/politik/inland/tod-von-uwe-barschel-war-laut-gerichtsmediziner-selbstmord-14075265.html (Aufgerufen am 4.10.2017)

236 https://www.welt.de/kultur/article153082998/Barschels-Bruder-zeigt-Rechtsmediziner-an.html (Aufgerufen am 4.10.2017)

237 https://www.welt.de/politik/deutschland/article11104929/Uwe-Barschel-der-Tote-in-Zimmer-317.html (Aufgerufen am 4.10.2017)

238 https://de.wikipedia.org/wiki/Uwe_Barschel#Todesumst.C3.A4nde (Aufgerufen am 6.10.2017)

239 http://www.spiegel.de/spiegel/print/d-8799514.html (Aufgerufen am 6.10.2017)

240 Wolfgang Baentsch, „Der Doppelmord an Uwe Barschel", Herbig Verlag, 5. erweiterte Auflage, 2008

241 Der Fall Barschel, ZDF-History, Sendung vom 07.10.2012

242 http://www.spiegel.de/spiegel/print/d-13523702.html (Aufgerufen am 11.10.2017)

243 https://www.welt.de/politik/deutschland/article11104929/Uwe-Barschel-der-Tote-in-Zimmer-317.html (Aufgerufen am 4.10.2017)

244 „Ein Mord, der keiner sein durfte – Ex-Chefermittler im Fall Barschel packt aus", 3Sat, 31.08.2011 http://www.3sat.de/page/?source=/kulturzeit/lesezeit/156483/index.html (abgerufen am 28.12.2012)

245 http://www.t-online.de/nachrichten/panorama/kriminalitaet/id_76880402/der-fall-uwe-barschel-so-koennte-der-mord-abgelaufen-sein-.html

246 https://de.wikipedia.org/wiki/Uwe_Barschel (Aufgerufen am 6.10.2017)

247 „Ein Mord, der keiner sein durfte – Ex-Chefermittler im Fall Barschel packt aus", 3Sat, 31.08.2011 http://www.3sat.de/page/?source=/kulturzeit/lesezeit/156483/index.html (abgerufen am 28.12.2012)

248 „Ein Mord, der keiner sein durfte – Ex-Chefermittler im Fall Barschel packt aus", 3Sat, 31.08.2011 http://www.3sat.de/page/?source=/kulturzeit/lesezeit/156483/index.html (abgerufen am 28.12.2012)

249 „Mord ist wahrscheinlicher geworden", Focus-online, 01.08.2012 http://www.focus.de/politik/deutschland/tid-26736/fall-uwe-barschel-mord-ist-wahrscheinlicher-geworden_aid_791127.html (abgerufen: 26.11.2012)

250 „Ein Mord, der keiner sein durfte – Ex-Chefermittler im Fall Barschel packt aus", 3Sat, 31.08.2011 http://www.3sat.de/page/?source=/kulturzeit/lesezeit/156483/index.html (abgerufen 28.12.2012)

251 https://www.welt.de/politik/deutschland/article11104929/Uwe-Barschel-der-Tote-in-Zimmer-317.html (Aufgerufen am 6.10.2017)

252 https://www.youtube.com/watch?v=O8O0us-3fOI (Aufgerufen am 6.10.2017)

253 https://www.youtube.com/watch?v=O8O0us-3fOI (Aufgerufen am 6.10.2017)

254 Wolfgang Baentsch, „Der Doppelmord an Uwe Barschel", Herbig Verlag, 5. erweiterte Auflage, 2008

255 „Uwe Barschel, der Tote im Zimmer 317." Die Welt, 21.11.2010 http://www.welt.de/politik/deutschland/article11104929/Uwe-Barschel-der-Tote-in-Zimmer-317.html (abgerufen 26.11.2012)

256 https://www.morgenpost.de/printarchiv/politik/article103306769/Uwe-Barschel-zwischen-Ehrenwort-Waffenhaendlern-und-der-Stasi-Das-Protokoll-einer-Tragoedie.html (Aufgerufen am 11.10.2017)

257 https://www.youtube.com/watch?v=snu6v8ACY5Q (Aufgerufen am 11.10.2017)

258 https://www.morgenpost.de/printarchiv/politik/article103306769/Uwe-Barschel-zwischen-Ehrenwort-Waffenhaendlern-und-der-Stasi-Das-Protokoll-einer-Tragoedie.html (Aufgerufen am 11.10.2017)

259 Die Welt, 27.09.2011, „Sichergestelltes Haar im Fall Barschel verschwunden"

260 „Ein Mord, der keiner sein durfte – Ex-Chefermittler im Fall Barschel packt aus", 3Sat, 31.08.2011 http://www.3sat.de/page/?source=/kulturzeit/lesezeit/156483/index.html (abgerufen 28.12.2012)

261 Vgl.: Victor Ostrovski: Geheimakte Mossad: Die schmutzigen Geschäfte des israelischen Geheimdienstes. München 1996.

262 Die Welt, CDU-Politiker will neue Ermittlungen im Fall Barschel, 21.11.2012

263 https://de.wikipedia.org/wiki/Uwe_Barschel#Heinrich_Wille (Aufgerufen am 11.10.2017)

264 https://de.wikipedia.org/wiki/Uwe_Barschel#Heinrich_Wille (Aufgerufen am 11.10.2017)

265 http://www.spiegel.de/kultur/gesellschaft/luegenpresse-ist-unwort-des-jahres-a-1012678.html (Aufgerufen am 9.9.2016)

266 Vgl.: Michael Brückner: Die Akte Wikipedia: Falsche Informationen und Propaganda in der Online-Enzyklopädie, Rottenburg a. N. 2014.

267 https://de.wikipedia.org/wiki/L%C3%BCgenpresse (Aufgerufen am 9.9.2016)

268 https://dimbb.de/wp-content/uploads/2015/09/L%C3%BCgenpresse-LIMA-20151.pdf (Aufgerufen am 30.10.2017)

269 http://www.heise.de/tp/artikel/43/43850/1.html (Aufgerufen am 9.9.2016)

270 http://www.focus.de/politik/videos/spd-chef-spricht-klartext-gabriel-attackiert-rechte-fluechtlingshetzer-pack-und-mob-das-eingesperrt-werden-muss_id_4899288.html (Aufgerufen am 29.9.2017)

271 https://youtu.be/0VbEuo9f5w8 (Aufgerufen am 16.10.2017)

272 Detaillierte Angaben hierzu in meinem Buch „Die Jahrhundertlüge, die nur Insider kennen 2".

273 https://youtu.be/ne0sWjyN1i8 (Aufgerufen am 16.10.2017)

274 http://www.heise.de/tp/artikel/46/46350/1.html (Aufgerufen am 12.9.2016)

275 http://www.sueddeutsche.de/politik/bild-von-kundgebung-in-paris-ein-gestelltes-foto-darf-geschichte-schreiben-1.2302160 (Aufgerufen am 12.9.2016)

276 https://propagandaschau.wordpress.com/2016/01/14/syrienkrieg-programmbeschwerde-wegen-unbewiesener-inkorrekter-und-verzerrter-berichterstattung-der-ard-tagesschau/

277 D. Byrne, ‚The Effect of a Subliminal Food Stimulus on Verbal Responses', in ‚Journal of Applied Psychology 43/1959', S. 249 ff.

278 D. Byrne, ‚The Effect of a Subliminal Food Stimulus on Verbal Responses', in ‚Journal of Applied Psychology 43/1959', S. 249 ff.

279 D. Byrne, ‚The Effect of a Subliminal Food Stimulus on Verbal Responses', in ‚Journal of Applied Psychology 43/1959', S. 249 ff.

280 ‚Effects on a Continiously Flashing Subliminal Verbal Food Stimulus on Subjective Hunger Ratings', in ‚Psychological Review 15/1964'

281 http://www.berliner-kurier.de/28364504 (Aufgerufen am 20.9.2017)

282 http://www.epochtimes.de/politik/deutschland/petra-paulsen-brief-bundeskanzlerin-merkel-migranten-manchester-familiennachzug-fluechtlinge-schuldenberg-a2126434.html (Aufgerufen am 25.9.2017)

283 http://www.epochtimes.de/politik/deutschland/besorgte-lehrerin-ueber-migrationskrise-2-alle-haben-angst-vor-zerfall-deutschlands-teil-2-a1927260.html (Aufgerufen am 25.9.2017)

284 https://www.macht-steuert-wissen.de/2603/skandalsendung-gestern-noch-talk-gast-im-zdf-heute-bei-heiko-schrang/ (Aufgerufen am 16.10.2017)

285 https://www.zdf.de/politik/wahlen/klartext-merkel-100.html (Aufgerufen am 18.10.2017)

286 https://www.macht-steuert-wissen.de/2616/zeuge-bestaetigt-bezahlte-klatscher-bei-klartext-frau-merkel/ (Aufgerufen am 20.10.2017)

287 http://www.deutschlandfunk.de/bundestagswahl-und-internet-welchen-einfluss-haben-fake.2907.de.html?dram:article_id=396423 (Aufgerufen am 16.10.2017)

288 https://jungefreiheit.de/kultur/medien/2017/alles-klar-beim-kanzler-klartext-im-zdf/ (Aufgerufen am 16.10.2017)

289 https://www.youtube.com/watch?v=od0OkXN3hjE (Aufgerufen am 20.9.2017)

290 http://www.deutschlandfunk.de/das-unternehmensimperium-der-spd.724.de.html?dram%3Aarticle_id=97247 (Aufgerufen am 8.3.2017)

291 https://de.wikipedia.org/wiki/Deutsche_Druck-_und_Verlagsgesellschaft (Aufgerufen am 26.9.2016)

292 https://de.wikipedia.org/wiki/Deutsche_Druck-_und_Verlagsgesellschaft (Aufgerufen am 26.9.2016)

293 https://de.wikipedia.org/wiki/Verlagsgesellschaft_Madsack (Aufgerufen am 8.9.2017)

294 http://www.deutschlandfunk.de/das-unternehmensimperium-der-spd.724.de.html?dram%3Aarticle_id=97247 (Aufgerufen am 8.9.2017)

295 http://www.deutschlandfunk.de/das-unternehmensimperium-der-spd.724.de.html?dram%3Aarticle_id=97247 (Aufgerufen am 8.9.2017)

296 http://www.deutschlandfunk.de/das-unternehmensimperium-der-spd.724.de.html?dram:article_id=97247 (Aufgerufen am 8.9.2017)

297 http://www.deutschlandfunk.de/das-unternehmensimperium-der-spd.724.de.html?dram:article_id=97247 (Aufgerufen am 8.9.2017)

298 http://www.deutschlandfunk.de/das-unternehmensimperium-der-spd.724.de.html?dram:article_id=97247 (Aufgerufen am 8.9.2017)

299 http://www.deutschlandfunk.de/das-unternehmensimperium-der-spd.724.de.html?dram:article_id=97247 (Aufgerufen am 8.9.2017)

300 Zitiert nach https://de.wikipedia.org/wiki/Deutsche_Druck-_und_Verlagsgesellschaft (Aufgerufen am 26.9.2016)

301 http://www.deutschlandfunk.de/das-unternehmensimperium-der-spd.724.de.html?dram:article_id=97247 (Aufgerufen am 8.9.2017)

302 https://de.wikipedia.org/wiki/Deutsche_Druck-_und_Verlagsgesellschaft (Aufgerufen am 3.3.2017)

303 https://de.wikipedia.org/wiki/%C3%96ko-Test (Aufgerufen am 29.9.2017)

304 Frei nach: https://aufgewachter.wordpress.com/2015/03/27/der-dritte-weltkrieg-fallt-aus/ (Aufgerufen 20.10.2017)

305 http://www.focus.de/kultur/videos/insa-meinungstrend-verraet-der-beweis-ueberwaeltigende-mehrheit-lehnt-die-gez-zwangsabgabe-ab_id_5640260.html (Aufgerufen am 16.10.2017)

306 https://deutsch.rt.com/inland/40761-offentlich-rechtliche-knicken--kunftig/ (Aufgerufen am 19.9.2016)

307 http://www.morgenpost.de/kultur/tv/article207686381/Prinzip-GEZ-Boykott-Was-Gegner-des-Rundfunkbeitrags-wollen.html (Aufgerufen am 24.8.2106)

sowie: http://www.rundfunkbeitrag.de/e175/e2097/Jahresbericht_2015.pdf (Aufgerufen am 24.8.2016)

308 Vgl.: Casper von Schrenck-Notzing: Charakterwäsche. Die Re-education der Deutschen und ihre bleibenden Auswirkungen, Graz 2005.

309 Vgl. Gerald Diesener, Rainer Gries (Hrsg.): Propaganda in Deutschland – Zur Geschichte der politischen Massenbeeinflussung im 20. Jahrhundert, Wissenschaftliche Buchgesellschaft, Darmstadt 1996, S. 113 ff., 235 ff.

310 http://www.auswaertiges-amt.de/DE/Aussenpolitik/InternatRecht/Vertraege/Regelung-Berlin1990/Uebersicht.html?nn=560776 (abgerufen am 27.10.2014)

311 https://de.wikipedia.org/wiki/Atlantik-Br%C3%BCcke (Aufgerufen am 15.9.2016)

312 http://blog.beck.de/2011/07/14/erzwingungshaft-wirtschaftlicher-unsinn (Aufgerufen am 1.9.2016)

313 http://www.dgb.de/presse/++co++d22f6ab0-1551-11df-4ca9-00093d10fae2 (Aufgerufen am 1.9.2016)

314 http://web.ard.de/ard-chronik/index/2981?year=1999 (Aufgerufen am 1.9.2016)

315 https://de.wikipedia.org/wiki/Neue_Heimat (Aufgerufen am 1.9.2016)

316 http://www.ard.de/home/intern/fakten/abc-der-ard/Beitragsservice_von_ARD__ZDF_ und_Deutschlandradio/555980/index.html (Aufgerufen am 14.9.2016)

317 http://www.rundfunkbeitrag.de/e175/e222/111216_Presseinformation_ARD_ZDF_und_ Deutschlandradio_begruessen_Ratifizierung_des_neuen_Rundfunkbeitrags.pdf (Aufgerufen am 1.9.2016)

318 http://www.ard.de/home/intern/presse/pressearchiv/253050/index.html (Aufgerufen 19.9.2016)

319 https://www.haufe.de/recht/weitere-rechtsgebiete/strafrecht-oeffentl-recht/ex-gez-ge-buehr-bverwg-segnet-flaechendeckenden-rundfunkbeitrag-ab_204_344174.html (Aufgerufen am 1.9.2016) http://deutsche-wirtschafts-nachrichten.de/2012/12/30/ arroganz-pur-wdr-chefredakteur-verhoehnt-kritiker-nennt-gez-eine-demokratieabgabe/ (Aufgerufen am 1.9.2016)

320 http://www.ard.de/home/intern/die-ard/17_50_Euro_Rundfunkbeitrag/309602/index. html (Aufgerufen am 25.8.2016)

321 http://www.focus.de/kultur/medien/tid-28443/medienexperte-siebenhaar-der-oeffent-lich-rechtliche-rundfunk-gehoert-zur-dna-der-bundesrepublik_aid_874291.html (Aufgerufen am 21.9.2016)

322 http://www.welt.de/wirtschaft/article6000793/Das-machen-ARD-und-ZDF-mit-dem-Ge-buehrengeld.html (Aufgerufen am 1.9.2016)

323 https://de.statista.com/statistik/daten/studie/163511/umfrage/jahresgehael-ter-der-ard-intendanten/ (Aufgerufen am 23.9.2016)

324 http://meedia.de/2017/09/13/ard-legt-gehaelter-offen-bis-9-900-euro-pro-monat-fuer-redakteure-tom-buhrow-mit-33-333-euro-spitzenverdiener/ (Aufgerufen am 20.9.2017)

325 http://www.wiwo.de/politik/ausland/gehaltsliste-das-verdienen-obama-mer-kel-und-co-/8066996.html (Aufgerufen am 1.9.2016)

326 Beschluss des LG Tübingen vom 16.9.2016, 5 T 232/16, (31) c)

327 The Aspen Institute Germany – Annual Report 2007/2008.

328 http://www.zdf.de/zdf-intendant-thomas-bellut-25145140.html (Aufgerufen am 2.9.2016)

329 http://rundfunkbeitrag.blogspot.de/2013_12_01_archive.html (Aufgerufen am 2.9.2016)

330 https://de.wikipedia.org/wiki/Kurt_Beck (Aufgerufen am 15.9.2016)

331 http://www.spiegel.de/politik/deutschland/kurt-beck-koennen-sie-nicht-einfach-mal-das-maul-halten-a-859502.html (Aufgerufen am 2.9.2016)

332 www1.wdr.de/unternehmen/der-wdr/profil/.../geschaeftsbericht-100.pdf (Aufgerufen am 1.9.2016)

333 http://www.bild.de/geld/wirtschaft/rente/3-mio-euro-fuer-ex-wdr-intendantin-32452476.bild.html (Aufgerufen am 19.9.2016)

334 http://www.faz.net/aktuell/feuilleton/medien/mdr-intendantin-wille-legt-ihre-pensionsansprueche-offen-14440594.html (Aufgerufen am 21.9.2016)

335 http://www.faz.net/aktuell/feuilleton/medien/mdr-intendantin-wille-legt-ihre-pensionsansprueche-offen-14440594.html (Aufgerufen am 21.9.2016)

336 http://info.kopp-verlag.de/hintergruende/enthuellungen/markus-maehler/2-2-milliarden-euro-pensionsluecke-ard-und-zdf-schreien-nach-extra-soli-.html (Aufgerufen am 23.9.2016)

337 http://info.kopp-verlag.de/hintergruende/enthuellungen/markus-maehler/2-2-milliarden-euro-pensionsluecke-ard-und-zdf-schreien-nach-extra-soli-.html (Aufgerufen am 23.9.2016)

338 http://www.focus.de/finanzen/altersvorsorge/rente/kontostand/durchschnittsrente_aid_19622.html (Aufgerufen am 7.9.2016)

339 Vgl. beispielsweise: http://www.deutschlandradio.de/index.media.814c245060a6b-2472da72526b4a7159f.pdf (Aufgerufen am 7.9.2016)

340 http://www.zeit.de/2013/22/oeffentlich-rechtliches-fernsehen-verwendung-gebuehren (Aufgerufen am 25.8.2016)

341 http://info.kopp-verlag.de/hintergruende/enthuellungen/markus-maehler/2-2-milliarden-euro-pensionsluecke-ard-und-zdf-schreien-nach-extra-soli-.html (Aufgerufen am 7.9.2016)

342 http://info.kopp-verlag.de/hintergruende/enthuellungen/markus-maehler/2-2-milliarden-euro-pensionsluecke-ard-und-zdf-schreien-nach-extra-soli-.html (Aufgerufen am 7.9.2016)

343 http://www.derwesten.de/kultur/fernsehen/in-pensionskassen-von-ard-und-zdf-klafft-milliardenluecke-id11555563.html (Aufgerufen am 23.9.2016)

344 http://kef-online.de/inhalte/bericht20/20_KEF-Bericht.pdf S. 115. (Aufgerufen am 23.9.2016)

345 https://youtu.be/vQ_7qOSYnUc (Aufgerufen am 8.3.2017)

346 http://www.n-tv.de/panorama/Davor-fuerchten-sich-die-Deutschen-article18176386.html (Aufgerufen am 13.9.2017)

347 http://news.toptarif.de/kuriose-versicherungen/ (Aufgerufen am 13.9.2017)

348 http://www.klatsch-tratsch.de/2012/05/18/kettenraucherin-donna-summer-ground-zero-schuld-am-krebstod/115494 (Aufgerufen am 13.9.2017)

349 http://blog.moderlak.de/schlagwort/angst/ (Aufgerufen am 20.102.2017)

350 http://transinformation.net/das-erreichen-des-kipppunktes-es-haengt-von-uns-allen-ab/ (Aufgerufen am 24.3.2017)

351 http://transinformation.net/das-erreichen-des-kipppunktes-es-haengt-von-uns-allen-ab/ (Aufgerufen am 24.3.2017)

352 http://transinformation.net/das-erreichen-des-kipppunktes-es-haengt-von-uns-allen-ab/ (Aufgerufen am 24.3.2017)

353 http://transinformation.net/das-erreichen-des-kipppunktes-es-haengt-von-uns-allen-ab/ (Aufgerufen am 24.3.2017)

354 http://www.spiegel.de/wissenschaft/natur/vorahnungen-raetselraten-um-den-sechs-ten-sinn-der-tiere-a-335583.html (Aufgerufen am 7.40.2017)

355 http://www.spiegel.de/wissenschaft/natur/vorahnungen-raetselraten-um-den-sechs-ten-sinn-der-tiere-a-335583.html (Aufgerufen am 7.40.2017)

356 http://www.spiegel.de/wissenschaft/natur/vorahnungen-raetselraten-um-den-sechs-ten-sinn-der-tiere-a-335583.html (Aufgerufen am 7.4.2017)

357 https://www.freenet.de/nachrichten/wissenschaft/tiere-spuer-ten-die-flut_726316_4702462.html (Aufgerufen am 7.4.2017)

358 http://www.spiegel.de/wissenschaft/natur/vorahnungen-raetselraten-um-den-sechs-ten-sinn-der-tiere-a-335583.html (Aufgerufen am 7.4.2017)

359 Album „Sgt. Pepper's Lonely Hearts Club Band".

360 https://de.wikipedia.org/wiki/Ernst_Florens_Friedrich_Chladni (Aufgerufen am 20.10.2017)

361 http://atmani-cymatics.org/index.php/73-hans-jenny-als-begruender-der-kymatik (Aufgerufen am 20.10.2017)

362 http://www.windmusik.com/html/chladni.htm (Aufgerufen am 30.10.2017)

363 https://www.sein.de/das-universum-ist-ein-riesiges-gehirn/ (Aufgerufen am 11.9.2017)

364 https://de.wikipedia.org/wiki/Monade_(Philosophie) (Aufgerufen am 30.10.2017)

365 https://www.welt.de/vermischtes/article164605279/Haben-wir-schoene-Penisse-fu-er-dich-ausgesucht.html (Aufgerufen am 30.10.2017)

366 https://www.pcwelt.de/news/Porno-Seiten_machen_30_Prozent_des_gesamten_Inter-net-Traffics_aus_-Studie-7893410.html (Aufgerufen am 17.5.2017)

367 Martin Scorsese: The Wolf of Wall Street, 2014.

368 http://www.innere-kraft-64.de/sexuelles_kungfu.htm (Aufgerufen am 20.10.2017)

369 https://www.sein.de/irrtuemer-ueber-die-sexualitaet/ (Aufgerufen am 20.10.2017)

370 Napoleon Hill: Denke nach und werde reich. Genf 1966, S. 173.

371 Ebd.

372 Das Geheimnis der Stradivari: https://www.youtube.com/watch?v=aKxJCeoJeiA (Aufgerufen am 17.5.2017)

373 http://seelen-nahrung.com/befreiung-der-zirbeldruese-zentrum-fuer-bewusst-sein-und-gesundheit (Zuletzt aufgerufen am 17.6.2016)

374 Buch Heiko Schrang: Die Jahrhundertlüge, die nur Insider kennen 2, Seite 165 ff.

375 http://www.postswitch.de/wissenswertes/ernaehrung/fluor/fluor-angriff-auf-die-volks-gesundheit.htm (Zuletzt aufgerufen am 17.6.2016)

376 https://de.wikipedia.org/wiki/Speisesalz (Zuletzt aufgerufen am 17.6.2016)

377 http://info.kopp-verlag.de/neue-weltbilder/spiritualitaet-und-weisheitslehren/l-j-devon/glyphosat-impfstoffe-und-fluoride-zerstoeren-unsere-spirituelle-verbindung.html (Zuletzt aufgerufen am 17.6.2016)

378 http://www.zentrum-der-gesundheit.de/zirbeldruese-ia.html (Aufgerufen am 17.6.2016)

http://gesund-einkaufen.com/Blog/gesundheit/fluor-fluorid/ (Aufgerufen am 03.11.2014)

www.youtube.com/watch?v=qe3KwXpeIGU (Aufgerufen 03.11.2014)

http://www.postswitch.de/wissenswertes/ernaehrung/fluor/fluor-angriff-auf-die-volks-gesundheit.htm (Aufgerufen 03.11.2014)

https://www.wasserklinik.com/wasser-forschung/fluoride (Aufgerufen 03.11.2014)

http://wundermittel-natur.blogspot.de/2013/08/fluorid-das-schleichende-gift.html (Aufgerufen 03.11.2014)

http://www.spirituellerverlag.de/die-fluorid-l%C3%BCge (Aufgerufen 03.11.2014)

http://www.homoeopathiker.de/Galerie/n/fluor.html (Aufgerufen 03.11.2014)

http://www.wahrheit-kompakt.net/files/Buch-Die_schleichende_Vergiftung.pdf (Aufgerufen 03.11.2014)

379 Märkische Allgemeine vom 10.09.2010

380 Thorwald Detlefsen: Schicksal als Chance, München 1980.

381 Vgl.: Harvey und Marilyn Diamond: Fit fürs Leben-Fit for Life, München 1990.

382 Vgl.: Michael H. Buchholz: Tu was du willst: Die Universellen Einsichten für ein erfülltes Leben, Güllesheim 2002.

383 http://www.taz.de/!1153852/ (Aufgerufen am 30.10.2017)

384 Vgl.: René Egli : Das LOL²A-Prinzip: Die Vollkommenheit der Welt, Wettingen 1999.

385 Vgl.: Deepak Chopra: Leben nach dem Tod: Das letzte Geheimnis unserer Existenz. Berlin 2010.

386 https://de.wikipedia.org/wiki/Pim_van_Lommel (Aufgerufen am 16.2.2017)

387 Georg Harrison: Living in the Material World " gesendet am 31.07.2012 in BR

388 Heiko Schrang: Die Jahrhundertlüge, die nur Insider kennen. Mühlenbecker Land 2013, S. 173 f

389 https://www.walter-russell.de/kosmisches-bewusstsein (Aufgerufen am 23.10.2017)

390 https://www.aphorismen.de/zitat/668 (Aufgerufen am 27.10.2017)

391 Thomas Späth, Shi Yan Bao: Shaolin – Das Geheimnis der inneren Stärke, München 2017, S. 16.

392 https://www.youtube.com/watch?v=JoRwTS12evY (Aufgerufen am 25.9.2017)

393 http://www.bunte.de/stars/steve-jobs-56-seine-letzten-worte-ruehren-zu-traenen-197961.html (Aufgerufen am 25.9.2017)

394 Song von 1967 aus dem Musical Hair, geschrieben von James Rado und Gerome Ragni (Text) und Galt MacDermot (Musik), als Single durch die Gruppe „The 5th Dimension" veröffentlicht.

395 http://www.yoga-infos.de/index.php/politik/113-das-wassermann-zeitalter (Aufgerufen am 2.10.2017)

http://www.wassermannzeitalter.de/ (Aufgerufen am 2.10.2017)

https://www.sein.de/kleines-handbuch-fuer-das-wassermannzeitalter-1-standortbestim-mung/ (Aufgerufen am 2.10.2017)

https://www.youtube.com/watch?v=bJCHVK_cAgg (Aufgerufen am 2.10.2017)

396 https://www.welt.de/gesundheit/psychologie/article131918175/Alle-40-Sekunden-bringt-sich-ein-Mensch-um.html (Aufgerufen am 13.10.2017)

397 http://derwaechter.net/1-million-kinder-meditieren-in-thailand-fuer-den-weltfrieden (Aufgerufen am 20.10.2017)

398 https://www.newslichter.de/2013/06/das-gehirn-in-unserem-herzen/ (Aufgerufen am 23.10.2017)

399 http://www.spiegel.de/wirtschaft/unternehmen/warum-unternehmen-auf-aeltere-mit-arbeiter-setzen-sollten-a-826077.html (Aufgerufen am 23.10.2017)

400 https://www.vermoegenmagazin.de/paul-mccartney-vermoegen/ (Aufgerufen am 23.10.2017)

401 https://www.welt.de/kultur/pop/article151368709/Berlin-hat-mich-erloest-und-gelaeu-tert.html (Aufgerufen am 23.10.2017)

402 http://www.bk-luebeck.eu/zitate-renard.html (Aufgerufen am 27.10.2017)

.